高质量发展视域下
科技园区发展理论与实践研究

许爱萍 ◎ 著

GAO ZHILIANG FAZHAN SHIYU XIA

KEJI YUANQU FAZHAN LILUN YU SHIJIAN YANJIU

天津社会科学院出版社

图书在版编目（CIP）数据

高质量发展视域下科技园区发展理论与实践研究 /
许爱萍著. -- 天津：天津社会科学院出版社，2023.8
ISBN 978-7-5563-0911-5

Ⅰ．①高… Ⅱ．①许… Ⅲ．①高技术园区－发展－研
究－中国 Ⅳ．①F127

中国国家版本馆 CIP 数据核字(2023)第 168660 号

高质量发展视域下科技园区发展理论与实践研究
GAOZHILIANG FAZHAN SHIYUXIA KEJI YUANQU FAZHAN LILUN YU SHIJIAN YANJIU
选题策划：柳　晔
责任编辑：柳　晔
责任校对：王　丽
装帧设计：高馨月
出版发行：天津社会科学院出版社
地　　址：天津市南开区迎水道 7 号
邮　　编：300191
电　　话：（022）23360165
印　　刷：高教社（天津）印务有限公司
开　　本：787×1092　　1/16
印　　张：14.5
字　　数：220 千字
版　　次：2023 年 8 月第 1 版　　2023 年 8 月第 1 次印刷
定　　价：78.00 元

序　言

20 世纪 50 年代以来,随着高科技(Hi-tech)快速发展,以信息技术、生物技术、新材料技术为代表的尖端技术获得世界各国的普遍重视,随之而来的是高科技成果转化及商业化推动高科技产业进入快速发展时期,形成了高技术产业,继而形成了在特定区域内的高技术产业集群现象,由此产生了高技术产业聚集的科技园区。

"一基地三区"是天津市在京津冀协同发展中的定位,作为全国先进制造研发基地,以北京为核心,天津各大科技园区作为集中承载地的典型疏解模式已经形成,是未来天津集中承接北京非首都功能疏解的集中承载地,是未来产业布局的重要节点。天津在京津冀区域中城市基础发展较好,科技实力较强,但发展速度与水平明显落后于北京、上海、深圳。北京在京津冀协同发展中的核心地位突出,如何在北京虹吸效应下,在高质量发展成为时代发展主题的背景下,就天津科技园发展提出"天津方案"就显得尤为重要。

本书系统研究了科技园区发展的理论,此基础上分析了创新、产业、人才等要素对园区发展的影响。并以天津高新区为案例,对高新区的区域发展情况以及发展特点进行分析,归纳总结天津高新区发展的经验与不足。主要包含以下内容:

第一,研究分析了科技园区概念与内涵、基础条件、发展趋势。科技园区是在特定区域内,以原有工业园为基础或新开辟一园区,以政策引导创新创业为主要手段,提供企业生命周期中各项增值服务为主的园区。

第二,分析了科技园的演进。伴随第三次科技革命的演进深入,技术创新的研究阶段与产业化实现模式都出现显著变化,科技园区在适应新的研发需求及产业化过程中不断升级、转型,在产业规划、园区管理、对园区内企业服务模式及服务内容、园区社会事务管理等方面,为适应快速的产业升级而不断迭代升级。本书通过对标国内外发达地区科技园区找出差距,在此基础上运用科技园区相关经济学理论,借鉴国外科技园区一般经历了启动、形成期、成熟期三大阶段的发展过程,提出国内园区发展阶段。

第三,探明了技术创新与产业集群的协同演化关系。产业集群与产业共性技术创新之间存在协同演化关系。通过分析产业集群与产业共性技术创新协同发展的动因,探明在技术发展主线上,产业共性技术的竞合是产业集群异质化发展的必然要求,共性技术的发展是产业集群效应的必然结果,产业共性技术的溢出是产业集群对技术扩散作用的放大,产业共性技术的淘汰是产业集群衰亡或更新换代的伴生物。

第四,探明产业升级、产业绿色转型与园区发展之间的关系与影响。科技园区是区域产业的集中承载地,是拉动城市经济增长的火车头,园区产业转型升级事关城市发展的当下与未来。由于历史和产业定位等因素,当前国内园区发展良莠不齐,"十四五"时期是园区发展面临的重要机遇期,也是挑战期。本书建议以梯次培育理念进行产业规划,为园区产业升级、产业绿色转型与园区发展提供思路。

第五,系统研究了人才对园区发展的影响。高端创新人才、蓝领人才均是知识与技术的载体,是园区发展中最重要的要素。我国科技园区发展急需大量人才,本书提出要抓住新一轮科技革命和产业变革的战略性机遇,不断优化产业人才培养"生态圈",建设规模宏大、素质优良的蓝领人才队伍,培养一批大国工匠、高技能人才,充分发挥广大产业工人的积极性主动性和创造性,为"中国制造"迈向"中国创造"注入源源不竭的动力,为构建现代化经济体系,加快社会主义现代化国家建设奠定坚实的基础。

此外,本书对园区创新生态、营商环境、招商引资等问题也进行了探讨,具体内容不一一赘述。

本书在写作过程中,查阅了大量相关研究资料,这些学者研究成果相当深刻与厚重,一是要表达由衷感谢,二是参考之处已尽量在文中已标明出处,恐有疏漏之处,在这里表示万分歉意。

本书是天津社会科学院重点项目"天津科技园区发展战略研究"(项目编码:17YZD-05)的成果之一。感谢院学术委员会对该书的审阅,在此表示感谢。还要感谢院出版社的编辑,并对本书提供了大量完善建议,并悉心给予帮助,为这本书质量把控殚精竭虑。

由于作者时间、精力有限,难免有不足之处,愿各位专家学者批评指正。

许爱萍

2023 年 2 月

目 录

第一章 绪 论

第一节 研究背景

兴办科技园区是各国深受"硅谷"启示,顺应20世纪科技、经济快速发展的主动之举。从实践经验看,各国通过建立科技园区发展高科技产业,对区域经济发展起到了良好的带动作用,因此,科技园区成为各国政府长期关注的重点。中国最为典型、最为知名的科技园区是中关村科技园。1984年5月,著名经济学家宦乡向中央领导写信,提出关于建立中关村科学园区的几点设想。同年,复旦大学谈家桢教授也提出了建立科学特区的想法。随后,中央批准武汉市经济体制改革试点实施方案,提出把大专院校、科研院所集中在东湖地区建设成为武汉东湖技术经济密集小区(华中硅谷),实行特殊政策。1984年底,上海市微电子工业区正式成立,成为中国首家微电子工业区。国家科委(中华人民共和国科学技术委员会,科学技术部前身)也以书面形式正式向中央提议,即在国内设立新技术产业开发区的设想,受到中央的高度肯定。在党中央的指导以及当地政府的大力支持下,深圳科技工业园于次年成立。随后北京市新技术产业开发试验区正式获批。该园区依托当地电子信息企业的成果转化优势,同时链接北京大学、清华大学等高校及科研院所的科研资源,形成了从源头创新到成果转化的协同发展格局。此后,上海漕河泾新兴技术开发区、天津新技术产业园区、西安高新技术产业开发区、武汉东湖新技术开发区等一批园区纷纷应运而生,在全国形成多点开花、互竞争雄的良好局面。

科技园区是区域经济快速发展、发展战略快速调整的结果,标志着经济个体在空间聚集趋势的形成,经济个体由单一项目为主向聚集为主的发展模式转变。为提升园区招商引资吸引力,国内许多地区出台了针对园区发展的普惠性政策和专项政策,通过提升园区的投资环境、创造优质承载载体、优化产业扶持政策、改善园区生产及生活服务设施等,为企业入驻、企业落地发展提供软硬件保障。而园区这一特定的空间作为承接本外地投资,吸引企业、项目落地的集中承载地,成为带动区域经济发展的关键。因此,如何吸引、聚集更多的企业、项目落户园区,是园区成立初期面临的关键问题,也是园区管理工作面临的一大难题。伴随着园区的快速发展,不同区域间园区"招商竞赛"的加剧,各地园区发展思路已经从最初的强调招商引资,转变到以优化园区营商环境吸引企业入驻的发展思路上来。在有限的区域中集成"源头研发""成果转化""规模制造"等产业环节,是科技园区最明显的特征,也是以技术创新赋能经济发展的有效机制之一。因此,随着高新技术开发区等科技园区在国内纷纷落成,各地也积极行动,以"科技创新赋能经济高质量发展"为核心主旨,围绕创新能力培育、技术发明补贴等方面,出台配套措施,形成全方位、多角度、立体化的政策体系,持续提高园区发展动能。

现有经验已经充分证明了,科技园区的发展模式,可以更好地发挥产业集聚效应、规模效应、科技溢出效应,将极大促进区域高质量发展。因此,如何建设好科技园区,如何运营好科技园区,如何让科技园区在区域高质量发展中发挥更大作用,是贯彻落实习近平总书记"着力提升发展质量和效益"重要要求的有力举措,也是建设社会主义现代化大都市的重点工作之一。

在京津冀协同发展的大背景下,着力推动京津两地科技园区创新资源对接与协作,破解制度分割、人才壁垒及创新成果保护等障碍,是推动京津冀协同发展工作中的重要环节。本书围绕园区定位、发展规划等园区发展理论进行深入探讨和研究,结合当前天津发展情况,为建强天津市科技园区,推动科技园区标准化、市场化运营提供理论支撑和实践指导。同时对国内其他地区的科技园区设立、运营以及配套措施的出台,本书也具有一定的借鉴价值。

第二节　研究内容与方法

一、研究内容

第一,分析了科技园区概念与内涵、基础条件、发展趋势,本书认为科技园区是在特定区域内,以原有工业园为基础或新开辟一园区,以政策引导创新创业为主要手段,以提供企业生命周期中各项增值服务为主的园区。

第二,分析了科技园区的演进。研究指出,伴随第三次科技革命的演进,技术创新的研究阶段与产业化实现模式都出现了显著变化。科技园区在适应新的研发需求及产业化过程中不断升级、转型,在产业规划、园区管理、对园区内企业服务模式及服务内容、园区社会事务管理等方面,为适应产业升级而不断迭代升级。并以国内外发达地区科技园区为案例,对比分析找出差距,在此基础上运用科技园区相关经济学理论,借鉴国外科技园区一般经历了启动期、形成期、成熟期三大阶段的发展过程,划分出国内园区的发展阶段。

第三,探明了技术创新与产业集群之间的协同演化关系。通过分析产业集群与产业共性技术创新协同发展的动因,探明在技术发展主线上,产业共性技术的竞合是产业集群异质化发展的必然要求,共性技术的发展是产业集群效应的必然结果,产业共性技术的溢出是产业集群对技术扩散作用的放大,产业共性技术的淘汰是产业集群衰亡或更新换代的伴生物。

第四,探明产业升级、产业绿色转型与园区发展之间的关系与影响。科技园区是区域产业的集中承载地,是拉动城市经济增长的火车头,园区产业转型升级关乎城市发展的当下与未来。由于历史和产业定位等因素,当前国内园区发展良莠不齐,"十四五"时期是园区发展面临的重要机遇期,也是挑战期,应以梯次培育理念推进产业发展,为园区未来发展布局谋划。

第五,系统研究了人才对园区发展的影响。高端创新人才、蓝领人才均是知识与技术的载体,是园区发展中最重要的要素。当前国内各大园区急需大量人才,因此,本书提出要抓住新一轮科技革命和产业变革的战略性机遇,不断优化产业人才培养"生态圈",建设规模宏大、素质优良的蓝领人才队伍,培养一批大国工匠、高技能人才,充分发挥广大产业工人的积极性、主动性和创造性。通过向园区输入高质量人才为"中国制造"迈向"中国创造"注入源源不竭的动力,为构建现代化经济体系,加快社会主义现代化国家建设奠定坚实的基础。

此外,本书还对园区创新生态、营商环境、招商引资等问题进行了探讨,并相应提出了创新性解决思路。

二、研究方法

本书采用区域经济、产业经济、经济地理等多学科理论与方法,对科技园区的概念进行阐述,并对其内涵进行分析,从而实现对园区发展机理及特点的抽象提升。

本书采用理论研究与实证研究相结合的方法,具体来说采用了理论分析、比较分析、案例分析、归纳演绎等多种研究方法,分析了园区发展过程中的关键问题,并借鉴国内外发达地区先进经验,提出了相应的可行的解决路径,以期为国内科技园区未来发展提供参考。

第二章　科技园区相关理论溯源与发展实践

第一节　科技园区相关理论溯源

一、科技园区相关理论

(一)创新相关理论

美国经济学家约瑟夫·熊彼特最早提出了创新的概念。1912年,熊彼特在《经济发展理论》中率先对创新的概念进行了界定,他认为,创新是"执行新的组合"或"建立新的生产函数",指企业把一种关于生产要素和生产条件的新组合引入生产体系。熊彼特在之后的研究中又对创新概念进行了更为详细的阐述,例如,他将创新界定为"新产品以及产品生产方式、新市场的开辟、新的原材料和新组织的出现"。与以往相关研究的明显不同之处在于,熊彼特从经济学角度对创新概念进行了界定,而不是从技术的角度进行阐述,这为熊彼特创新思想体系的建立奠定了基础。熊彼特认为创新在经济发展中具有重要地位,创新是一种破坏性变革力量,这股力量决定了经济发展,甚至可以认为是推动经济发展的唯一要素。熊彼特对创新作用于经济发展的机理进行了研究,他从企业如何进行创新的角度,将创新与经济发展联系起来,他认为创新推动经济发展分为三个步骤:第一步是少数企业为了获得额外利润,谋求创新;第二步是另一部分企业为了同样获得额外利润,对少数企业的创新活动进行模仿,即对新产品、新技术的模仿;第三步是少部分故步自封的企业,仍采取旧有的生产方式,但获得利润逐步减少,迫于同行竞争的压力,为了生存,不得不进行创新,即适应性模仿。可以说,第一步中的少数企业是主动创新,而之后的企业所进行的则是技术的扩散和推广活动。企业作为创新主体,虽是在主动或被动的条件下进行创新,但活动的结果都是推动了技术的推广与应用,共同促进了经济的发展。

熊彼特对创新理论进行了开创性探索,并形成了独到、相对完善的理论体系,在熊彼特的研究中率先提出了创新包含技术创新和制度创新两方面。在其之后也产生了大量的以研究创新为专长的研究者,但都是在熊彼特所开拓的基础之上进行的。毫无疑问,创新主义强调了科技蓬勃发展的重要地位,包括新科技蓬勃发展所带来的巨大经济效益、社会效益。这一点从对创新的不同界定中可见端倪。因此,经济合作与发展组织(OECD)把技术创新定义为新主意转换为新技术和已有生产方式的进步。《奥斯陆手册》第三版中提出,技术创新指一种对全新的显著改良过的旧产品(货物或服务)的再应用;或者说是指一种创新服务,或者一种全新的营销手段;又或者是一种商业、生产过程中的全新的经营管理方式,甚至是形成的一种全新的外部联系。德维尔·罗恩(Dvir·Ron)和帕舍·埃德娜(Pasher·Edna)主张技术创新是将一种旧认识和观念重新转换为价值的活动。所以,也有些研究者指出,对于以上这些研究者大致可以分成两大研究派别:一是技术创新理论,研究科学技术的革新过程和应用,并强调科学技术对企业发展的积极作用效果;二是体制发展论,研究体制改革的体制安排对经济与发展的作用。

自熊彼特提出创新概念以来,创新理论体系不断得以扩大和完善。例如,产生了"创新体系""创新生态""创新型人才""创新型城市"等概念,并有学者开始逐步从不同维度对创新进行研究,例如从国家、区域、企业等角度着手进行研究。但人们普遍认为创新是一个系统联动过程,从创意(Idea)产生到技术研发成功,再到技术落地转化,这个联动过程中有众多要素参与,通过要素之间互动从而实现了创新从一个创意(Idea)到产生巨大经济效能,甚至影响社会产生巨变的过程。

(二)工业区位理论

一是传统区位理论。区位学说最早应追溯到18世纪的古典经济学家,其中较为典型的有爱尔兰的 R. 坎特龙,他在 1755 年出版的书籍中首先明确提出了工业区位理论,而在 1776 年亚当斯密出版的书籍中,又讨论了成本、距离,以及原材料产地对工业区位的作用等。从理论探讨的角度看,第一个把概念上升到理论探讨阶段的是德国经济学家罗舍尔,罗舍尔在 1868 年出版的论著中,首先明确提出"区位"只是一种"产品上的效益",受原材料、劳务、成本等因素影响;而原材料产地对工业区位作用的程度,则依赖于原材料产地在工业生产程序中减少数量的多少等。从理论方法的角度看,应用数学方法研究工业区位理论的第一位研究者,当属德国经济学家劳恩哈德。在 1882 年、1885 年由劳恩哈德所著的大量书籍中都明确提出了工业区位理论,为研究工业区位理论的相关统计方法奠定了基础。而劳恩哈德所指出的工业区位论的"海运吨公里最小时间地点的区域确定公式方法""市场总需求量的统计公式方法""市场区域规模与运费之间关系的计算公式方法"等理论,均为后人的研究奠定了基础,同时也为区位理论的实际应用开辟了道路。

二是现代工业区位理论。现代工业区位论是由德国经济学家阿尔弗雷德·韦伯(Weber)创立的知名理论。韦伯在 1909 年发表了《工业区位论:区位的纯理论》,它是韦伯对于现代经济区域研究的奠基之作,也是影响最为深远的一部著作。韦伯敏锐地认识到工业经济活动与区域发展相互之间存在关联后,受冯屠能(Von Thunen)的农业区域理论影响和启迪,创建了工业区位理论,由此创作了《工业区位论:区位的一般理论及资本主义的理论》一书,因此,工业区位理论是研究企业内部空间位置选择的重要理论。在此书中,韦伯对生产区域论做出了系统论述。韦伯还指出,工业区位可以由多个变量控制。第一类要素是反映了企业布局在不同地方的"地区性要素";因此,成本和劳务成了确定工业区位的重要变量。这两类成本分别引起了物流方向和劳务指向的巨大差异,从而导致了工业区位的选择。他首先指出了家喻户晓的低成本导向原则,在不出现除成本外其他限制工业区位的原因的假设基础上,厂商将会被吸引到相对成本较低的区域,要兼顾消费区域和原材料产地。在这个基础之上,韦伯又指出了劳动力成本的导向原则,即制造业企业将被引导到劳动力成本相对较低的地区。只有当劳务成本费用的节省超过运输费用的增加时,受运输成本导向原理所决定的厂商区位才能产生根本变化。

三是在调整工业生产地域布局的整个过程中,使工业生产集聚在某一地方而不能均匀分布的"集聚原因"。综合考虑运输成本及劳动力费用,韦伯认为区位条件选择的重要性不及集聚因素,因为与各种扩散相比,众多供应商在某一区域内形成聚集能够帮助各供应商节约更多成本,并带来更多的收益,而成本节约通常是因为上下游企业聚集造成的整体采购和售卖的规模扩大,包括节省了一些企业经常性支出成本费用。韦伯的功绩主要是对企业地理聚集问题进行了广泛探讨,首先确立了有关聚合的理论和一套规范,比较系统地说明了聚合要素是怎样引起企业聚集的。他的思想在地理研究中有着至关重要的作用,为后续研究者开展区域研究打下了基石。但是,韦伯的工业生产区域理论也存在着不足之处,例如,有关工业生产区位指向规则的实用性存在问题。普雷德尔(1928)认为,韦伯的区位理论就是围绕商品生产活动自身展开的,没有普遍的政治经济学思想依据,所以不存在广泛的政治经济学价值。

(三)产业聚集理论研究的新进展

1.新经济地理学

在一般的新古典主义结构中,区域经济研究通常以完全竞争假设和规模报酬恒定假说为切入点探讨区域发展问题,忽略了在现实情况中不完全竞争与规模报酬递增规律的存在,其原因主要是传统模型思想和建模方法上的相对落后。

迪克斯特和斯蒂格里茨(Dixit 和 Stiglitz,1997)首先提出了 D-S 模型,并引入了产品数量关系和产品种类关系分析法,进一步扩展了传统理论中单纯的产品数量因子和产品数量类型之间的关系,从而冲破了传统的完全竞争和市场规模报酬恒定的观点,使进一步研究基于 Chamberlin 理论的完全垄断下的竞争格局和市场结构关系成为可能。在 D-S 模型基础上,克鲁格曼(Krugman)在 20 世纪 90 年代初期构建了新经济与地理学科(new-economic geography）。克鲁格曼还提出"中心—外围"经济理论模型,是以工业生产规模报酬递增、不完全竞争为假定基础,并与区位理论中的运输成本相结合,论证了大规模工业生产企业聚集过程是由工业生产规模报酬递增、物流要素价值变化和工业生产企业运输要素的移动及通过外围价格转移内在作用所产生。

克鲁格曼提出一种历史的偶然性效应,他指出最初企业优势因素的积累是一种"历史偶然",初始形成的产业优势可以在边际收益递增效应的基础上累积,形成"锁定",即产业聚集具备"路径依赖"特性。或者说,这个叫"中心—外围"的系统如果真正建立,就意味着它将开始慢慢地壮大并不断发展下去。Venables指出价值链上中下游之间的产出关系将促进行业整合,利用"前向关联"和"后向关联"造成相应行业的供给和市场需求量的提高,增大区域对厂商的吸引力,从而产生集聚效果。

在经济地理学关于产业聚集规律的理论体系中,中国传统意义上的地域理论研究框架与现代区域理论研究框架联系比较密切,特别是从农业产品专业化分工的新视角来考虑发展地域理论,广泛运用了数学理论的论证,从理论上完善了地域经济理论。而克鲁格曼等人的研究也有着重要意义,他开创性地将产业集聚理论的研究推至世界主流经济学家的共同探索领域。但是,这些方法还具有一些特殊性。例如,模型的假设与适用条件都有些过分抽象或苛刻,并与研究问题的实际条件有着很大差异。

2. 迈克尔·波特(Michael Porter)有关产业聚集的研究

迈克尔·波特对产业集群的内涵进行了探索推进。20世纪90年代初,波特的专著《论发展中国家的优势》在《哈佛大学商业评论》上刊登,明确提出了产业集群学说并使其成为重要的研究领域。波特将区域竞争力学说首先纳入到区域经济体系的理论研究中,首次从竞争优势的视角探讨了企业聚集现象,他认为是竞争促成了行业的聚集与增长,而聚集将对增强行业竞争力和国家经济发展具有巨大作用。波特还认为,一个国家或区域竞争优势可能来自该国家或该区域的产业领域优势,而在该产业领域内的竞争优势主要来自彼此最直接相互联系的企业群体。在企业群体中,公司获取竞争优势的主要途径有以下三种：一是通过整体提升集群中的基础生产力来获取总体优势，其主要基于产品及其相关生产要素的整体性。在产业集群中，各公司内部相互联系有利于促进产业链上下游的配套和分工协调，使配套成本降低，导致整体收益高于各个企业的收益之和。二是集群发展有利于促进信息的迅速积累、传递、融合与迅速扩散，对于增强企业自主创新能力、加快技术迭代和升级具有促进作用。三是通过培育新类型的企业，扩大市场占有率，并以此增强产业群体自身能力间接影响产业竞争力。此外，波特还研究了地方政府在产业集群中的地位和作用，为政府管理者提供了制定地方规划及政策的理论依据。波特主要是从竞争力战略的角度入手来研究地方产业聚集现象。最初，他的理论研究过程中并没有采取严格的数理模型推导，只是以经济案例作为分析手段进行案例研究，但波特的开创性实践研究对产业经济聚集理论产生了重大影响。

3. 国内相关研究成果

和国外相比，国内有关行业聚集方面的理论研究起步较晚，20 世纪 90 年代我国才开始出现有关产业集聚问题的相关研究，当时的理论研究重点也都聚焦在对产业聚集的内涵、产业集聚的产生机理分析等方面。1999 年，仇保兴发表了《中小企业群体调查》，较为全面地分析了中国中小企业在地域空间上的集聚现象，他剖析了这些中小企业聚集区产生背后的重要因素和产生机理。仇保兴认为，企业团体是处在一级机构与行业组织之间的一种中介性形式，并把公司集团定义为高度自主而又相互关联的、企业内部依靠专业化分工和协调经营而形成的一种中介性形式，宗旨是为了更有效地克服公司的机构失灵与企业失灵。王缉慈在《创新的空间——中小企业群体与地区经济发展》中，对海外产业集聚理论和方法做了介绍，并围绕地区发展基础，系统地剖析了国内外产业集群的经典个例，得出发展区域特色品牌专业以及打造专业化产业集聚区对区域产业竞争力提升具有关键作用的结论。他研究了影响当前地区经济社会增长的传统理论，提出了培养产业集群、构建区域发展网络平台、实行多元化地区发展路径和增强地区产业实力等政策。金祥荣和朱希伟（2002）认为，专业化产业区形成集聚的主要动力来自于区域内产品的差异化、集体学习和共生共存的联系,产业集聚区产生的原因来自于各类产业要素在地理空间上的集聚,并通过数量模型研究论述了产业聚集的内在机制和驱动。朱英明(2003)对国内产业集聚理论的研究情况做了系统介绍,探讨了文化、知识与产业聚集之间的联系,并分析了地区经济发展与产业聚集的相互作用,阐明了相应的影响机理。徐康宁(2006)对产业聚集的含义进行了阐释,通过自然资源禀赋、专业分工、对外融资、政策变迁等方面对产业聚集发展机理进行研究,此外还探究了产业聚集对区域竞争力的影响。

4. 产业聚集理论最新研究成果

国内外近年来有关产业聚集理论最新或标志性研究成果集中在产业聚集的基本制约原因、产业聚集对经济发展的作用和产业聚集对带动地区经济发展的复合作用与机理等领域。

产业聚集风险因子研究。导致产业规模化聚集的因素较多,学者们分别从各个方面就主要原因做出了较为全面系统的探讨。埃里森(Ellison)与格拉泽(Glaeser)(1999)共同探讨了天然禀赋资源及其对经济资源的潜在作用。格拉泽(Glaeser)和科哈赛(Kohlhase)(2004)指出,自然禀赋的相对价值取决于实际货物运输价格,但近年来由于运输服务成本的明显降低,当前货物运输价格较以往总体减少了90%,所以,自然禀赋对运输领域人才聚集的推动效应似乎已经很弱。赫尔姆斯(Holmes)(1999)探讨和揭示了信息投入及获取和生产要素聚集之间的高度正相关联系。伍德(Wood)和帕尔(Parr)(2005)考察了贸易的成本特征以及与聚集经济的交叉关系,说明了贸易费用是制约聚集经济增长的重要因素,而且由于各地所独具的发展机制、人文环境以及社会习俗等方面的诸多特点,可能受到其空间地理区位的制约导致价值差异会存在细微差别,这些差异又可能对交易费用存在一定的制约,因此厂商集中在同一个区域能够节省交易费用。罗森塔尔(Rosenthal)和斯特兰奇(Strange)(2001)利用 EG 系数模拟计算了美国在区域层面的制造业集群的集中程度,并揭示了美国制造业集中发展的基础。研究表明,劳动力市场信息共享能在各个区域内明显地促进制造业集聚,运输成本和区域自然禀赋等对劳动密集型制造业聚集有积极作用,但对于相对较小的地理单元的制造业聚集并未产生多少影响。

国内目前也有少量研究者对工业聚集性的影响因素开展了深入研究,例如,文玫(2004)利用我国第二次和第三次大型工业普查数据,系统地考察了中国区域各产业在特定地域层次上聚集的程度差异,以及影响产生该差异的重要原因。结果表明工业往往集中在市场占有率较大的区域,降低交易价格和交通价格有利于企业集中在该区域,过高的价格水平对企业在该区域内的聚集没有重要作用。

路江涌与陶志刚(2007)分别使用 EG 系数作为反映产业地区集聚现象的关键指标,进行产业区域集聚评价。结果显示,区域保护主义已经极大程度地影响了区域的产业集聚;溢出效应和较高的货运配送成本是直接导致现代物流产业聚集的主要原因。

金煜、陈钊和陆铭(2006)等分别以地区工业增加值占全国工业增加值的比重来衡量制造业区域集聚发展程度,并通过系统运用 1978 年至 2001 年的省级经济统计资料,研究引发我国区域产业集聚的有关因素。结果表明,开放的市场经济促进了产业集聚,但地区经济的对外开放程度则主要与历史和地理环境相关,地区市场容量、城市化、基础设施状况的逐步提升以及行政功能日益削弱可以促进产业集聚,但区域间总体人力资本水平提高对产业集聚的促进效果尚不明显。

刘军和徐康宁(2009)分别采用调查法和实证研究法相结合的方式,全面分析考察了中国产业集聚机制的基本发展演变特点和成因,研究结果显示,国家文化、区域优势、交通便利条件等因素及其国家政策文化与经济发展策略,都是直接影响中国产业集聚的关键因素。

产业集聚对经济增长的影响。当前,产业聚集与地区经济增长关系的研究工作取得较多突破性成果。一些创新性成果也证明了产业适度聚集有助于促进区域经济增长。产业资源聚集作为企业在空间上增加收益的源头,可通过紧密连接各上下游企业以提高资源有效利用水平和改善各种生产活动要素成本,减少可能因信息不对称等因素所引发的逆向选择,从而间接推动其经济增长,继而间接产生社会外部性。在实证经济研究方面,格佩特(Geppert)等(2008)对西德展开研究,发现产业高度聚集现象和经济增长之间存在正向关系。孙晓华等人(2018)分别以我国经济数据为样本进行分析,发现我国产业聚集效应产生明显比较优势,大大改善了社会生产要素地理空间的均衡配置,高效拉动了社会经济增长。黄永明等(2019)等通过分析我国省级数据,发现产业聚集度对拉动我国经济增长水平作用较大。马丁(Martin)和奥塔维亚诺(Ottaviano)(2001)结合克鲁格曼(Krugman)所提出的新经济地理理论和罗默(Romer)的大产业内生发展学说,创立并完善了将经济发展过程与经济活动之间的空间聚合互相强化发展的论断,并证实了经济活动的空间聚合可以减少成本,进而促进经济。相反,经济增长效应则有助于推动新兴工业聚集。福田(Fujita)和蒂斯(Thisse)(2002)在假设了一个地区内的所有工业企业所集中的劳动力要素都可以充分地自由流动的前提下,研究结果证明了工业聚集能够推动企业成长。布鲁哈特(Brulhart)和马蒂斯(Mathys)(2006)等人通过对欧洲不同国家地区的人口数据进行分析,研究结果表明集聚经济显著提高了劳动生产率,并逐步扩大集聚的效果。但是,仍有小部分研究者提出了不同的分析结果。例如,包蒂斯塔(Bautista)(2006)采用了1994年至2000年墨西哥32个州的实际数据,用聚集人口的密度指标去客观衡量聚集的经济意义,但是研究的结论却显示聚集经济对经济社会发展的影响并不大。

Martinez-Galarraga J. 等人(2008)利用西班牙在1860年至1999年的统计资料,探讨了工业企业人口密度变化与社会劳动生产率变化之间的联系,从而证明了人口聚集效应的真实存在,即1860年至1999年间,社会就业人口密度大约增加了100%,而工业部门的劳动生产率则仅增加了3%~5%。另外,还发现在整个样本中的集聚效果每年均明显下降,在1985年至1999年间并没有出现比较明显的集聚效应,主要是由于较大的集聚拥挤成本抵消掉了小部分的集聚效益。而且,他们也以此为依据指出经济行为的空间聚集遵循着倒"U"形的发展曲线,即在一个大空间地域范围的经济集聚进程中发生着一个从迅速增长过程和上升过程,再向缓慢衰落过程交替演进的趋势。

国内也有很多研究产业集聚与经济增长相互关系的成果,例如,范剑勇(2006)运用了中国2004年地级市和副省级城市的统计资料,以非农就业密度反映产业集聚情况,研究了产业集聚对农业劳动生产率的影响,得出非农产业劳动生产率对非农就业密度变化的弹性系数约为9%。罗勇教授(2007)先后选择了国内五个经济发展典型地区,并在全国各个地区都选择了一个集聚层次较高的代表性产业,利用时间序列数据对特定的产业聚集区与区域经济增长速度之间的关系进行实证研究。结果表明,产业集聚明显促进和改善了全国各地的经济发展,同时扩大了与全国其他区域经济的差异。刘军和徐康宁等(2010)通过对1999年至2007年的省级统计分析面板资料进行研究,系统探讨了地区工业集聚对国民经济增长以及与区域发展相关的直接作用。研究结果显示,地区产业集聚显著推动了经济社会经济规模增长,但同时间接造成了地区差异。地区差异一般来自以下两个方面:一是集聚区与非聚集区之间经济发展的自然差距;二是区域间的产业集聚发展效应的不同,地区差距形成的两个主要因素都是由于产业集聚程度的差异,从而造成了产业外部规模经济、技术外部性差异与收益外部性之间的差距。

产业集聚对区域创新的影响。最早关注到产业集聚及其与知识创新发展之间内在联系的是英国著名经济学家、新古典主义的奠基者以及新古典经济学家的重要代表阿尔弗雷德·马歇尔(Alfred Marshall)。他并不是直接应用创新概念,而是采用了技术溢出(technology spillover)概念。创新外溢过程的确提高了企业的产出价值,而企业也无须为此而另外承担成本,所以这种创新过程一般又可被称为创新外部化。技术外部性,则通常可分为MAR技术外部性与Jacobs技术外部性。所谓MAR外部性,是指由在同一个行业范围内各企业间知识溢出产生的技术外部性。Glaeser等(1992)的基本观点之一是认为单个产业的区域集聚有助于企业间的知识或技术溢出,从而促进区域创新。Jacobs认为外部性,是指由不同领域或一个地方的人整合所带来的知识或技能溢出。Jacobs认为外部性源于产业中文化的差异和多样性。Storper 和 Venables(2004)论文中指出,产业聚集能够创造更便利的面对面的沟通平台,从而推动了信息溢出问题。Carlino 等(2007)从城市化劳动力人口密度变化的角度出发探讨了产业集聚要素对企业技术创新的推动作用,结果表明,城市平均科技成果创造总量水平与一个城市的平均就业劳动力密度水平呈正相关关系,假设城市的平均就业劳动力密度每增加一倍,城市的平均发明创造总量水平将增加 20%。

国内学者也对中国制造业集聚和区域创新之间的关系展开了广泛研究。张昕和李廉水(2007)利用截面数据,以目前的中国医疗器械、电子机械和计算机及通设备等为研究对象,研究了制造业要素集聚产生的各种创新知识新溢出对区域技术创新与生产绩效所造成的重大影响。结果表明,知识专业化溢出对医药制造业的经营绩效影响为正,而对电子与通设备制造业则为负。张杰、刘志彪和郑江淮(2007)等人通过比较江苏 342 个具代表性的先进制造业企业,探讨了价值链水平、分工水平以及产业集聚效应对技术创新的影响。结论表明,集聚效应并没有对公司的技术创新活动本身产生正面影响,也并未形成激发企业集群内生创造动力的有机载体。刘军、李廉水与王忠等(2010)共同研究并验证了制造业集聚对提升区域经济创新与发展水平的影响。结论表明,在合理掌控好科技人员研发投向、科技经费开发投资比重和激励机制以及创新空间的条件下,产业与科技聚集能明显推动提升整体区域创新水平。分行业的研究结果表明,新型高技术制造业集聚可以带动地方制造业发展,传统制造业集聚对促进地方技术创新也具有正面效应,能够为各地方结合比较优势,建设发展特色产业聚集区、推进地方协同发展等提供支撑作用;多数自然资源依赖型产业明显限制了区域发展,这是由于产业过分依靠自然资源及对人力、技术等要素直接投入,形成了"挤出效应"。

(四)增长极理论

阿尔弗莱德·马歇尔在多年研究基础上提出的产业空间集聚理论是增长极理论的起源,产业集群理论于 20 世纪以来已经成为区域研究的重要组成部分。所谓特定的产业集群,就是指一些特定产业及其相关上下游配套产业领域的各种企业在某种特殊空间结构内的聚集,而这种分布于各种规模、各种产业类别中的公司以及有一定行业关系的企业组织、团队等主体密切地联结在一起,最终共同发展产生一个特定空间结构和聚集体,它代表了处于市场与企业之间的新型空间经济组织形态。

格罗弗里(Garafoli,1991)把产业区看作一种由中小企业集团共同构建出来的创新型网络组织和体系。MichaelJ. Enright(1993,1995)对城市集群的定义进行了比较详细的说明。随着人们的沟通和社会交往,产业资源的相对聚集也对产业结构以及经济发展产生了影响,加快了经济发展并进一步反作用于聚集,通过资源要素的相对集中以及辐射影响作用而得以互相促进。

迈克尔·波特(Michael Porter)在其著作《国家竞争优势》中,第一次公开了著名的经济理论——钻石模型,将集聚理论研究推向新高度。他还指出,建立一个集群首先就必须具备一项能促进迅速成长发展的基本条件,而这种基础条件主要包含了产业要素状况、市场环境、关联性、支持性产业、公司的市场定位及竞争的时间、背景等,以及在合适的发展时间、政策上的资金支持等附属要素,这些要素形成一套互为影响、相辅相成的有机体系,任何一项要素的改变都会强化及改善其他要素,在此基础上会形成强大的发展能力(即"钻石模型"原理)。

聚集区内分布的中小企业既竞争又有合作,中小企业彼此间也可以产生紧密联系,在这种状态下的竞争对手的挤压、潜在技术创新的挤压,都利于企业集中产生可持续的技术创新力量,同时产生的企业集群国际竞争优势和企业集聚规模效益,也有利于中小企业加快产业创新升级,有效提高企业聚集区的区域竞争力。由于产业集群化能够进一步发挥区域的集约优势和适度规模经济效应,产生更大的自主技术创新研发能力和技术扩散利用能力,能够充分吸引并带动区域外资源流涌入,因此产业集群对区域经济发展具有重要的辐射作用及促进作用。

相对于传统资源密集型产业而言,高技术产业聚集形成的集群效应所带来的经济效益更为可观。集群网络所产生的巨大外部经济效益将促进中小企业能够更直接共享和利用中小企业的相关基础设施,从而大大减少了因中小企业空间分散布局所产生的巨额投入。中小企业内部地理空间相对集中,有利于降低运输成本和信息传递成本,从而促进了中小企业内部相互协作,继尔降低了贸易成本费用,从而建立共同的企业精神与价值观,促进企业之间建立以协同合作和诚信为基石的良好社会关系网,降低了交易风险,便于集群中的企业之间产生产业价值链上中下游的联系和基于相互供销产生良好的生产关系,促进企业与其关联组织之间建立长期稳固的社会网络关系,这都将有利于企业降低市场风险。

二、科技园区的概念与内涵

(一)概念

20 世纪 50 年代至今,中国高科技(Hi-tech)高速发展,现代微电子科学技术、激光材料技术、生物工艺、新材料、信息、宇航科技、新能源技术等高技术研究成果的广泛应用与商品化,逐步构成了中国高技术产业。具备产业集聚效应的高技术产业园区,即科技园区逐渐走进人们的视线。

全世界最典型的科技园区是美国硅谷(Silicon Valley),是全球最知名的电子工业集中地之一,经过数十年的发展,硅谷因已成为世界各国学习的标杆。许多国家参照硅谷的发展经验,纷纷效仿划定特定区域,集中力量发展科技产业,并冠以 Science City、Technopolis、Science Park 等名称。这些科技工业园诞生以后,获得了令人惊叹的成功,并引来国际广泛关注。目前,全球许多地区都建立了相似的工业园区,但在称谓上五花八门,如 Science Park、Research Park、High-tech Park、Research Triangle 等,目前国内对科技园区也有科学城、科学园、高技术产业园等多种称谓。

从定位上看,冠以"科学"之名的园区,重点依托科研院所的科研资源,注重培育源头创新能力;而冠以"技术""科技"之名的园区,在研究成果的商业化、产业化方面布局更多。但从园区发展实际情况看,不同称谓下的园区并无太大不同,都是以科技成果研发、转化为主要目的的各类创新主体的空间聚集区。在我国,较为通用的有高新技术产业开发区、经济开发区、保税区、科技城等,从字面上来看,科学城、科学园应当偏重科研,而科技工业园、高技术产业园偏重高新技术产业开发,而科技园二者兼顾,但事实上,大多数情形下这些园区并没有严谨的区分,称谓虽有不同,但实质并无太大不同。

加利福尼亚大学伯克利校区的 N. 卡斯特尔和 O. 霍尔所提出高技术园区的模式被细分成了四个模式,产业综合体、技术园区、科学城和高技术园区。《我国高新科技园区建设的比较研究》一书认为,全球各国的高新区通常依据园区的技术开发内涵、地理区域的特征和高新区所凸显的功能特征定名。如"硅谷"等就是依据高新区所凸显的功能特征命名的。

根据以上的共同叫法和中译名惯例,本书选择使用科技园区这一称谓,目前,这一称谓在国内使用也比较普遍。

科学家吴季松认为创建科技园区应有以下条件:即在一个名牌大学或科研院所,在一个合理的范围内,提供必要的研究环境,并吸纳博士、科学家等科研工作者建立高科技公司,将企业科研成果直接变成商品给与消费者。国际科技园区协会(IASP)认为科技园区是由科学家成立的研究机构,其目标在于引导相应的公司或科研机构通过科学文化发展和竞争机制,创造巨大的社会价值。为了达到上述要求,科技园区积极促进和支持高等院校、研究单位、公司与企业的人才与技术成果的流动,利用孵化支持以科技为背景的企业的建立与成长,并提供先进的场所和设施等增值服务。因此,本书认为科技园区是在特定区域内,以原有工业园为基础或新开辟一园区,以政策引导创新创业为主要手段,以提供企业生命周期中各项增值服务为主的园区。

(二)发展基础条件

1. 有一所以上的名牌大学或者科研机构为依托

如美国"硅谷"依托斯坦福大学、德国海德堡科学园依托海德堡大学和欧洲生物研究所、英国剑桥工业园区依托剑桥大学、中关村依托清华大学和北京大学等。

2. 有一个具备相应设施的园区场地

例如,法国索菲亚·安第波利斯科学园区,面积达一万多平方米,包括设施先进的宾馆、学生公寓等。园区内除设有商务及研究场所外,亦设有高尔夫球场、网球场、个人健身中心、购物中心、服务中心等。

3. 有一个好的园区规划

园区规划主要内容涵盖了科技园区发展目标与职能界定、高技术产业开发计划、内部结构功能分区、农村土地利用规划、基础设施、环境设计等。

4. 有一批科技创业人员

人才是园区最关键的资产,全球各知名科技园区都是人才的聚集地。科技园区通过为创新型人才提供各项便捷的增值服务,推动创新创业活动发展。

5. 有若干生产高技术含量和高附加值产品的高科技公司

以"硅谷"为例,园区有惠普、英特尔、太阳微、思科、甲骨文、安捷伦、苹果公司等国际知名高新技术公司,占据了全球市场的上游。

6. 园区内有一支先进、有效、精干的管理和科技顾问队伍及售后

　服务人员

尽管各个科技园区发展模式有所不同,机构的设立也不尽相同,但多数都有专业的服务机构、技术咨询和售后服务中心,这些机构为园区聚集了一批批专业化的技术服务人员。

7. 有一个以上的"科技企业孵化器"

中小企业孵化器有助于推动科技园区内的高科技中小企业进一步提高自主创新能力,推动其逐步向工业化方向发展。

8. 与园区周边地区的社会经济生活协同共生,并对其产生促进作用

科技园区有着聚集和扩大经济和社会影响力的作用,一个成功的科技园区常常能拉动周围区域的发展。例如,巴基斯坦的国家电脑软件与信息技术工业园区班加罗尔,极大地拉动了巴基斯坦南方马德拉斯、海得拉巴等"金三洲"地带的发展。

9. 不破坏周围环境,相反却能够提高周边生态环境

科技园区为高新技术工业园区,对自然资源的耗费相对较小,为引导人力资源的集聚,必须建立良好的环境与人文环境,因此,科技园区往往非常注重对自然环境的维护。

10. 具备特定的要素资本,包括基础设施投资和开展高科技项目风险
   投入的资金

一方面各个国家都对科技园区的发展提供金融支持,另一方面,从美国的发展经验看,为了哺育名不见经传的中小企业成长,风险资本起到了关键作用。

国际上知名科技园区大多具备以上发展条件,国内许多先进的科技园区也基本具备上述条件。当然仍有许多科技园区不完全符合上述要求,也面临着一定的资源约束,尚需寻找有效的创新与发展空间。

(三)科技园区发展趋势分析

随着世界第三次科技革命进一步深入,新科技的开发和产业化方式也将发生变革,世界各国科技园区也步入了新的成长周期。其面向未来的发展重点出现在业态结构、经营模式、创新服务网络以及园区整体能力等方面。

1. 产业体系孕育新业态

随着产业间融合加快与创新的日益深化,科技园区的产业体系主要出现以下三类融合态势。

(1)新兴技术与IT产业的融合

随着计算机技术研究与应用的逐渐深化,各类新科技与信息的融合将成为中国科技发展的重要方向。美国排名前150的企业数据显示,在IT业务中,以电子商务和消费技术为核心的IT业务占76.51%,而传统的半导体和器件制造业,只占18.58%,已明显滞后于以信息技术为主的新型服务业。此外,在美国排名前150的企业中,有23家企业从事医疗保健、新能源和洁净技术等领域的研发和制造业务,显示出强劲的发展动力。

(2)科技与消费、文化的融合

当前,科技园区开发建设与消费和文化教育领域的结合越来越明显。

在 2001 年,代表了消费类信息领域的苹果公司在硅谷的排名已经跃升为第一,相关报道指出代表消费类信息行业的公司价值已经超过 6064 亿元,超越了商用信息与半导体研发生产等行业的公司价值总和。而在上海,张江文化产业园产生了 1 亿多元/平方公里的最高产出,成为上海培育现代文化和高新技术复合型人才的高地。

(3)科技与传统产业的融合

信息技术、海洋生物、新能源、材料等新兴技术正在与已有的中国传统制造业发生整合,从而产生了全新的企业成长空间,成为中国众多科技园区努力开拓的重点区域。以美国硅谷所在地大湾区为例,过去一直被广泛认可的"制造业在湾区已死"这一观点正在悄悄发生变化,而现代工业也正呈现出的复苏趋势,成为该区域未来发展的希望。相比于以往的工业,现代数字化生产依靠更少的劳动力、更多的计算机程序与计算机部件的配套。所以,硅谷目前的生产企业偏向于以构建开发、产品设计、企业经营、物流配送乃至营销与法律的完整生产服务体系,为自身打造新的比较优势。

2.运营管理呈现新模式

随着科学技术的进一步发展和完善,科技园区的经营模式也出现新变化。

(1)管理体制的混合化

当前,外国出现了许多混合型科技园区,如美国的北卡罗来纳科研三角园,由政府部门、大学、中小企业等共同组建的研发财团管理,并顺利建立起开放性的动态联盟体系,以多样、柔性的市场价值实现方式为发展目标,构成了灵活的发展阶梯架构。

(2)组织网络的全球化

许多园区通过与世界各地相关园区联合建立区位网络系统,推进资金、科技、人员等基本要素的国际流转。如硅谷近年来已逐步建立了全球化的国际组织合作网络,在业务发展上已与印度班加罗尔、我国台湾新竹等城市形成了密切关系,在资本流动上也与英格兰、加拿大、巴基斯坦、以色列、日本等发达国家密切相关,在产品领域与全球合作关系也日趋密切。

（3）对外拓展多元化

随着优势工业集群的形成和基础设施的不断完善,区域的集聚能力不断提升,许多园区已经在近几年明确推出并执行了"走出去"战略,逐步在空间、品牌和商业等多个方面拓展出了新的发展空间。以裕廊工业区的成功发展为基础,新加坡裕廊集团已经开发了新加坡三十余个工业园区,占国家 GDP 的 1/4,其控股的子公司在海外都有不同的工程咨询服务,涉及施工技术与基建管理以及城市规划、工程设计和建设等领域,为许多国家的城市发展提供了有力的支撑。

3.创新服务拓展新网络

近年来,许多园区主动转变创新战略,积极发展技术创新平台,实现了工业集群向创新集群的转变。

（1）创新网络的开放化

经济发展的国际化促进了区域市场网络的完全自由化与开放化发展,并由此促进了区际市场各种要素的自由流动。

（2）创新网络的多中心化

引导生产技艺、劳务技术能力、资本等要素的自动选择和聚集,进而促进专业知识、科技、信息等生产资源的自由流动和扩展。

（3）创新网络的本地化

许多园区的技术企业加速推动本地化发展进程,推动了园内小企业的科技共享和扩展。其中,圣地亚哥的 UCSDCONNECT(全美加州大学圣地亚哥分校创新网络机构)最为典型。在 20 年中,圣地亚哥已经由过去以军事工业和旅游观光为主的区域,转变成全美第三大技术中心、世界上唯一的生物科技工业集聚区,其中,UCSDCONNECT 发挥着至关重要的功能。UCSD-CONNECT 强调形成一种科技聚集区,高效集成区域的技术人才,而不是只强调个别企业发展。它把整个圣地亚哥社区的所有资金都汇集在一起,包括高校、科研机构所、投资公司和金融服务机构等,建立起了一座"没有墙的服务中心"。自 1995 年迄今,UCSDCONNECT 已为高科技公司累计募集了近 58 亿元的资本,推动了四百多个创新企业的建立,提供了万余个技术创新就业项目。

4.园区功能实现新提升

在讲求统筹和谐、永续发展的当今世界,科技园区的服务已经不仅仅局限于进行技术创新和工业化的相关核心业务,在现代化的城市空间塑造上,园区发挥着越来越重要的作用。

(1)功能复合化要求进一步提升

高新技术工业园区正从传统产业园向科学新城或知识新城发展。如日本学者指出的"科学技术城"理念,体现为产、学、住等各职能的有机整合,是将深厚的地区文化传统、优美的自然风貌,与现代科技文明交融的完美科学城市形态。

(2)低碳智慧化要求进一步提升

科技园区也承担着改革发展的重要任务,它不但追求在管理与体制上的技术创新,还追求在经济增长中与环境、资源节能兼顾发展。许多科技园区都把"低碳"和"智慧"视为园区优势,特别注重园内的资源布局调整、自然环境保护、智慧信息系统建设。比如美国的硅谷,为了减少温室效应,已经在环保领域投入了大量精力,希望能够在公司快速发展过程中,建立起一个"绿色生态"的硅谷。惠普、思科、太阳微系统这样的大型公司已经加入了"可持续发展的硅谷"行动小组,努力为减少二氧化碳排放做出表率。

第二节　科技园区的发展演进

一、国外科技园区的发展阶段

国际科技园区起步于 20 世纪 50 年代,科技园区产生的标志为美国斯坦福工业园的成立,从科技园区产生至今已历经 70 多年。国际科技园区的发展大致可以划分为 4 个阶段,分别为:起步阶段、发展阶段、低潮阶段、高速发展阶段。

（一）起步阶段（20 世纪 50 年代）

美国斯坦福工业园的成立代表着第一个科技园区的诞生,这个阶段的科技园区与大学有着密不可分的关系,有的直接有大学参与,有的则间接地有大学参与其中,大学在其中发挥着重要作用。科技园区的重要特征之一为高科技,而学校的智力成果能为园区发展高科技提供重要支撑。以硅谷为例,硅谷包含 50 多所学校,其中有世界知名大学、专科学院以及技工学校等,这些高校为园区企业的创新发展注入了强大动力;开放的文化、包容的创新范围及宽松的管理准入,为硅谷的创新创业活力生成提供了重要文化保障。硅谷以高科技产业为主导产业,硅谷以自下而上的发展模式为主,高校院所、企业、投资机构等组织之间的合作,拓宽了需求、资金、技术等要素的融通渠道,进一步激活了区域创新动力,硅谷成为美国乃至全球最具创新活力的区域之一,无数的资金、人才、技术等资源要素在硅谷集聚,据统计,美国加利福尼亚州一半的专利注册在硅谷,可见硅谷创新活力之强劲。

（二）发展阶段（20 世纪 60 年代）

在该阶段科技园区的发展主要受第三次科技革命的影响与推动。第三次科技革命使空间技术和半导体产业获得了长足的发展,受益于半导体与空间技术的发展,科技园区获得了再次发展的机会。在此阶段,科技园区已经不仅存在于美国,苏联以及法国、英国,日本等国家也相继开始建设科技园区,如日本的筑波(Tsukuba)、英国的剑桥(Cambridge)等。在发展阶段,科技园区在发达国家蓬勃发展,例如,日本的筑波科技园为国家级的研究中心,也是在 20 世纪 60 年代所建,该园区主要以筑波大学为中心进行建设,同时也承载着科学城的功能,筑波科技园的建设是以政府规划为引领,以生物技术为主导产业,如住宅、商业、公园的建设选址均是由政府主导,是一种自上而下的发展模式,但也存在着缺少产业用地、科技成果商业化转化不足,经济效益较差等问题。

(三)低潮阶段(20 世纪 70 年代)

20 世纪 70 年代初,资本主义国家通货膨胀导致经济滞胀,此时科技园区主要分布在美国、法国、英国等资本主义国家,科技园区受到了经济滞胀的影响,建设及发展速度减慢,进入了低潮阶段。与此同时,诸如新加坡、韩国、中国台湾等新兴工业化国家及地区开始建设科技园区,科技园区由原来分布在美国、英国、法国、日本等发达国家逐渐扩散到新兴工业化国家或者地区。中国台湾依托当地高校和科研院所等科技资源设立了新竹科学工业园,新加坡则是在新加坡大学附近建设了新加坡肯特岗科学园。随着科技园区的发展,到 1970 年末,园区的运营管理走向规范化、制度化,为科技园区在全球的兴起奠定了坚实的基础。从新竹科学工业园的发展过程来看,园区的发展充分借鉴了美国硅谷的发展经验,兼具自上而下与自下而上两种运行机制,两种方式相互结合、相辅相成。园区基础设施健全,环境优美、交通便利,且拥有十分浓厚的学术氛围,不仅包含住宅、教育与商业区,也包含工业区与研究区。园区发展的主要目的之一为吸引发达国家的高素质人才,良好的园区环境为园区聚集了大量高素质的从业人员。从韩国大田科技园的发展历程来看,该园区是在全球科技园区发展的低潮阶段建立起来的,以 IT 产业为主导,众多的高技术企业、科研院所及教育资源等集聚在园区内,逐渐发展成为韩国高科技企业的重要孵化区。

(四)高速发展阶段(20 世纪 80 年代)

20 世纪 80 年代,全球科技园区的发展速度明显加快,集约化模式的优势更加凸显,形成了三个梯队的发展格局,分别为高科技典范的美国科技园区,发展迅速的英国、法国、日本等国家的科技园区,在经济滞胀阶段开始建设的新加坡、韩国、中国台湾等新兴工业化国家及地区的科技园区。由于在20世纪70年代末,科技园区的运行机制已经逐渐成型,为世界范围内科技园区的兴起提供了参考范本,越来越多的国家开始兴建科技园区,通过科技园区的发展带动产业、经济的发展。第三世界国家也开始作为第四梯队兴建科技园区,且兴建的科技园区类型较多,如为促进大学科技成果转化而兴建的巴西里约热内卢联邦大学科技园(Rio Science Park)、印度在班加罗尔兴建的首个计算机软件科技园等。在此阶段,中国也紧抓发展机遇,国内科技园区纷纷涌现,沿海试点城市的科技园区更是国内兴建较早的一批科技园区。上海张江科技园、北京中关村等知名科技园区的出现不仅实现了科学技术的突破,更是以科技园区为核心带动了区域产业的转型升级。从北京中关村科技园的发展历程来看,中关村以IT为主导产业,是国内人才智力资源最为密集的区域之一,40多所高等院校(包括清华大学、北京大学等)、中国科学院在内的200多家科研院所以及各种类型的研究中心共同构成了中关村雄厚的智力科教人才资源,为中关村的发展奠定了深厚的基础。中关村科技园主要借鉴的是美国硅谷模式,知名院校及科研院所成为创新的主力军,在园区创新发展过程中发挥了主导作用。从印度的班加罗尔软件科技园的发展历程来看,受印度制定计算机长远发展战略以及科技园区在全球兴起的影响,班加罗尔软件科技园得以建立,在建立之后便获得飞速的发展,产业结构逐渐优化,尤其是软件出口额获得了飞跃式的增长。

在高速发展阶段,此时的科技园区呈现四大特征:一是创新能力突出,科研机构、优质创新人才、高校院所等创新资源高度集聚,专利产出及技术创新成果突破均处于前列,表现出强劲的创新能力;二是科技园区成为优质企业的诞生摇篮与布局目的地,科技园区由于其创新资源的高度集聚,为企业发展提供了良好沃土,造就了无数的高成长企业,部分企业甚至发展成为独角兽企业,科技园区极易诞生世界级的产业集群,是培育优秀企业的主要阵地之一;三是打造了优质的生态环境,多元的创新要素集聚及开放的创新环境、包容的创新文化等共同打造了优质的"双创"环境,为"双创"的发展提供了坚实的保障,企业在优质的创新生态环境中"如鱼得水";四是新治理的率先突破与应用,科技园区新技术诞生频繁,科技与技术的突破带来规则的突破与治理的变革,科技园区成为技术突破的先驱者,同时推动形成与新技术相匹配的新治理模式。

二、国内科技园区的发展阶段

国内科技园区的发展可划分为成型期、成长期、成熟期三个阶段。园区的发展主要受多方面综合因素的影响,一方面受所在城市发展基础的限制,另一方面也受到科技园区自身所处发展阶段的影响。同时,国内国际的大环境也影响着一个城市的科技园区的发展,例如,美国等资本主义国家经济发展滞涨导致科技园区的发展进入低潮阶段。城市的产业发展、经济基础、人才、城市规模、区域位势等均会影响到科技园区的发展,一个经济发达,人才等各类资源要素充沛的城市会促进科技园区更快地发展,推动园区以更快的速度从成型期过渡到成长期,从成长期过渡到成熟期;反之,若城市的各类要素不能为科技园区的发展提供良好的支撑,如优质大学较少不能为科技园区的发展提供智力支撑,则科技园区的发展便会受到一定程度的影响。处于不同发展阶段的科技园区承载着不同的功能,具有不同的经济增长机制,与所在城市的发展阶段也存在相匹配的对应关系。

(一)成型期阶段

这一阶段是我国发展科技园区的初始阶段,周期从建成科技园区到其发展成为所在城市的经济增长极,此阶段的科技园区主要为新兴工业园区,成型期阶段的科技园区一般需经过 5 年左右的发展。在国际科技园区处于高速发展阶段(20 世纪 80 年代),中国科技园区也进入快速发展时期,以我国沿海试点城市科技园区为主要代表,沿海城市的科技园区兴建较早,也是国内较早从成型期走向成长期的科技园区,到了 20 世纪 90 年代初,沿海试点城市的科技园区基本完成了发展的第一阶段。相对于沿海试点城市的科技园区,其他国内兴建较晚的绝大多数科技园区(在 20 世纪 90 年代初左右设立)完成第一阶段的时间比沿海试点城市的科技园区晚了五年左右,到1995年前后渡过了成型期阶段开始向着第二阶段成长期迈进。由于大城市拥有大量高校、科研院所、人才等资源,要素更为集中,发展基础更为厚实,因此科技园区往往在大型城市或特大型城市选址建设,且一般会选择边缘地带建设科技园区;少数科技园区处于城市中心,如中关村科技园处在北三环到北四环,属于北京城市中心位置;少数科技园区也有"飞地"模式,该模式的科技园区远离市中心。

成型期阶段科技园区的增长方式主要为集聚大量资源助推科技园区的发展,此阶段园区会吸引大量的资本及其他资源注入,使科技园区得到快速发展。在此阶段,城市将输送相关资源用于发展科技园区。科技园区重点发展高新技术产业,由于投资以及市场均在外部,对本地的就业、经济的带动作用非常有限。此外,科技园区发展高技术产业的特点使其对应的人才需求为高学历人才或者技能型人才,而对于工业企业就业岗位的吸纳作用十分有限。科技园区的建设需要占用城市的土地,且由于园区成型期阶段需要集聚大量的资源,政府一般给予税收等优惠政策,土地占用和税收优惠使得科技园区对城市的经济贡献往往比同样占地面积的工业生产型园区低。在此阶段,园区所在城市在推进科技园区发展的过程中起到了支撑作用,科技园区对城市的反馈较低,双方的关系是以单向流动为主。

(二)成长期阶段

科技园区的第一阶段形态为工业园区,随着园区的发展,园区的形态不仅起到了承载工业园区的功能,也逐渐地承载起科技、贸易、商业、住行等复合功能,此阶段为国内科技园区的成长期。在成长期阶段的科技园区要实施从单维的工业园区向多维的新城区的转变。当科技园区成为新城区,则标志着科技园区已完成成长期阶段并开始迈入成熟期。相对于成型期5年左右的周期,成长期的周期相对较长,科技园区大约需要5—10年的时间去完成。目前,沿海试点城市的科技园区由于兴建较早,已经基本完成第二阶段成长期的转型,实现了从工业园区到新城区的跨越,但大多数科技园区由于兴建较晚,因此并未完成成长期,还处于成长期的中后期。

在成长期阶段,科技园区与所在城市的关系又发生新的变化,园区将成为所在城市经济发展的增长极,不再是城市单向支撑城市发展,而是双方互相支撑。科技园区不仅是所在城市经济发展最为迅速的区域之一,还能影响科技园区周边产业的发展,带动城市经济的总体增长。科技园区的主要作用为影响带动城市经济的快速发展及产业升级。在此阶段,科技园区与周边区域产业的联系增强,且带动其产业结构升级及经济的快速发展;在科技园区从工业园区单一功能向复合功能转变的过程中,将产生大量的服务业需求,如物流、公寓、商贸等,为城市催生了大量的就业机会。在成长阶段,科技园区承担了更多的生产、生活功能,逐步向城市化转型,与周围产业产生了更多的联系,有力地提高了自身竞争力和可持续发展能力。

(三)成熟期阶段

科技园区迈过成长期后,将跨入成熟期阶段。成长期的完成标志着初步跨入城市化,此阶段的城市化是初具规模的城市化,虽然完成从单一工业园区功能到商业、住宿、贸易等城市化的复合转型,但还只是初级阶段,在人口、设施、功能等多维层面与一般意义的城市还有一定差距。成熟期阶段的科技园区的发展则是在人口、园区功能等方面持续朝着一般城市发展,既是高质量、高科技产业发展的园区,又是人们安居乐业、幸福生活的城区,兼顾着高科技园区和城市两方面的功能。从政策发展的角度看,在第一阶段成型期及部分成长期阶段,为集聚创新资源到科技园区,园区的政策主要为服务产业高质量发展、集聚创新资源。园区出现了如优质人才引进政策、税收优惠政策等。到了成长期的中后阶段及成熟期,不仅要有科技园区产业发展政策,也要有相应的区域发展政策,随着科技园区发展越来越成熟,区域发展相关政策占比就会越来越大。科技园区的归宿是高质量城区,但对外仍然是以科技园区的方式存在。随着科技园区发展日益成熟,税收减免、奖励等优惠政策将不再是科技园区吸引资源集聚的主要优势,创新优势、制度优势才是科技园区竞争力的集中体现。

从目前处于成熟期阶段的科技园区的分布来看,沿海试点城市的科技园区已经陆续步入该阶段,非沿海城市的科技园区中,只有几个发展较好的科技园区步入此阶段。相对于成型期的5年周期、成长期的5年至10年周期,成熟期的周期较长,需要大约15年至20年的时间。科技园区与所在城市的关系再次发生变化,此阶段科技园区与城市发生更深层次的互动与交叠,能够承载城市并反哺城市发展。一个优质的科技园区能助力所在城市进行产业转型和结构升级,更在城市改造、人口流动、产业布局等多方面与所在城市打好配合战,助力城市更好发展。

三、科技园区发展的核心要素

从全球范围内先进科技园区的发展历程看,资源禀赋、产业培育、运营管理、创新体系和环境建设是影响科技园区发展的核心要素。

(一)长期积淀的资源禀赋优势

不论在任何国家,区位条件、基础设施都会极大地影响区域经济发展水平,科技园区的发展亦是如此。由于大城市拥有高校、院所、人才等资源,要素更为集中,发展基础更为坚实,因此政府区往往在大型城市或特大型城市选址,且一般会在城市的边缘地带选址。例如:韩国的大德科学园毗邻忠南大学等六所高校,以及一大批公立研究机构;北京中关村科技园依托当地电子信息企业的成果转化优势,同时链接北京大学、清华大学、等高校的科研资源,形成了从源头创新到成果转化的协同发展格局。深圳高新技术产业开发区紧邻蛇口港,交通便捷又把守交通商贸要道,与香港遥遥相望,在融入全球商贸网络上具有天然优势。

(二)培育特色化的产业集群网络

当前,世界各国都兴起了建设科技园区的热潮。如何培育独具特色的产业集群网络、打造叫得响的区域品牌是各个科技园区发展的首要工作。

1.因地制宜地采取特色化发展路径

如台湾新竹科学工业园区与美国硅谷重点发展的产业门类十分接近,都在围绕芯片、计算机及医药产业链上下游环节进行布局。但具体来看,硅谷侧重于通过创新引领,围绕源头创新、成果转化、商业模式创新等方式探索新业态新模式；而新竹科学工业园区则是在经济全球化背景下，通过技术引进和代工生产带动产业发展，是典型的"引进—消化—吸收"模式。

2. 积极建立产业集群

如印度的班加罗尔软件科技园，其在早期便牢牢抓住了计算机产业向东南亚转移的趋势，依赖当地高素质人力资源，重点发展软件外包这一细分领域，从而带动生产要素向当地汇聚，形成了良好的产业集群效应。

3. 循序渐进外延网络

如新竹科学工业园的芯片产业，其发展过程大致分为三个阶段。20 世纪 80 年代为萌芽期，园区在全球产业分工中找准切入点，以原始设计制造商（ODM）的形式融入全球产业链条；20 世纪 90 年代起，园区通过"引进—消化—吸收"积累了一定的研发能力，在产业链中逐步向上游延伸；2000 年以来，随着当地生产成本上涨，逐渐将产业链中附加值较低的环节向中国大陆转移，发展重心进一步向前端"研发"和后端"服务"等高附加值环节延伸，全球竞争力进一步提升。

（三）高效包容的运营管理体制

基于不同的区位优势和发展定位，世界各地科技园区的运营模式并不完全相同，总体上可概括为"求同存异、各显其能"。经过对全球范围内先进科技园区的进一步分析比对，可以发现，其运营管理的成功经验主要可以归结为"高效包容"。

1. "小机构——大服务"的高效管理体制

坚持有为政府与有效市场相结合、"看得见的手"与"看不见的手"齐发力，推动形成"小机构——大服务"的高效管理体制。例如美国硅谷，政府只负责制定管理制度，而不设立管理机构。政府仅负责"搭台"，企业"登台唱戏"，形成一种"政府引导、市场主导，政府服务而不干预，支持而不干涉"的运营体系。

2. 多元化的筹资机制

在科技园区的建设和运营过程中，园区行政管理主体往往采用"政府财政引导+社会资本跟投"的筹资模式。其中，政府投资分为直接投资（用于初期基础设施投入)和间接投资(用于产业扶持、购买服务),社会资本主要来自龙头企业、金融机构、个人投资等。近年来,社会资本尤其是风险投资在园区投资中的占比逐年增大。例如,美国硅谷2012年成功吸引了全美约40%的风险投资额。如今,硅谷已形成一整套适用于企业各个发展阶段的投融资模式,成为推动硅谷经济发展的重要支撑。

3. 顺应需求的弹性开发机制

为降低开发风险,园区在项目规划阶段,愈发注重强化建筑物空间的弹性,从而增大园区的总体包容性。此外,部分园区还采用"滚动开发"的模式开展项目建设,即对项目进行分区域的连续性开发,以减少无效投资。

(四)"五位一体"的科技创新体系

从全球范围内先进科技园区的发展历程看:创新制度安排、创新服务网络、创新政策体系、创新人才培养和创新文化体系是造就园区创新活力的关键。

1. 完备的创新制度安排

创新制度既包括显性制度(市场、产权、发明专利、风险投资等)也包括隐性制度(文化、社会风俗等)。例如,硅谷拥有严格的知识产权制度,有力地保护了企业及创新者的利益。

仍以硅谷为例,竞争性的市场制度推动了技术创新,知识产权制度则保障了创新者享受创新红利的权利。社会对创新者的高度评价,充分激活了创新者的创新热情。

2. 多元融合的创新服务网络

科研成果的转化落地,离不开相关基础设施和科技中介的支持。在全球范围内,大部分科技园孵化器采取"政府引导+企业运作"的模式开展运营,通过完善健全的孵化服务体系帮助创业团队快速成长。在科技中介方面,先进科技园区已经形成了一整套科技服务体系,覆盖源头研发、成果转化到商业化落地的各个环节。

3. 标本并举的政策法规体系

科技园区的发展壮大,需要与产业发展相适配的政策及法律法规体系的支撑。政策及法律法规体系既包括"点"上的扶持政策(如对科技企业的补贴),也包括"面"上的法律规范(如知识产权保护制度)。以美国为例,为减轻科技企业的税费负担,出台了《股票期权激励法》等法案;为拓宽吸纳资金的渠道,出台了《美国小企业法》等。

(1)与园区发展需求相匹配的人力资源管理。科技园区的发展,关键在"人"。以硅谷为例,市场驱动的人才配置、国际人才的充分流动、与产业融合的教育制度共同保障了硅谷的科技创新优势不减、动力不消、热度不退。新竹科学工业园区坚持"海外+本土"人才融合的发展模式,形成了独具特色的创新网络体系。

(2)潜移默化创新文化体系。创新文化氛围是形成良好创新生态的关键一环,对科技园区的发展具有决定性的影响。如美国学者安德烈·德柏克认为崇尚创新、勇于冒险、善待失败、开放平等的文化氛围,才是硅谷较与其毗邻的"128号公路"地带更加成功的关键因素。

(五)"三生合一"的产业生态环境

纵观世界各国先进科技园区的发展历程,"生产""生活""生态"已经成为保障园区可持续发展的重要因素。

1.生产服务体系

政府围绕外部行政事务和共性研究需求提供的公共服务,有利于提升科技企业生产效率。以大德科技园为例,政府以"先进管理系统"为平台,帮助投资者快速完成从初期商谈、取得许可到事后管理的全部审批程序。

2.城市服务体系

产城融合是科技园区长远发展的必然选择,必须把"城市服务体系"提高到战略层面统筹推进、系统谋划。一是坚持"高起点"谋划,根植发展实际,规划基础设施。例如筑波、大德、新竹等科技园区,在建园之时便高水平开展细致规划,以完善的城市"硬"配套,保障了产业对温度、水、电等生产要素的"软"要求。二是推动"高水平"生活,以完善的生活配套让科研人员舒心安家,切实留住人心。以法国索菲亚·安第波利斯科学园区为例,园区紧邻旅游胜地"蔚蓝海岸",气候宜人,生活设施齐全完备,运动馆、购物中心、学校、医院一应俱全,为科技人员的工作生活提供了极大便利。

3.生态环境营造

先进园区的成功经验证明了,园区的可持续发展要以环境可持续为根本,以经济可持续为前提,以社会可持续为目标。以丹麦的卡伦堡生态园为例,园区坚持"循环经济"的发展理念,园区投资6000万美元建设的16个废料交换工程,实现了能源和副产品的多级重复利用,每年产生的经济效益超过1000万美元,实现了环境效益和经济效益"双赢"。

4.综合环境的多重构建

全球各国先进科技园区的发展经验证明了,"生产+生活+生态"的园区"三生"体系的融合构建,将为科技园区的产业发展与科技创新持续良性互动提供有效保障。

四、硅谷的成功经验

(一)硅谷:世界第一个科技园区的产生与发展

硅谷(Silicon Valley)位于美国加利福尼亚州的旧金山圣克拉拉至圣何塞附近50公里的一条狭长地带。当地微电子工业的崛起与斯坦福大学教授弗里德里克·特曼密切相关。二战期间,特曼与其两位学生联合创办了惠普公司,并在学校内建立了斯坦福工业园,以期培养一批技术人才。这便是硅谷的前身。通过收取土地租金获得收益,斯坦福大学得以招智引才,提升创新水平,推出一批优秀科研成果。随后,通过成果转让给入驻产业园的企业,斯坦福大学与硅谷企业实现了良性互动。美国记者唐·霍夫勒(Don Hoefler)以"美国硅谷"为题发表了一系列文章,"硅谷"一词逐渐闻名于世。

此后,许多国家纷纷学习硅谷发展经验,效仿硅谷划定特定区域,集中力量发展科技产业。例如,苏联为进一步开发西伯利亚资源,建设了西伯利亚科学城。英国依托剑桥大学的科研资源,在剑桥市建设了剑桥科技园,形成企业、高校、创新服务商共同协作的创新模式,被誉为"欧洲硅谷"。德国慕尼黑高科技工业园区坚持现代科技研发和传统产业扶持并重;海德堡科技园区聚焦生物、医药、环境等领域,着力孵化创业团队和中小企业。作为法国最早的科技园区,法国索菲亚·安第波利斯科学园区围绕计算机、医药、能源等领域,开展培训、研究及生产等活动。新竹科学工业园依托当地高校和科研院所资源,聚焦半导体、光电、计算机和通讯等产业,培育形成了独具特色的产业集群。为疏解首尔地区过于集中的科研功能,韩国于1973年在大田广域市北部划定专属土地,建设大德科学小镇,用以承接首都的国立科研院所,这成为大德科学城的前身。自1983年起,大德科学城纳入大田广域市管理,科学城开始与属地经济发展相融合,基础研究与生产制造之间的断层逐步弥合,大德科学城逐步发展成为韩国重要的创新引擎。

除以上列出的科技园区,瑞典、丹麦、芬兰、印度、新加坡、以色列等国家也纷纷效仿硅谷,启动科技园区建设,成功带动了区域经济发展。

1984年,在国家大力建设经济技术开发区的大背景下,著名经济学家宦乡提出了关于建立中关村科学园区的几点设想。同年,复旦大学谈家桢教授也提出了建立科学园区的想法。随后中央批准武汉市经济体制改革试点实施方案,提出把大专院校、科研院所集中在东湖地区建设知识技术智集小区,实行特殊政策。

1984年底,上海市微电子工业区正式成立,成为中国首家微电子工业区。国家科委也以书面形式正式向中央提议,在国内设立新技术产业开发区,并受到中央的高度肯定。在党中央和国家各级领导的关注指导下,以及当地政府和中国科学院的大力支持下,深圳科技工业园于次年成立,标志着国内首家高新技术开发区的诞生。紧接着,北京新技术产业开发试验区正式获批。该园区依托当地电子信息企业的成果转化优势,同时链接北京大学、清华大学、中国科学院等科研资源,形成了从源头创新到成果转化的协同发展格局。此后,上海漕河泾新兴技术开发区、天津新技术产业园区、西安高新技术产业开发区、武汉东湖新技术开发区等一批园区纷纷应运而生,在全国形成多点开花、互竞争雄的良好局面。科技园区凭借集约化的独特优势,成为各国发展高技术产业的必然选择,也推动了世界范围内高科技产业的快速发展。

（二）硅谷发展经验借鉴

纵观硅谷发展历程，中国科技园区的建立和运营，必须紧紧围绕发展实际，做好中长期规划，实现技术创新引领产业升级。具体需从以下方面调整发现思路：

1. 战略机遇的适时把握

必须清晰认识全球经济发展态势，科学应对科技革命带来的窗口期，做好园区长远规划。

2. 产业体系的融合培育

必须尊重"政策型集群向产业集群、创新集群和效益集群转化"的客观规律，把握节奏，有序推动产业集群融合培育。

3. 开发模式的创新突破

必须坚持互利共赢原则，建立长效化协作合作机制，采取多样的投融资形式，推动扶持政策创新，探索形成全新的园区开发模式。

第三章　技术创新:
科技园区发展的强劲动能

技术创新能力是科技园区获取竞争优势的关键。产业集群与产业共性技术创新之间存在协同演化关系。通过分析产业集群与产业共性技术创新协同发展的动因,探明在技术发展主线上,产业共性技术的竞合是产业集群异质化发展的必然要求,共性技术的发展是产业集群效应的必然结果,产业共性技术溢出是产业集群对技术扩散作用的放大,产业共性技术的淘汰是产业集群衰亡或更新换代的伴生物。通过对产业集群与产业共性技术之间影响路径的研究,揭示在协同需求产生期、协同效应发展期、协同效应的稳定期、协同效应的终止期这四大发展时期,产业集群的萌芽、生长、繁荣、衰退的生命周期与共性技术创新的生命周期,存在三期协同演化关系。

第一节　共性技术创新与产业集群发展

关于产业集群与产业共性技术创新之间的关系,国内外学者进行了一定探索。产业集群作为一种产业空间聚集体,实际上是一种新的空间产业组织模式和最佳资源配置组织模式,对地区经济的产出和增长具有重大经济意义。许多学者认为产业集群演进与技术创新呈正相关关系。例如,陈柳钦(2007)曾指出,技术创新是产业集群升级的动力,是产业集群竞争力的一个重要来源,是支撑产业集群持续发展的决定性力量。

目前,学者普遍认为共性技术是一种能够在一个或多个行业中得以广泛应用的、处于竞争前阶段的技术。产业共性技术是能够对集群内各产业领域以及微观企业产生深入影响的技术。产业共性技术的创新和发展能有效促进区域产业集群的形成和发展。产业共性技术具有前瞻性、共享性、风险性、联合性,是基于基础研究为前提的创新模式,是形成产业集群中个体企业独有技术的根本。在开发模式上,需要大量资源介入,一般是多个主体联合完成。因此,产业共性技术是产业集群内产业技术体系的关键部分,是企业自主创新能力的根本。共性技术的扩散具有网络效应,具体表现为共性技术的人际网络效应、锁入效应、极效应。例如,许多产业共性技术以横向或纵向的模式,通过产业集群内的中小企业扩散到集群内的大部分空间,便是人际网络效应、锁入效应的体现。在产业集群的发展期、成熟期,共性技术发展达到较高水平,形成了创新极,则产生了极效应。

以上这些研究观点,从微观角度打开了产业集群与产业共性技术之间的关系,但并未对二者在发展过程中不断变化的关系进行系统化分析,也没有对二者之间协同演化的原因、演化的过程进行深刻剖析。因此,从"不断变化的协同演化动因"分析入手,探讨"协同演化的过程变化",分析产业集群与产业共性技术之间的协同演化关系,是新视角下研究二者之间关系的一种尝试。

科技园区的发展,以技术创新为主要引擎,以集群发展为主要模式。共性技术创新演进过程是市场引导的结果,而产业集群的形成是实现规模经济的有效形式。对技术创新与产业集群形成过程的协同演化过程进行研究,具有深刻的理论意义:一方面通过分析二者之间协同关系产生的原因,产业集群与技术创新之间的影响路径,可以明确在产业集群生命周期各阶段二者之间的深刻关系,对产业集群的形成、技术的进步产生新的认识。二是将会揭开二者之间协同的过程,通过分析协同发展模式,探讨共性技术与产业集群的协同互动表现。通过以上两个方面的研究摸清二者之间实现协同演化的动因、互动的过程及各阶段的表现形式,这有助于分析产业集群与共性技术创新二者之间关系,制定有利于二者协同发展的相关政策。

第二节 产业集群与共性技术协同演化动因

产业集群与共性技术的协同演化是在内外协同动因的共同作用下产生的,因此,产业竞争产生产业集群,技术竞合是产业集群生长的必然要求,技术发展形态与产业集群的生命周期紧密相连,二者之间关系的变化引发二者的协同。技术创新的主线也是二者协同演化发展的主线,因此,本书以技术发展为主线对协同演化的动因进行分析。

一、技术的竞合:产业集群异质化发展的必然要求

产业集群为企业技术合作创造条件,对发展共性技术具有一定刺激作用。产业集群的涌现过程表现为大量相关企业的聚集,从而形成以主导产业为主、配套产业为辅的网络式产业组织结构。产业集群涌现过程也是企业竞争与合作的过程,从而使产业技术竞争压力加大,产生了基于创新的共性技术研发合作。企业聚集为企业开展技术创新合作、降低研发成本创造了条件,从而促使具有共性技术基础的相关企业在地理空间上逐渐集中。大量生产相似产品的企业在某一区域集中,由于产品差异化程度较低,造成产品同质化竞争激烈,产品收益降低,由此导致对产业共性技术创新需求加大,技术创新更为活跃。部分企业为能享受到共性技术扩散带来的效益,往往搬迁到产业共性技术密集地带,经营相同领域、地理靠近、合作分工明显的产业集群便围绕合作研发共性技术的企业周边区域而产生。

二、共性技术的发展:产业集群效应的必然结果

显性知识的溢出程度一般要比隐性知识高,显性知识的溢出与空间距离关系不大,而隐性知识的溢出是企业空间距离的函数,只有在空间上集聚的集群内企业才能获得这种知识。产业集群为创新资源在地理空间上的聚集创造了条件,产业聚集的"场"效应不断吸纳系统外的创新资源,同时产

业集群所带来的经济高回报吸引了大量创新人才。基于人才的流动带来技术的流动与交互式创新,促进了产业核心技术与共性技术创新水平的提高。

在产业集群产生后,产业集群系统无序化发展模式导致产业集群"大而不强",产业集群只是"地理空间上的集聚"。只有通过培育企业创新能力,实现产业共性技术攻关,才能有效推动"地理空间上的集聚"转化为"产业链条上的集聚"。因此,加强产业共性技术创新是提升群内企业技术创新能力和促进产业集群技术升级、结构升级的根本出路,是产业集群可持续发展的基础。

三、技术的溢出:产业集群放大技术的扩散效应

企业间的竞争导致了技术的模仿创新,企业间的合作产生了技术溢出,技术只有溢出才能促进技术经济系统的进化和高级化。产业集群促进了显性知识与隐性知识的溢出,为企业间的交流和学习创造了条件。技术创新的基础是知识,由于隐性知识的内隐性延缓了知识的转移,隐性知识的转移需要面对面的交流,回顾从成功或失败项目中获得的经验,以及专家建议等长期社会化过程,隐性知识才能从一个人转移到另一个人。因此,产业集群对企业、人才、知识等科技创新资源的整合,为隐性知识通过人这一传播媒介进行面对面交流创造了条件,便利了知识向技术的渗透,加速了技术以知识为基础进行创新的速度。因此可以说,产业集群便利了技术的溢出。从另一个更为直观的角度看,产业集群对产业共性技术的整合体现为集群在空间上为技术创新、技术交流、技术合作创造了条件,从而促进了技术创新成果的扩散。

四、技术的淘汰:产业集群衰退的衍生物

产业共性技术的淘汰是集群衰退的衍生物,当产业集群衰退,未来市场需求越来越不清晰,技术创新资源越来越分散,企业技术创新风险增高。为减少企业经营风险,技术创新资金投入降低,技术创新步伐变缓,产业共性技术的相对水平不高,技术向外溢出缩减。在这种情况下,必须借由新一轮科技创新,加速产业转型升级,推动产业集群二次成长。

第三节 产业集群与产业共性技术创新的协同过程

在产业集群与产业共性技术创新的二者协同过程中,与共性技术创新以及产业集群相关联的各主体,通过资源间的整合、协调达到协同效应,产生了协同需求产生期、协同效应发展期、协同效应稳定期、协同效应终止期,涵盖了协同效应从产生到终止灭亡的整个过程。这四个时期与产业集群的萌芽、生长、繁荣、衰退的生命周期,以及共性技术生命周期,在协同演化中同步进行,三者协同演化,共同发展。

一、协同需求产生期:产业集群发展与共性技术创新的互促作用

在协同需求的产生期,产业集群处于萌芽阶段,产业共性技术也处于不成熟的阶段。产业集群是一个多维度(产业、区域和企业)的复合体,其本质是在某一领域基于精细分工和专业化的产业链在特定地域的集聚及其形成的互动关系。因此,产业集群是各类组织在空间上的组织形态,由于在特定空间内聚集,使各类机构获取资源交流与互动的便利性逐渐增强,有利于各类资本效益的最大化。例如,社会资本的积累增强了知识的流动性,在促进知识增长与整合方面具有重要优势,为创新提供了基本源泉。可以说,产业集群并不是由共性技术创新引起的,但随着产业集群的发展,由简单资源聚集所产生的产业集群,逐步向积极获取技术创新优势转变。

从纵向上看,产业集群表现为产业链条及其价值链条的链式结构;从横向上看,它表现为不同行动者之间的竞争与合作;从时间角度看,产业集群表现为以劳动分工为基础的专业化过程;从空间角度来分析,表现为产业组织在特定区域内的高度集中。因此,产业集群的发展在空间上与时间上的表现为在特定时间内的涌现与高度集中,其生命周期过程体现出多维网络结构。

表1　产业集群与产业共性技术创新协同发展的各阶段表现

发展阶段	协同效应演化阶段	技术创新发展模式	产业集群生命阶段	特征
1	协同需求产生期	技术差异化竞争	萌芽期	主要表现为技术差异化竞争导致产业同质竞争的弱化,是破解产业同质化竞争的手段。
2	协同效应发展期	共性技术的加速期	成长期	是共性技术创新的加速期。产业集群效应放大了全产业链经济的乘数效应,也是技术快速聚集,产业技术创新加速阶段。
3	协同效应稳定期	技术的极化与溢出	成熟(涌现)期	表现为技术的高度极化与快速溢出。产业规模经济效应下的技术创新能力快速提升,产业共性技术极化效应出现,使更多的创新资源聚集到产业集群地区,并不断向周边地区、行业领域溢出。
4	协同效应终止期	技术创新放缓	衰退期	技术创新速度变缓。在产业集群的衰退期,技术创新风险增高,技术发展步伐变缓,向周边扩散速度降低。

二、协同效应发展期:产业集群快速成长刺激技术创新链、产业链的多维度延伸

在协同效应的发展期,产业集群快速成长,技术创新链和产业链在空间、领域等多个维度延伸。在产业集群快速成长阶段,同质企业大量聚集增加了竞争压力。为从竞争中脱颖而出,许多企业通过共性技术创新达到异质化竞争的目的。也有企业通过围绕核心产业领域,向周边领域拓展,实现差异化生产,提高了企业的竞争力。有学者认为,异质性结构的产业集群比同质性结构的产业集群有更高的分工水平和创新能力。因此,在产业集群快速成长期突出表现为技术链的延展和产业链的跨领域延伸。

从产业集群创新涌现性与共性技术创新关系的角度看，产业集群内部创新创业活动的大量涌现，导致技术竞争日趋激烈。从另一方面看，产业集群产生的基础是企业的高度同质化，但随着集群的发展、升级，企业间竞争加剧，以及围绕同质化企业产生的相关配套企业的快速聚集，产业集群逐步出现异质化特征。企业若想在竞争中胜出，就要通过共性技术创新来实现企业的异质化发展，进而成为产业集群中的核心企业。一旦产生核心企业，将有助于集群知识共享网络的形成，从而提升产业集群的可持续发展能力。异质性结构中核心企业可以获取创新活动所创造的集群收益中的最大份额，这就为核心企业创新提供了强有力的激励，同时通过适当的扩散，集群整体的竞争力也将不断增强。因此，共性技术竞争是产业集群异质化发展的必然要求。

另外，技术链与产业链的延伸带来了产业的空间变换，产业集群与共性技术的集聚产生了极化作用。产业的集聚效应促使更多企业迁移到中心地，进而引发产业链更多环节迁移、集中，同时也为技术创新储备更多的创新资源。产业的集聚效应使产业链上各个环节在地理上出现高度集中，进而对产业经济发展起到乘数效应，形成了高度复杂的产业集群网络。创新网络的完整化，提高了技术创新的福利效应，转移前后的产业集群之间存在链式互动效应，主要表现为大量集群在短期内的大量涌现。因此，在产业集群快速成长期，技术创新链、产业链在空间上得到快速延伸。

三、协同效应的稳定期：产业集群成熟期与技术的平稳发展期

产业集群的日趋成熟以及产业技术的逐渐平稳，共同推动协同效应进入稳定期。在产业集群的成熟期，由技术创新带来的变革波及制度创新层面。集群技术创新与制度创新之间出现了技术创新，促进制度创新、制度创新带动技术创新、技术创新与制度创新相互融合的三种路径。新制度经济学认为，企业需要一系列的规则来减少其面临的不确定性，从而提高预期收益。

由于企业对市场信息获取不完全，企业也无法掌握全部创新资源，企业

技术创新往往具有较高风险。可以看出,企业面临的外部风险会减慢科技创新进程。但在协同效应的稳定期,由于创新所需的各类要素在特定空间的聚集,使集群内的企业有机会获得这些资源,产业共性技术创新成功的可能性大大增加,获得市场认可的可能性也较大。此外,在集群内部,由于创新所带来的高额利润刺激了企业联合技术创新,企业间的交流增强,企业间共同分享创新资源与信息,共同担当风险,技术创新成果增多。因此,在这一阶段,通过产业集群,产业共性技术创新出现了高度繁荣。

四、协同效应的终止期——产业集群的衰退期与 技术、制度的同时衰落

随着企业技术创新的高度发展,企业技术逐渐标准化,导致工艺流程的规范化和生产规模的扩大化,同质化竞争进一步加剧,产品利润大幅下降,产业集群进入衰退期。在产业集群的衰退期,企业大量退出,只有少量新进入者。因此,企业技术创新资源减少,未来市场的不确定性增加了企业技术创新风险,企业技术创新速度变慢,边际效应减少,市场的高风险性使企业不断缩减技术创新投入,产业逐步出现萎缩。

从新制度经济学的角度看,产业集群是一种制度,在产业集群衰退阶段,作为一种制度也开始出现衰退,制度对技术的正向刺激作用变小,技术进入低速发展阶段。

在不同发展阶段,产业共性技术创新对产业集群发挥了不同的作用,但无论是在产业集群的萌芽期、成长期还是成熟期,产业集群与产业共性技术创新之间都是正向的互促关系,突出表现为产业集群与产业共性技术创新之间的协同生长过程。在产业集群的衰退期,产业集群与产业共性技术创新出现负的互促关系,主要表现为二者同时衰退。因此,产业集群与产业共性技术创新之间是协同演化的,二者相伴相生、共同进退。这些观点的厘清,对丰富产业集群和产业共性技术创新相关理论研究具有一定的参考价值,同时,对科技园区制定产业技术发展规划以及产业集群相关政策也具有一定的实践指导意义。

第四章 产业升级：
科技园区发展的核心追求

第一节 产业转型升级与科技园区发展

产业园区是城市产业发展的重要载体和主战场，园区产业转型升级事关城市发展的当下与未来。由于历史和产业定位等因素，当前国内园区发展良莠不齐：一部分园区产业结构优势突出，围绕核心产业形成产业梯队，产业集群优势明显，产生了园区品牌效应；但也有一些园区受制于历史形成的影响产业发展的深层次结构性原因，产业结构偏重偏旧、新动能缺少增长点、产业缺乏高度、园区缺乏核心竞争力等问题明显；有一些仅注重个别产业拔高生长，产业结构整体呈现为初级化特征，产业散乱，集而不群，单位土地产出效率低下。

"十四五"时期是园区发展面临的重要机遇期，也是挑战期。在疫情对产业进行洗牌、对园区发展格局产生破坏的前提下，在国内双循环格局处于初建阶段，高度重视园区产业梯次培育问题，积极抢抓机遇，以梯次培育理念进行产业规划，能够为园区谋划借势而起、再次开篇破局提供有效借鉴。

一、科技园区产业结构演替

国内科技园区的产业结构演替主要分为三个阶段，分别为启动期、形成期、延伸期。三个发展阶段中启动期为园区发展初期，处于工业园区发展形态，引进的企业质量参差不齐且难以形成产业链配套发展。在启动期，园区的产业结构以制造业为主，产业结构主要受制于此阶段科技园区刚兴建不久,配套不足,不足以吸引第三产业企业及优质的制造业企业,只能引进质量不高的制造业企业,快速扩张的初期发展阶段决定了制造业的单一产业结构。形成期阶段的科技园区由科技园区向着城区开始转变,不仅承载工业园区的功能,还开始承载着部分城市功能,因此需要布局第三产业来支撑城市功能,制造业中科技含量不高的企业退出,引进了部分商贸商务等第三产业企业,因此,科技园区向城市化迈进决定了形成期二产与三产并行的产业结构。延伸期阶段的科技园区向城区转型升级,物流、商贸、娱乐等产业逐渐占据发展重心,科技园区政策也逐渐地被城区政策取代,科技园区彻底向城市发展迈进,在这个过程中第三产业逐渐成为产业结构中的主导产业。

(一)国内科技园区的产业结构演替

产业结构演替表现为产业结构变化,一般而言,产业结构的演替都是由原来的低级产业结构演替成高级产业结构,也有极少数区域随着高技术产业的迁出,产业结构出现由高级到低级演替的现象。国内科技园区的演替以产业结构不断升级和产业结构优化为主要趋势,即从低级的产业结构升级为高新技术产业为代表的高级产业结构。国内科技园区的产业结构演替主要分为三个阶段,分别为启动期、形成期、延伸期。

1. 第一阶段:启动期

国内科技园区产业结构演替的第一阶段为启动期,主要处于 20 世纪80 年代,此时的科技园区产业结构协作性强,并且以原始设计制造商(ODM)的方式融入全球生产网络,产业结构以制造业为主,第三产业发展有限。在此阶段,由于科技园区整体处于建设初期的成型期阶段,集聚的企业及资源的门槛较低,集聚企业多为制造业企业,但吸纳的企业大部分质量不高,只有极少的优质企业,第三产业集聚较少,故此阶段形成的产业结构以制造业为主。

2. 第二阶段:形成期

国内科技园区产业结构演替的第二阶段为形成期,主要处于 20 世纪90 年代,随着科技园区企业产品的研发能力逐步提升,逐步形成产业分工,科技园区通过调整产业结构,制造业与第三产业均获得了快速发展。此阶段的科技园区已经进入了快速成长期,园区商贸、物流、住宿以及基建等各种配套均获得了快速发展,园区的快速发展使园区有了更大的底气与吸引力去招引高技术企业,科技园区发展较快,在形成期园区还加大了对第三产业的高技术企业招引、投资的力度。因此,形成期是第二产业和第三产业同步快速发展的阶段,产业结构也由制造业为主演替为第二产业与第三产业同步发展,且各产业均出现较多优质企业。

3. 第三阶段:延伸期

国内科技园区产业结构演替的第三阶段为延伸期,主要为 21 世纪之后,此阶段的科技园区产业结构不断地向外转移,延伸期产业结构的主要特征为第二产业的大量外迁,发展重心已经完全转移到第三产业。在延伸期阶段,科技园区开始延伸服务功能,科技含量低的第二产业陆续退出科技园区舞台,但继续扶持研发型企业,同时由于科技园区向着城区转型升级,物流、商贸、娱乐等第三产业成为科技园区的发展重点。以新竹科技园为例,园区的产业不断优化,IC 产业(集成电路产业)的研发设计及生产等中高端核心部分还留在园区内,但附加值较低的加工及组装等产业不断向其他区域进行转移。

(二)中关村科技园产业结构演替分析

中关村科技园建设于 1988 年,在国际科技园区高速发展时期建立,由于中关村科技园附近有清华大学、人民大学、北京大学等众多高等院校及中国科学院等众多科研院所,拥有极为丰富的智力资源和人才资源,这些人才资源、智力资源助推中关村科技园快速发展。中关村科技园产业结构演替可分为启动期、形成期、延伸期共三个阶段。

1. 第一阶段:启动期

中关村科技园区的启动期是产业要素的集聚阶段,此阶段的中关村科技园产业结构较为单一,以政府引导产业发展为主,虽集聚了一定数量的企业创新主体,逐步形成产业集群,但企业主体之间的联系相对较弱,产业链的上下游协作较弱,未形成协同发展效应。在此阶段,科技园区的资源正处于快速扩张时期,大量企业集聚,但一方面集聚企业及资源的门槛较低,有可能引进的多个企业处于同一个产业链环节,未形成明确的产业分工,较为注重量的积累,只有极少的优质企业,造成引进的企业之间上下游关系不强、联系较少,难以形成协同发展效应。此阶段形成的产业结构以制造业为主,产业结构单一,产业配套等设施也不完善,未形成协同效应。另一方面表现为科技园区对周边产业的辐射较弱,在启动期,所在城市集聚资源单向支撑科技园区快速发展,这与产业协同弱、带动性差有很大的关系。

2. 第二阶段:形成期

中关村科技园区的形成期是园区主导产业的形成阶段。在此阶段,中关村已形成了稳定的高新技术主导产业集群,高校院所、政府、企业之间加强了互动交流,人才、技术等创新资源在各类型主体之间流动,形成了科技园区创新网络,各主体在网络内得以实现资源优化配置。此阶段的科技园区已经进入了快速成长期,园区内商贸、物流、住宿以及基建等各种配套获得了快速发展,园区核心产业由制造业向服务业延伸,二产与三产发展并驾齐驱,在此阶段,科技园区的产业配套也出现发展,人才、科技等创新要素不仅在二产之间流动,也同样流向三产。由于此阶段开始淘汰一些科技含量低的企业,根据产业链需求企业以及产业配套需求引进所需的差异化企业,能够推动形成产业链上下游配套以及协同发展。同时,在此阶段,生产性服务业的兴起也为二产、三产之间搭建起桥梁。在此阶段,中关村科技园在此阶段已经产生了较大的协同效应,带动北京经济快速发展,并对全国的高技术产业产生引领作用。

3. 第三阶段:延伸期

中关村科技园区的延伸期为协同发展时期,体现的为产业跨界、产业协同发展及产业创新生态的打造,形成了具有国际影响力的产业集群。在该时期,科技服务机构及企业、科研院所、高等院校均参与到园区发展中,形成协同创新;新一代信息技术等"高精尖"产业成为发展主力军,人工智能及数字经济领域新赛道不断涌现;创新创业保持较高活力,新增创业企业较多;企业生态服务贯穿企业的创业周期,给予企业从初步设立到成长为大企业的全生命周期服务;区域内科技成果转化能力不断加强,以市场为导向的市场化研发成为主流；人才、技术、优质企业等高端资源的集聚能力不断加强，成为优质创新要素的集聚核。此外，随着园区创新能力的提升，园区的软件环境与硬件设施也相应提升，产业用地、新型工业用地、医疗、交通、商业楼宇等基础建设硬件设施随之提升，包括适配产业发展的新基建，如新能源汽车充电桩、5G基建等基础设施、营商环境等软环境不断获得优化，不仅产生了科技园区内的多元治理体系，社会、政府共同参与治理，且监管模式相对包容审慎，形成了先试先行与新技术发展相匹配的新治理模式。

此阶段的中关村科技园协同能力持续提升，跨区域延伸作用明显加强。例如，京津冀区域受到关村科技园的辐射带动发展，带动了京津冀汽车制造、生物医药等产业转型升级发展，推动了传统产业的数字化转型升级。

二、产业升级与科技园区的发展

2020年，中央经济工作会议提出强化国家战略科技力量的发展要求。科技是国之利器，国家赖之以强，企业赖之以赢，人民生活赖之以好。从20世纪以来的全球经济发展历程可以看出，科技是人类历史发展最具革命性的关键力量。科技自立自强是应对全球经济低迷的关键，要在全球各国抓紧布局前瞻性领域的同时，不甘人后，以强烈的紧迫感和危机感，勇闯科技无人区，占领科技空白点，以创新为支点，推动国内发展大局出现根本改变；同时，还要深谋远虑，加快园区产业升级建设，提升国家战略科技力量，为国家蓄势谋远。

(一)打造园区现代经济体系，培育新动能的核心手段在产业梯次培育

产业梯次培育是对园区产业结构调整方向做出的综合培育计划，这是对园区产业发展方向的解答。产业梯次培育是对产业结构调整的具体化，是以发展的眼光对处于不断发展变化中的产业进行的缓慢调整，是对各产业体量、产业间关系的一揽子详细的培育方案。为避免陷入不利的初级产品生产专业化和完全分工，通过持续的资本深化和产业结构优化，实现资本、技术的比较劣势向竞争优势的转化。产业梯次培育是园区中长期发展思维下的产业规划方案，这与园区未来发展图景密切相关。

产业梯队培育有利于平衡多个产业对有限资源的争夺,促进形成良性的竞争关系。产业梯次培育将首位度产业、具有一定发展潜力但不具备成为"头雁""领头羊"的产业、处于跟跑地位或者有培养价值的未来产业,分别纳入培养计划,并给予适度政策倾斜,引导形成层次有序的产业发展梯队。因此,产业梯队培育通过为不同产业提供不同的培育政策,从而对不同产业发展的支持力度形成区分,为产业之间广泛存在的资源竞争和市场竞争做出一定的规定,有利于优势资源集中于首位产业,促进首位产业形成规模,从而形成领跑优势。

通过产业梯次培育形成综合实力强大的产业梯队,有助于加速园区新动能培育。通过产业梯次培育,形成以首位产业为"头雁",以主导产业、未来产业为"雁阵"的产业梯队,有利于园区形成整体规模体量更大、结构配比更优、专业化程度更高、延伸配套性更好、支撑带动力更强的特色产业集群,从而为实现区域新旧动能转换,拉动园区实体经济高质量发展塑造抓手,更好地发挥园区对拉动区域经济的"火车头"作用。

(二)有效应对产业链的脆弱与韧性,支点在产业梯次培育

产业梯次培育能够提高现代产业体系的弹性。当前全球产业链呈现水平分工结构,园区是国际产业资源的重要承载地。一旦遇到自然灾害、社会动荡、疫情等全球性危机,园区产业就会面临灾难性的冲击。由于外部风险极有可能对单一产业造成不利影响,以梯队培育的思路对可代替首位的潜力产业进行培育,可以随时平衡潜在的风险,在首位产业受到重创或者发展疲软的状态下,将以较快速度实现首位替代,有利于区域经济的稳健与高效发展。因此,在疫情常态化发展的趋势下,园区产业发展要兼顾效率与安全,产业梯次培育思维打破了园区产业体系孤岛式发展思维,转而以系统集成思维考虑园区产业发展,有利于提高园区产业体系的弹性。

产业梯次培育能够提高园区对优质产业要素的吸引力。在市场规则的作用下,兼之以产业梯次培育对不同产业优先发展次序进行安排,提高了资源配置效率,有利于有序推动不同生产要素在梯队间的流动和利用,形成要素集中、产业集聚、技术集成、经营集约的产业集群。同时,产业梯次培育将

有力消除市场因素对资源配置的不利因素，集中力量发展主导产业，兼顾发展潜力产业，优先布局未来产业，能够实现以未来引领当前，合理有序推动产业转型升级和经济高质量发展。

产业梯次培育能够提高产业的发展张力。产业梯次培育有利于产业在短时间内做大规模，通过强龙头、补链条、聚集群、提品质、创品牌，在短时间内做强首位度产业，能够提高产业的显示度，从而有效提高产业的张力，进而扩大园区对外部的影响力。

(三)塑造园区良好产业生态，促进园区高质量可持续发展的发力点
　　 在产业梯次培育

产业梯队是基于特定时间维度上的产业发展规划，与区域产业生态打造密切相关。产业梯队概念与产业结构概念边界部分重叠，但又不同于产业结构，产业梯队是时间维度上的概念，产业梯队包含了各产业交替之间的关系，解答了产业结构调整时期的产业发展问题。产业梯队中的产业位置并非永久不变，随着产业的发展，居于头雁位置的首位产业可能会成为居于雁阵的主导产业、潜力产业，甚至被淘汰出雁阵。但产业雁阵通过适时调整头雁企业，实现了梯队的高速增长与高质量发展。因此，产业梯次培育是基于产业园区过去与现在，瞄准未来产业发展形态，对区域产业链条培育和产业生态培育做出的规划，对形成良好的区域生态具有重要作用。

梯队选择是基于资源禀赋和区位优势对产业进行的合理筛选，使产业梯队与区域产业生态更加匹配。国际企业的发展更注重三链融合，即产业链、供应链、价值链相融合。以产业梯度发展思维对产业发展所需配套及环境进行改造，有利于在资本、技术、产业链标准领域形成良好的产业生态，进而在区域内形成有利于产业可持续发展的最优环境。

三、科技园区产业升级规划的思路

(一)园区产业规划要有产业梯次发展的思路

传统的产业转移理论，如 Vernon(1966)的产品生命周期理论认为一种

产品要经历形成、成长、成熟和衰退期。产品处于生命周期的不同阶段,从最初的研发,到技术逐渐成熟转移到其他发达国家,最终技术标准化后转移到一些发展中国家,充分利用不同区位国家的比较优势,有利于实现该产品利润的最大化。

雁群在空中飞行时往往组成雁阵,雁群中负责领飞的头雁往往是身强力壮的大雁,其身后的大雁往往要弱于头雁,借助头雁产生的气流助力飞行,在长途迁徙的过程中,雁群往往定时交换前后、左右位置,通过团结协作,相互配合,雁阵整体能以最省力的方式获得最快的飞行速度,即"雁阵效应"。1935年日本学者赤松要(Akamatsu)最早提出了雁阵理论,指的是某一产业,在不同国家或各区域间伴随着产业转移,先后经历了兴盛、衰退、转移的发展过程,以及在其中一个国家或一个区域不同产业先后兴盛、衰退、转移的过程,导致各国间、各区域间形成有梯度的产业分级。

园区内部产业梯次思想正是基于雁阵理论发展而来,园区产业梯次是指园区内形成的有梯度的产业分级。未来园区产业格局一定是以发展雁阵式产业新方阵为根本目标,以发展具备核心技术、高成长性且市场竞争力强的企业为根本任务。因此,园区产业梯次规划的思路是基于现有产业优势,瞄准未来产业增长潜力,通过政府对市场的调控机制,从优化资源分配和提高产业竞争力角度出发,以提高园区经济效益为目标,规划产业梯次递进的发展方案。

园区产业梯次规划的思路是要将产业发展与形成国内大循环为主体、国内国际双循环相互促进的新发展格局相挂钩,与满足未来庞大国内市场需求相联系,通过新产业梯次培育与市场需求的协同发力,以产业规划为抓手,打造头雁、雁阵,形成雁阵的规模效应。

(二)选定、培育首位产业,打造园区产业的头雁

一方面要瞄准国内外产业发展新趋势、新方向,系统梳理产业资源,绘制产业地图,高标准规划建设产业园,具化产业地图,以链条化、高端化为主攻方向,延展产业链条,打造覆盖上游原料、中游生产、下游应用的产业全链条。另一方面要紧抓龙头企业和旗舰项目,放大龙头引领作用,抓好上下游

产业配套,做大做强特色产业,力争在局部地区形成竞争力极点,发挥引擎效应。

(三)多梯度培养科技型中小企业,引培并举,培育优秀个雁

一方面,规划中要抓个雁提升经济总量,以个雁培育壮大产业梯队规模,推动高新技术企业和科技型中小企业增数量、上规模,加速构建产业集群,发挥产业集聚效应。另一方面,规划中要体现以抓项目推动高质量发展,以产业高成长性为衡量标准,选取"三高三低"产业(高技术、高投入、高产出,低能耗、低材耗、低污染)项目为抓手,吸引相关产业集中布局、集聚发展,发挥带动全局作用。

(四)超前布局未来产业,培养种子选手

"走一步,看一步"的亦步亦趋式发展模式已经难以适应当前国内外经济形势变化。谁能准确把握世界经济科技发展趋势,围绕当前重大科技创新以及居于全球价值链高附加值环节,超前规划和布局一批未来产业,谁就能获得高附加值回报。因此,在规划中,要考虑未来产业是园区赢得先机的关键,要放眼未来产业,制定培育的"路线图""任务书""时间表",加强对具有重大产业变革前景的颠覆性技术及新产品、新业态的关注,规划布局交叉应用领域,为产业梯队发展培养具有潜力的未来产业。

(五)打造战略性新兴产业梯次培育机制,打造产业稳定发展的主引擎

战略新兴产业的主要聚集地在科技园区,发展战略性新兴产业有利于加快提升产业价值链,这关系着我国产业的国际竞争力。目前,全球各主要经济体均忙于布局战略性新兴产业,国家之间围绕战略性新兴产业的竞争日益激烈,发展战略性新兴产业,有助于提升产业价值链,提升我国产业的国际竞争力,有助于我国大部分企业摆脱处于产业价值链低端的局面。发展战略性新兴产业是我国应对新时代国际激烈竞争,提高我国产业国际竞争力的必然选择。发展战略性新兴产业就是要深度参与全球的产业分工与合作,统筹国内、国外两个市场,有效利用全球的资源要素,推动形成有国际竞争力的战略性新兴产业集群;就是要提升战略性新兴产业在研发、制造等

各个产业链环节的国际化发展水平,与全球加强产业技术的交流、合作,快速提升我国战略性新兴产业的原始创新能力及协作能力;就是要搭建良好的战略性新兴产业发展生态且完善相关产业保障体系,为战略性新兴产业国际化发展保驾护航。

围绕国家重点支持的节能环保、新一代信息技术、生物、高端装备制造、新能源、新材料和新能源汽车等战略新兴产业,结合园区自身资源禀赋优势以及科技企业成长规律,为区域科技型小微企业——科技型中小企业——高新技术企业的梯次培育机制设计改革方案,打造一批"专精特新""隐形冠军"及"新地标企业",形成龙头企业引领、骨干企业重点支撑、分层次培育的发展格局。

(六)规划密集的产业扶持政策,为产业提供全生命周期的服务

引导科技、招商、财政、国税、地税、人力社保等部门针对产业特点展开研究,制定涵盖从创新端到应用端的政策体系,引导园区产业服务由粗放型向集约型发展;制定涵盖落户、用地、增资、研发、经营、上市等全生命周期扶持政策,吸引优质企业到园区发展。

四、科技园区产业转型升级的路径

(一)加快产业技术创新,提高园区发展动力

1. 集聚高端创新资源不断提升重大科技攻关能力

推动重大技术攻关,打造原始创新策源地。率先完善重大产业技术联合攻关机制,在人工智能、量子信息、集成电路、生命健康、脑科学等前沿重点领域,围绕国家重要战略目标、重大需求,着眼长远系统谋划实施重大技术攻关专项工程,设立共性关键技术、重大成套装备、工业强基、重点产品质量攻关导向目录,发挥国家实验室等研发机构的引领作用,加速资金、人才、科研设备等创新要素融通,提高科研成果转化效能,进一步提高科技创新能级。

引导企业积极进行产学研合作。鼓励企业以项目为载体,联合辖区内国家级重点实验室、国家级工程技术中心、国家级企业技术中心等科研机

构，开展技术研究和攻关。鼓励企业与大学、科研院所之间展开长期战略合作，促进知识、技术交互溢出，增强企业核心竞争力。

鼓励企业掌握核心技术标准。产业界有一种说法：一流企业做标准，二流企业做品牌，三流企业做产品。以标准引领产业技术升级，是实现中国经济迈向中高端的关键要素。掌握标准，就是掌握发展的关键核心，对维护国家经济安全、推动长远发展意义重大。在引导企业在提供优质产品和服务的同时，也要引导企业积极填补标准空白，扩大中国企业在全球的影响力。

2. 优化创新人才质量，为中国长远发展强根基

深入实施科教兴国战略、人才强国战略。传统经济增长主要依靠要素驱动，而创新驱动型经济的驱动力则来源于人才。因此，对于创新驱动型经济，人才是经济增长主引擎。缺少高素质人才的强力引领，产业发展难以迈入高端化。鼓励各省市深入落实创新驱动发展战略，根据各省市"十四五"规划和产业布局调整，优化高校布局和学科分布，为区域产业发展打造规模大、结构好、水平高的人才库。基础研究处于创新发生的最前端，是提升产业技术自主创新能力的动力源泉，要高度重视高校基础研究水平建设，积极调整人才战略，加强基础人才队伍建设，为产业自主创新提供基础。完善人才工作体系，深化人才发展体制机制改革，

不断调整、优化人才培养思路，为国家培养更多具备创新能力和工匠精神的高水平人才。从欧美日等国的发展历程看，高端人才是推动技术创新的核心要素。各区域要结合"十四五"时期产业发展方向的变化，正确认识工匠、大师在企业精益求精、追求卓越发展之路上的价值，鼓励各省市不断优化、完善技能人才培养、使用、评价、激励制度，孵化培养出一大批高技能、高素质工匠。引导企业广泛推动创建"工匠人才创新工作室"，放大劳模、工匠、大师的标杆效应。

积极引进高层次人才，不遗余力挖掘高端人才。当前，我国海外人才回流态势明显，归国就业高层次人才、留学生大幅度增加。对于海内外领军人才，要提供优厚的引进条件，为人才配备资金、项目、实验室等工作条件，为家属、子女提供相应的生活条件；对回流的海外留学生，要注重提升城市的

吸引力,主动创造良好的创业、工作、居住和社交环境。随着人口红利消逝、人才价值日益凸显,城市间人才争夺战的结果将直接影响未来一段时期城市在全国版图上的位势。中国最具有吸引力的京津沪等大城市,对于产业急需的高技能型人才,在积分落户政策上要给予倾斜;对于吸引力相对较弱的中西部城市,要重点考虑人才二次开发计划,要通过构建终身学习长效机制,实施高技能型人才职业生涯提升计划,为人才未来长期发展创造空间,为区域发展打造一支生命力旺盛的蓝领人才队伍。同时,要不断优化人才跨区域流动的社会保障体系,破除对创业人员的限制,便利技术创新人才、技能型人才的流动。

(二)推动企业自主创新能力建设,增强产业链供应链自主可控能力

随着全球经济政治经济形势不断变化,2020年的数次国家会议均提及"增强产业链供应链自主可控能力"的发展需求:2020年4月18日召开的政治局会议提出"保产业链供应链稳定";7月30日召开的政治局会议提出"提高产业链供应链稳定性和竞争力";而在12月11召开的政治局会议上,则使用了"增强产业链供应链自主可控能力"的表述。"自主可控能力"成为解决产业链供应链稳定、实现产业升级的关键。"自主可控"的本质就是要依靠自主创新,全面掌握产业的核心技术,实现从研发到应用的全程可控。其中,企业技术创新主体地位和作用不可忽视,企业是强化国家战略科技力量的关键担当。在长期的激烈市场竞争中,国外企业早已将技术创新作为企业战略的核心。相比国内,国外企业早已一日千里。当前,全球已进入密集创新和产业变革加速孕育的新时代,中国企业进入世界角斗场,必须认清参赛企业选手间的竞争就是一场核心技术的较量,企业自主创新已经成为决定企业生死存亡的关键。

1. 高度重视企业的技术创新主体地位和作用,让企业"放开手脚"大胆创新

下狠力气推动企业开展自主创新。要加大对企业技术创新的补贴力度,降低企业技术创新风险。鼓励企业设立重点攻关项目,加速企业提质增效。推动创新链与产业链有效嫁接,加速淘汰落后产能,从而形成高效、绿

色、低碳、循环的制造业技术创新体系,为中国经济打造产业高端化、高质化、高新化发展模式。

鼓励企业打破国外核心技术垄断。引导中国企业在打破国外技术垄断上,展现更多担当。既要发挥好企业的主体作用,也要发挥好政府的组织引导作用;既要鼓励企业开展自主创新,也要鼓励企业在购买国内外先进技术,引进关键技术和设备的基础上,通过消化吸收进行二次创新,打破国外对核心技术的垄断。

2. 提高企业创新资金投入,激发产业创新活力

引导、调动企业提高研发投入。不断增强我国企业的技术创新意识,使国内企业认识到,相比国际一流企业,二者有技术创新水平上的差异,有技术创新强度上的差异,也有技术创新效率上的差异。要对标国际,以与国外一流企业同台竞技的标准,相应提高研发经费投入,同时,要持续加强经费、人员管理,提高创新效率。要鼓励企业树立起大胆试错、不惧风险的创新精神,提升企业乃至全社会对创新活动的理解和支持。

完善和落实好现有的促进企业科技创新的有关政策。持续健全完善科技创新政策体系,积极引导企业加大创新力度,培育企业核心竞争力;通过地方政府补贴优化技术创新资源的配置,利用地方政府提供的所得税优惠促进创业企业的技术创新。例如,积极减轻先进制造中小企业赋税,加大创新创业补贴,为企业发展初期提供资金条件,激励企业的创新行为。进一步发挥地方产业引导基金作用,鼓励企业积极参与重大技术攻关,根据相关部门提供的企业研发投入情况,各级财政给予适度调高普惠性奖励。

推动"技术—产业—金融"三链融合发展。在外力拉动之外,推动企业主动多途径吸纳资金,鼓励大中型企业积极运用贷款、担保、投融资等多种金融手段,吸纳资金用于技术、设备、工艺和材料的改造升级和新产品的研发,从而使金融链条带动整个先进制造业产业技术链条的提升,实现金融链、技术链、产业链的融合发展。

3. 推进跨行业、跨区域、跨所有制的兼并重组,打造产业集群

推动产业集群化发展,增强区域的产业资源集聚能力和综合竞争力。

要充分认清我国各区域产业的特色,按照优势互补的理念,综合规划、统筹协调产业发展。在不断吸引产业链中优势资源向"中心地带"集聚的同时,也要突出区域的特色,形成竞争、合作、生长的新优势。同时要注重发挥"中心地带"的资源集聚优势,以技术溢出带动、辐射周边。

以改革为契机,积极推进国有企业的改革重组。鼓励国企进行跨行业、跨区域、跨所有制的兼并重组,不断优化产业结构,加速产业升级,去除过剩产能。积极调整国企产业结构,优化三产比重,在转型升级中诞生优质大项目,促进传统产业转型升级。

(三)以创新提升实体经济发展水平,促进制造业高质量发展

2018年10月,习近平总书记在考察横琴新区时指出,制造业是实体经济的中坚力量,制造业发展的根本是创新。这一论述进一步明确了我国制造业发展的历史任务,为当前和今后一个时期我国制造业发展指明了方向。强大的制造业是我国建设现代化强国的重要保障,也是中华民族屹立世界民族之林的信心之源。科技创新是进一步提高制造业发展质效的必然要求,也是构建新发展格局的关键,以技术创新带动中国制造进入第一梯队更是中国走向世界舞台的关键一步,任重而道远。

在现实层面,从2019年12月发布的"2019年中国制造强国发展指数报告"看,全球九大制造强国依然保持"一超多强,四个阵列"的发展格局,中国2019年制造强国发展指数位居世界主要国家第四,与第一、第二阵列国家仍有较大差距,美国在第一阵列遥遥领先,德日两国凭借突出的工业实力处于第二阵列,中韩英法四国居第三阵列,印巴在第四阵列紧追不舍。从制造业核心竞争力来看,中国仍未迈入制造强国第二阵列。进入21世纪以来,创新不足、结构不佳、低端过剩等短板愈发凸显,已成为制约制造业发展的重要因素。由"中国制造"真正转向"中国智造"的突破口在哪里?创新是基础,基础不牢,地动山摇。正如习近平总书记强调的,要以智能制造为主攻方向推动产业技术变革和优化升级,推动制造业产业模式和企业形态实现根本性转变。中国制造必须在维持规模优势的同时,将创新放置于第一位,从"中国智造"入手,精准发力,以务实行动补齐发展短板。彻底解决

国内企业的技术创新能力和核心技术自主率仍然不高、对外国先进技术仍有较高依赖、国内先进制造业产业创新发展水平与产业聚集发展水平仍然进步缓慢等现实问题。在世界经济遭受重挫、我国制造业发展面临的不确定性加大的关键时刻，以技术创新形成质量效益的新突破，有利于推动我国在构建新发展格局中乘势而起，争取进入国际第一阵列。

1. 加强产学研合作，激活制造业产业链内生动力

加快推动跨部门间的产学研合作。不断推动大学、科研院所原始性创新成果、应用性成果走出机构的大门，实现与企业对接合作，改变创新成果从产生之日起就"束之高阁"、转化率不高的问题，用先进技术加速改造现有的生产方式，发展智能车间、智能生产过程和绿色生产方式，提升企业的智能化水平，加速实现"中国智造"。

推动跨区域的产学研合作。协同科技创新在加快科技创新、加强全球科技创新交流与合作、提升科技创新的成果转化等诸多领域都发挥着极大的推动作用，世界各地都把加速创新要素跨领域、跨地域高效融通，作为支持科技创新的重要抓手。对于区域来说，就是要推动跨区域的科技创新协同，实现科技成果跨区域转移。对于京津冀地区来说，就是要积极承接北京的创新要素转移，推动北京原始创新成果与天津研发优势、河北的原材料与人力成本优势的协同与融合。

2. 发展生产性服务业，加速创新载体建设

健全创新创业服务。生产性服务业集聚与制造业集聚存在不同程度的互动性与互补性，二者的互惠效应越强，区域（城市）的整体经济容量就越大。要积极优化支撑创业项目与资本、人才、平台对接的创业服务体系，构建开放的市场化创业服务体系，完善服务于创新创业的人才、技术、资本、平台的生态网络，形成人才聚集、产业聚集、与生产性服务业聚集三者相辅相成、协同发展的局面。

优化创新载体建设。重点建设各类技术发展平台，积极引进国家公共技术平台，鼓励企业技术平台的对外开放。支持各地方建设一批"孵化创投""互联网"等新型孵化器和加速器。要积极发展技术咨询、科技评估、知

识产权服务等与制造业发展密切相关的新型服务业,为产业发展提供便利。

3. 乘经济双循环东风,赋能中国制造新发展

把握国内超大规模市场优势。构建新发展格局将是一段时间内我国企业发展的主线,双循环格局将为国内制造业提供更加广阔的市场空间。国内制造企业须迅速把握住我国经济发展由出口为主转向内需为主这一重要转型机遇,积极开辟国内市场,在新发展格局中展现中国制造企业新作为。先进制造、民生建设、基础设施等领域是具有乘数效应的领域,对周边产业领域带动性大,国内企业必须紧抓发展时机,发挥这些领域的以一当十的作用。

高处落子积极对接国际大循环。国内企业必须在畅通国内国际"双循环"中找准定位,在稳定住目前"规模发展"优势的同时,强化"创新创意""质量效益""结构优化""持续发展"等发展原则,从某一细分领域深挖国际市场,打造全球独一无二的"单项冠军"入手,逐步推动全球谋划布局。

4. 加大工业污染防治,推进产业绿色低碳循环发展

强化工业污染防治。鼓励高校和科研院所聚焦绿色技术,抓紧开展技术攻关,形成一批减污降碳的共性技术、核心技术。推动能源结构优化,提高可再生能源占比。推进重点行业清洁低碳改造,推动绿色工厂、绿色园区建设。聚焦重点行业,大力推进清洁生产。主动化解过剩产能、淘汰落后产能,促进工业能效提升。

全面推行绿色制造。支持企业强化技术创新和管理,通过设备改造和工艺升级,降低单位产值能耗,培育绿色工业示范园区。深入推进全国各工业园区实施循环化改造,下更大力气推动工业固体废物资源综合利用和可再生资源回收利用,发展工业循环经济,对取得明显成效的企业授予示范标杆企业称号,并给予奖补,让中国制造不再是高能耗的代名词。

第二节 园区绿色转型与科技园区发展

"双碳"即碳达峰与碳中和,碳达峰为二氧化碳排放总量在某时期内达到峰值之后逐步下降,形成碳排放的"拐点";碳中和有狭义和广义之分,狭义的对象为二氧化碳的排放量与吸收量的"收支平衡",广义的对象为所有温室气体的中和。碳达峰与碳中和是碳排放治理的不同发展阶段。相对于其他产业来讲,高耗能产业消耗资源(水电、煤、石油、天然气等自然资源以及物耗等)的速度最快,且对能源的需求量也较大,容易造成严重的环境污染。从一般意义上讲,电力、钢铁、有色金属、石油石化、化工、建材等重点耗能企业和年耗能达到 5000 吨标准煤以上的企业通常被认定为高耗能企业。我国正处在产业结构优化的关键期和"双碳"的实施期,推动制造业转型,探索制造业绿色化、低碳化发展,是制造业企业面临的紧迫问题。制造业是实体经济发展的主体支撑,也是开启天津现代化大都市建设的关键。因此,研究"双碳"目标下天津市高耗能制造业转型升级面临的形势与困难,以德国实施"工业 4.0"为学习对象,探索天津高耗能制造业转型升级的可行路径,对顺利实现"双碳"目标,加快推动创新驱动发展战略,更好更快实现天津经济高质量发展具有重要意义。

一、制造业绿色转型发展的背景意义

(一)推动高耗能制造业高质量绿色转型为发展,是天津制造业未来发展的方向

在国际上,美国、日本以及欧洲等发达国家较早开始探索低碳发展路径,在达到了碳达峰后逐步走向碳中和,2020 年达到碳达峰的国家有 53 个。目前,各国计划达到碳中和的时间不同,德国计划于 2045 年前实现碳中和,欧盟、日本、美国等国家均计划 2050 年实现碳中和,中国则计划于 2060 年实现碳中和。

具体来看,美国、日本、欧盟均出台政策推动"双碳"发展,美国《清洁能源与安全法案》等早在20世纪70年代起就开始相继出台,对能源效率提出要求,并要求优化相关的产业结构。2021年,美国联邦政府提出到2030年将使地球变暖的温室气体排放量减少65%,2035年只购买零排放的车辆,2050年实现二氧化碳净排放量为零的发展要求。日本早在2009年就在"未来开拓战略"中提出进行低碳技术创新,2013年制定了扩大可再生能源供应的《科学技术创新综合战略》,2016年和2018年分别出台了面向2050年的《能源环境技术创新战略》和《第五期能源基本计划》,2020年制定了《2050年碳中和绿色增长战略》,2021年日本明确提出了要在2050年实现碳中和。欧盟早在2011年就出台了《欧盟2050低碳经济路线图》,2019年以来,密集出台《欧洲绿色协议》《2030年气候目标计划》《欧洲气候公约》《欧洲气候法案》等文件,不断完善"双碳"的制度保障。其中,2012年丹麦出台了《哥本哈根2025气候规划》,提出要将哥本哈根建设成为全球首个碳中和城市。德国早在2000年就出台了《可再生能源法》,2012年提出到2025年德国实现80%可再生能源供电,2021年提出计划在2045年实现碳中和,这比原计划提前了5年。

碳中和的本质是各国在能源短缺、保护能源的基本情况下寻找经济发展新动能,抢占未来技术发展制高点的新一轮竞争。从全球发展趋势看,2010年至2019年期间,除大型水电站外的全球可再生能源投资近2.7万亿美元,是前几十年投资总额的三到四倍。能源的利用方式、利润创造方式以及生产生活方式正产生着根本性的变革,快速实现碳中和,推动新技术及绿色能源应用,实现绿色生产、生活方式的普及,不仅能实现可持续发展,也能使一国在国际竞争中处于有利位置。

(二)推动高耗能制造业高质量绿色转型是实现我国制造业转型升级的关键

近年来,国家为推动"双碳"发展提出了系列政策文件,例如,2021年国务院发布了《2030年前碳达峰行动方案》(以下简称《方案》),《方案》提出了非化石能源消费比重、能源利用效率提升、二氧化碳排放强度降低等主要目标,要求将碳达峰贯穿于经济社会发展的全过程和各个方面,重点实施能源绿色低碳转型行动、节能降碳增效行动、工业领域碳达峰行动、城乡建设碳达峰行动、交通运输绿色低碳行动、循环经济助力降碳行动、绿色低碳科技创新行动、碳汇能力巩固提升行动、绿色低碳全民行动、各地区梯次有序碳达峰行动等"碳达峰十大行动",并就开展国际合作和加强政策保障作出相应部署。2021年,中共中央国务院出台《关于完整准确全面贯彻新发展理念做好碳达峰碳中和工作的意见》,对碳达峰碳中和这项重大工作进行了系统谋划、总体部署。此外,从实践上看,我国长期致力于"双碳"发展,自2013年以来,我国一直是全球可再生能源的最大投资国,在双碳的个别领域已经成为领跑国。2021年以来,国内各地区积极推动碳达峰碳中和相关的工作,并积极布局新能源,实现了优化产业结构,推动高耗能制造企业的绿色技术创新驱动。因此,高耗能制造业高质量绿色转型发展已经具备了良好的政策条件以及一定的实践基础。

"双碳"为制造业转型升级提出了巨大的挑战,制造业转型发展首当其冲。目前,约全球27%的温室气体排放源自我国,其中,2020年二氧化碳排放量达到30%,远超排名第二的美国13.9%,碳排放伴随着资源枯竭及全球变暖、雾霾等环境污染,我国"双碳"目标的实现将有力地推动世界"双碳"目标的实现。未来退煤退油的绿色化发展是必然趋势,但我国能源使用量八成左右都是煤炭、石油能源。制造业是能源使用大户,我国制造业大而不强的现状,是实现"双碳"目标的巨大挑战,低碳化发展势在必行且任重道远。

"双碳"也为我国经济可持续发展创造了巨大的机遇,为制造业低碳化发展提供了推动力。我国正处制造业向高端化转型发展关键时期,实现"双碳"也是实现传统产业智能化、数字化、绿色化的发展过程,借此推动传统产业高端化、智能化、数字化发展,同时落地耗能少、效率高、产值大的新技术、产品,形成新业态,是对制造业的一次改造提升。此外,近年来我国制造业"卡脖子"等问题日益凸显,核心技术、产品受制于国外,限制了国内制造业经济发展,"双碳"背景下实施制造业的数字化、绿色化发展也有利于加快突破国内制造业核心技术及部分"卡脖子"技术。

（三）天津出台文件推动落实"双碳"行动，为推动高耗能制造业转型 升级奠定基础

天津市对"双碳"已采取行动并取得一定成效。天津市将碳排放量较大企业（每年超过 2 万吨）纳入配额管理并加强对重点企业碳排放的数据监管。此外，为更好发挥"双碳"的引领示范作用，天津开展低碳示范试点建设工作和推动建设生态工业示范园区，并为激发企业节能减排的积极性，开展了环境保护年度引领企业评选。在 2022 年 6 月 24 日至 25 日天津市举办的第六届世界智能大会上，举办了"'双碳'目标下的数字经济发展国际高峰论坛"及"'科创中国'智能科技助力'双碳'论坛"，分别旨在以数字经济赋能"双碳"经济和以智能科技助力"双碳"经济，推动高耗能制造型企业的绿色技术应用及转型。

天津市出台系列落地文件指引和保障"双碳"发展。《天津市碳达峰碳中和促进条例》（以下简称《条例》）于 2021 年 11 月 1 日已经正式实施，此《条例》为全国第一部以促进实现碳达峰、碳中和为主要目的的省级地方性法规，涵盖绿色转型、降碳增汇、科技创新、激励措施等内容，为天津市"双碳"发展提供了法律保障，推动了企业的绿色技术应用与节能减排发展。天津市发展和改革委员会于 2022 年 3 月发布的《天津市能源发展"十四五"规划》中指出，到"十四五"末，完成国家下达的减煤 10% 的任务目标，煤炭占能源消费总量比重降至 28% 左右，新增用能主要由清洁能源满足，天然气比重提高至 21% 左右，电能占终端用能比重提高至 38%，建成区天然气管网基本实现全覆盖，集中供热普及率保持在 99.9% 以上，非化石能源比重力争比 2020 年提高 4 个百分点以上。这将在根本上实现产业结构调整与高耗能制造业企业的绿色技术应用，并推动高耗能制造企业实施节能改造，逐步淘汰掉落后以及过剩产能。

二、园区高耗能制造业转型升级面临的形势与困难

天津大力实施制造业立市战略,重点建设 12 条产业链,承担国家制造业高质量发展示范的重担,而"双碳"不仅是制造业高质量发展的前提条件,更是制造业发展的重大契机,"双碳"目标的达成,代表的是环境的可持续发展,更是抢占未来技术发展制高点和抢抓未来经济新动能。"双碳"目标倒逼天津市制造业的数字化转型,需要智能科技、数字经济赋能冶金、纺织等传统产业,实现生产方式的变革,从根本上改变高耗能制造业在煤、石油等能源在制造业中的应用占比,采用新的生产工艺、清洁能源、生产方式,实现制造业的可持续发展,为其他地区打造"双碳"约束下的天津制造业发展样板。但现阶段,"双碳"背景下天津市现有高耗能制造业转型升级仍面临以下困难。

(一)智能科技与数字技术等天津发展优势未有效赋能高耗能制造业

自 2017 年以来,天津已举办六届世界智能大会,天津"以会兴产业",通过世界智能大会带动智能科技产业发展,一大批企业、项目借助大会落地天津,天津的智能科技产业已走在国内前列。天津已成为全国信创产业链布局最完整的城市之一,拥有国家级车联网先导区、国家级人工智能先导区等优势。但智能科技、数字技术在煤炭、石油、化工等高耗能制造业的应用与结合不足,未能发挥天津智能、数字优势赋能高耗能制造行业发展的作用,也未能起到以应用新技术提高行业生产效率、减少能耗、降低碳排放的作用。整体来看,天津智能科技、数字经济与高耗能制造业结合较弱。

(二)高耗能制造业能源结构调整取得巨大进展,但调整边际效应递减,继续调整面临更大的挑战

天津能源结构调整工作取得巨大进展,如工业窑炉计划已收尾,35 蒸吨以下燃煤工业基本清零,已形成了天然气产、供、储、销完整体系,更成为

天然气供应保障枢纽城市。天津市第二产业约占 GDP 的 1/3,但却占能耗总量的 2/3,属于急需进行能源结构调整的产业,其中能耗主要来源于高耗能制造业,如应用煤、石油等能源的大型企业。虽然能源结构调整已取得较大成绩,但天然气成本高,财政补贴支持模式很难持续;可再生能源因用地等多方面制约,大规模开发较为困难;煤炭清洁高效利用及减煤工作取得进展,但继续减煤空间有限,煤炭消费占能源消费总量的比重很难保持持续下降。整体来看,能源调整的边际效应递减,未来的高耗能制造业能源结构调整将面临更大的挑战。

(三)新能源发展创新不足,创新引领高耗能制造业的作用发挥不够

我国先进发电技术和氢能、LNG 冷能等领域起步晚,先进用能模式发展尚未充分应用,创新平台的支撑作用尚未凸显。以氢能为例,天津发布《天津市氢能产业发展行动方案(2020—2022 年)》等政策推动氢能能源的高效利用,加氢母站、氢能叉车、氢能终端等多方面加快发展,但在氢能应用上探索不足,且运维成本较高,推广及普及艰难,终端氢能产品在市场上的应用较少,储氢材料与装备、加氢站等技术尚需突破。整体来看,氢能、天然气冷能等技术研发、市场落地、模式应用等创新发展不足,难以实现以新能源替代煤炭、石油等能源在生产生活中的应用。

三、德国"工业 4.0"的启示

2013 年,德国正式提出"工业 4.0"(Industry 4.0)概念,相较"1.0"(机械生产代替手工劳动)、"2.0"(依靠生产线实现批量生产)、"3.0"(依靠电子系统和信息技术实现生产自动化)三个版本,"工业 4.0"旨在依托物联网技术,做到生产设备跨企业、跨区域的互联互通、协作运行,从而引领新一轮制造革命。2018 年发布的《人工智能战略》则聚焦于中小企业实现"工业4.0"。为了推动"工业 4.0"发展,德国成立了"工业 4.0"工作组,核心在于通过智能制造这一新动能、新发展范式促进德国的西门子等名企焕发新活力,获得新的发展契机,推动德国工业进一步发展。由于当时欧洲发生经济

危机,欧洲各国希望通过"工业4.0"带来经济发展的新动能。在"工业4.0"中,数字化是基础条件,标准化是基本保障,智能制造是发展核心,人才是企业发展的核心要素,只有发展好这四个方面才能真正的实现"工业4.0"的落地。

(一)充分利用信息技术推动传统企业的数字化转型升级,帮助企业提效增质

"工业4.0"通过推动信息技术与制造的相互融合,企业产品应用嵌入式软件,提高产品数字化感知等能力,使产品更加智能化;数字赋能生产车间使数字车间等新生产模式得以应用,生产、运输等都变得更加灵活、标准、高效,大幅提升高耗能企业的能源利用效率;通过嵌入式硬件、软件采集产品运行的数据,能够进行提前维护,增加产品的服务价值。因此在"双碳"背景下,高耗能制造业转型升级应该借鉴德国"工业4.0"发展经验,借助信创、大数据、人工智能等技术的数字化优势,对企业进行数字化赋能,提高生产效率,增加产品的服务价值。

(二)改变企业原有生产模式,通过万物互联等方式实现智能制造,大幅提升生产效率

智能制造是"工业4.0"的核心环节,通过嵌入式的设备,如传感器等,使产品、设备等彼此之间实现互通互联,此外还推进与消费者等的互通互联,促进上游研发设计、中游制造与下游产品服务等环节的互通互联,最终达到"万物互联",从而改变以往的大规模生产模式,实现柔性制造及定制化生产等新模式。智能制造作为先进制造的重要发展方向,通过传感器、数字技术等实现高耗能制造企业的"万物互联",有利于加快改变提升传统的生产线,推进传统产业的数字化转变,加快"双碳"目标的实现。

(三)高度重视标准化制定工作,使得新技术、产品能够得到迅速推广

标准化是"工业4.0"得以实现的基础保障,数据采集、终端设备、数字处理等基于一个系统框架,通过严格的标准推广以及应用,新技术、新产品能够快速地得以应用并发挥效应。不同标准下的产品市场应用存在着一定

的流通、应用壁垒,会降低新产品、技术的应用效率。同时统一的标准还有助于维护消费者权益、淘汰不符合标准的企业等。因此,"双碳"背景下的高耗能制造业转型升级更应该注重系统标准的制定,通过统一标准使优质绿色产品、技术得以迅速在高耗能大企业中得以实现推广应用。

(四)培养匹配"工业 4.0"发展的专业人才,为"工业 4.0"发展提供
　　　专业的人才保障

智能制造等新生产模式的应用对技术人员提出了更高的要求,如工业技师需要更强的协调能力等。为适应"工业 4.0"要求,德国对工业技师等人才培养模式进行了相应的变革,通过充分发挥学校、科研院所的力量,并建立相应的新型人才培养体系,使人才拥有人员规划、研发成本评估、优化生产流程等能力。因此,在"双碳"背景下,通过加快培养高耗能制造业转型升级所需新型人才,建立相应的人才培养体系,有利于推动高耗能制造业转型升级。

四、天津市高耗能制造业转型升级的路径选择

(一)加快布局绿色能源技术的发展

立足天津市现有产业基础,壮大发展绿色产业核心领域。发展新能源汽车,重点发展纯电动乘用车整车制造,增强新能源汽车电池、电机、电控、汽车电子、新能源充电桩等配套能力;发展先进储能、光伏装备、储能电池与新型电池材料等领域;加快布局氢能,发挥天津市新材料产业、装备产业优势,围绕氢燃料电池关键产业链环节加快布局催化剂、质子膜、"四泵四器"等核心材料及部件。

联动天津市内主导产业,发展绿色产业特色领域。聚焦人工智能主导产业领域,依托天津知名大数据企业,重点发展智能电网产业,鼓励研究现代电网智能调控技术,促进数字孪生、区块链在电力系统的应用;依托云计算、大数据等头部企业,加快发展能源互联网,加快构建能源互联网新模式。聚焦新材料主导产业领域,加快发展碳纤维复合材料基体树脂、可完全自然

降解的生物塑料以及动力电池负极碳基新材料等先进环保新材料,鼓励新型地热水泥、新型绿色墙体材料等绿色建材发展。

(二)助力高耗能制造企业成为绿色发展企业

开工一批绿色产业重大项目。借鉴德国"工业4.0"经验与发展范式,争取在新能源汽车、先进储能、氢能领域加快推动新能源汽车、储能等重大项目,以重大项目、头部企业带动天津市绿色产业发展。二是培育一批绿色产业领域高科技企业。加强对冶金、石油化工等高耗能领域企业的政策、资源扶持,推动企业快速成长,推动企业在细分领域、新赛道脱颖而出,成为引领天津市高耗能制造业领域发展的科技企业有生力量。三是培育一批绿色产业领军企业。聚焦清洁能源、新能源汽车、节能环保等领域,支持天津市龙头企业、投资机构和科研院所建设垂直产业孵化器、专业园等载体平台,发挥天津市智能科技产业优势,发掘和链接优质创新创业项目,壮大天津市绿色技术发展源头力量。

(三)布局绿色载体,助力高耗能制造业的示范升级

打造天津市高耗能制造业转型升级示范区。秉承"生态型、高品质、低碳化"发展理念,依托天津市高耗能产业集聚区,构建高耗能制造业转型升级示范区,出台资金奖励与相关补助举措,助力耗能低效的高耗能产业集聚区转型升级成为环保低碳、产业高质发展的示范区,为国内高耗能制造业发展提供"天津样板"。

加快布局和提升天津市绿色产业相关专业园区。在天津市产业功能区等产业集聚重点区域,重点建设新能源汽车、智慧能源等相关业态,提升已有的专业产业园高耗能产业发展能级。在滨海新区推进氢能、储能相关专业园区建设,布局风能、太阳能等电力园区。在滨海新区积极探索建设零碳产业园,引领绿色产业相关专业园区的发展。

(四)开放绿色场景,助力绿色产业落地

支持智能制造等场景建设。学习借鉴德国"工业4.0"模式,鼓励更多企业争创绿色工厂、打造绿色车间,加快推进区域生产制造精细化、智能化

管理水平,优化过程控制,减少生产过程中资源消耗和环境影响。

支持绿色建筑场景建设。借鉴德国"工业4.0"模式经验,引导地产商、物业运营等安装隔热屋顶,改善墙面保温,安装节能窗户,提高门框密封性;采用低碳技术,升级暖通(HVAC)系统,推广使用LED照明,进一步推广建筑物自动化和控制技术。

推动绿色园区场景建设。支持更多科技型企业、解决方案供应商参与天津市智能环境监测、工业废水监测、智能电网建设,提高园区绿色发展效能。

推动天津市绿色社区场景建设。加强政府在资金、政策方面的引导,唤醒民众的认识和行动,推动天津市绿色社区建设。

第三节　招商引资与科技园区发展

高质量发展是指导天津经济发展的硬道理。天津开展实体经济招商是天津产业发展历史轨迹所决定的,也是京津冀协同发展、区域经济增长、弥补产业链缺失环节的必然要求。当前天津还面临着招商行为不规范、项目落地难、营商环境仍有待改善等问题。天津要积极开展"招商"更要主动"选商",以精准招商加速新旧动能转换,推动资源要素的集约化利用,以高质量招商带动天津经济高质量发展。

习近平总书记指出,现阶段我国经济发展的基本特征是由高速增长阶段转向高质量发展阶段。高质量发展是天津经济发展的硬道理,众多优秀企业是高质量发展的支撑点,大好项目是拉动天津产业经济发展的核心抓手。通过大好项目带动相关配套产业壮大,吸引相关经济个体聚集,形成产业链经济,这才是实现天津经济高质量发展的关键。目前,产业强则城市强,积极开展高质量招商,高起点引进一批补短板重大项目,填平补齐产业链缺失关键环节,延伸拓展产业链上下游配套,将有效带动产业链升级,推动天津产业经济高质量发展。

一、招商引资相关前沿理论与辨析

(一)有关发展动力的文献综述

有关发展动力方面的研究最早可以追溯到古典经济学理论,古典经济学理论认为劳动、资本、土地、技术进步等要素决定了经济增长。斯密认为劳动分工是决定国民财富增长的决定性因素。李嘉图认为,提高劳动生产率是发展的手段,创新是提高劳动生产率的根本性方法。

新古典增长理论的核心是将技术进步视作经济增长的源泉。Lucas认为人力资本累积及学习效应促进经济超越现象的发生。Romer则是发展了Lucas的研究,提出了创新补偿机制的存在。增长理论的核心观点是指出创新是发展的根本动力,只有创新才能保持可持续增长。

（二）有关招商的文献综述

在马克思在《资本论》第三卷中提出了金融资本与产业资本关系的理论,由此奠定了产融结合研究的理论基础。从二者融合的路径看,金融资本和产业资本的融合有着两种路径,一种是金融资本向产业资本渗透,形成"由融而产";另一种是产业资本转化为金融资本,形成"由产而融"。

一般认为,招商引资是地方政府吸引地区以外投资的活动。例如,日本的小岛清提出对外直接投资,从本国已经处于或即将处于比较劣势的产业即边际产业(这类产业对东道国来说是具有比较优势的产业)依次进行,这就是招商中的边际产业理论。边际产业理论对优化产业结构、降低产业风险、促进产业协调发展具有一定的指导作用。

二、天津科技园区开展高质量招商的必要性

（一）开展实体经济招商符合现阶段产业发展使命

天津早在1860年就开埠通商,是中国近代工业的发源地之一,具有良好的工业发展基础。2006年国务院提出在滨海新区建设高水平的现代制造业和研发转化基地的要求,2015年《京津冀协同发展规划纲要》提出天津建设全国先进制造研发基地的功能定位,二者一脉相承。建设全国先进制造研发基地要求引进高水平研发平台、高质量经济实体。开展以商招商、产业链招商,带动区域研发机构、企业实体聚集,既符合天津产业发展特点与趋势要求,也有利于加速完成京津冀协同发展赋予天津的发展使命。

（二）京津冀协同发展要求天津加大开放招商力度

高质量发展的科学内涵主要包含三方面:一是以科技创新为动力;二是以资源集约和节约为前提;三是以提升产出质量和效率为目标。要实现高质量发展,就是要求经济发展从依赖于资源数量投入的增加,变为依赖经济资源配置效率,走质量型发展方式。在京津冀协同发展大背景下,天津将建成中国北方经济中心、现代制造中心、国际航运中心和金融创新运营中心,

这要求拆壁垒、破坚冰、去门槛,吸引内外资金进入,打造资本活跃集聚、人才竞相涌入、创新创业蓬勃发展的热土,通过以改革释放活力,以高质量招商纠正资源错配,吸引优秀要素的投入,全面提高劳动生产率和全要素生产率。

(三)打造区域增长极拉动经济发展要求开展一流招商

开展高水平招商就是要打造产业的"山峰",建立区域经济增长极。天津产业特色鲜明,但缺少带动力强的龙头企业,群山无峰的结果是产品附加值普遍较低,龙头企业数量不足降低发展加速度。产业没有"山峰"与"高地"就容易在外部风险加大的时候产生塌陷。面向国内外开展一流招商,招龙头、引支柱、延链条是克服"群山无峰"的首要路径,必须引进优质项目,延链补链,将技术与产品做精做深,才能塑造产业的"山峰"。

(四)园区产业中长期发展要求开展高水平招商

天津的航空航天、高端装备等十大支柱产业集群占全市工业比重达到77%,但都集中于生产制造环节,研发设计、后续服务能力不足,产业关键配套环节缺失,依靠规模优势、价格优势的发展方式已经不适应日趋激烈的国内外市场环境,存在被国内同行超越、模仿的威胁,高附加值环节的缺失致使天津一些产业发展基础脆弱,价格竞争则形成了对低要素成本和低价格竞争路径的依赖,在产业链上表现为过度集中在加工制造环节,长期居于价值链的中低端,缺少核心竞争力,产业链与价值链关键环节缺失也制约着产业的中长期发展。

三、天津科技园区招商引资存在的问题分析

(一)招商引资缺乏规划导致盲目招商

一是现行招商工作往往看重"招商"而不注重"选商",过于看重一个项目可能带来的税收收益,而不管一个企业或项目在区域经济布的局中。这就造成了地区缺乏特色鲜明的产业集群,少数企业单打独斗、生产配套环节缺失、经营成本过高的问题。另外,招商缺少中长期计划,看重短期效益,导

致高能耗、高污染、低税收项目进入,降低区域经济发展质量。二是招商引资缺少前瞻性方案。最突出的问题是招商引资和产业发展、园区发展规划相分离。部分园区招商活动脱离园区发展规划,园区空间布局不合理、土地单位产出不高,资源浪费问题严重。此外,招商过程中还存在"寻租"腐败行为,影响行政机构形象。

(二)招商引资缺乏全生命周期管理

国内园区普遍存在"广种薄收"的问题,即在谈的项目多、签约的项目少、落户的项目更少。一是规划与招商引资项目"两张皮"。在规划中对项目承载的土地、资源要素等条件评估不足,导致实际签约后无法落地或落地周期过长,甚至制约后期的以商引商工作。二是招商工作"头重脚轻"。行政服务工作在招商工作前期工作到位,中后期逐步缺位,工作缺乏连贯性,缺少对项目的"全生命周期服务"。三是没有建立起全生命周期管理体系。在项目的洽谈、签约、进入等关键环节,没有进行重点管理,导致"眉毛胡子一把抓",缺少跟进人员和管理。四是重"招商"轻"安商"。项目引来后,在落地过程中对企优惠政策难落实,忽视"安商"导致政府失信。

(三)营商环境不佳制约市场主体活力

天津在招商工作方面取得了一定的成就,但相比较于广州、上海、西安等地,在打造亲商、敬商、安商、利商的环境方面还存在一定的差距。这主要表现为以下几个方面:一是项目审批环节耗时耗力。土地、规划、环评等手续环节繁杂,审批周期过长,导致项目迟迟不能落地。二是为吸引招商,政府出台了相关优惠政策,同时也对许多企业进行了口头承诺,但在落地过程中,却困难重重,造成该减免的税费不能减免,该得的奖励不能兑现,该及早落户的项目迟迟不能落户。三是监督服务缺位导致项目落地难。企业项目落地遇到困难,却投诉无门,缺少相应的监督服务部门,或者虽有监管部门,但监督不力,导致项目一拖再拖,投产达产慢。

四、天津科技园区开展高质量招商引资的路径

(一)变盲目招商为招商选资,以招大引强振兴实体经济

立足资源禀赋,开展精准招商。根据天津国企比重较大、民营企业比重小、临近北京具有一定区位优势的特点,结合京津冀协同发展战略以及《中国制造2025》的部署,积极引进制造业实体经济,加速人才、资金、技术向津聚集,增强招商引资的针对性和精准度,做大做强生产性服务业,加速建成全国先进制造研发基地。

"招大""引强"扩大实体经济增量。以振兴实体经济为目标,以高质量供给为发展方向,引进一批投资额度大、科技含量高、产业结构合理的带动性强、质量高、效益好的大项目,带动传统产业升级。招引天津籍企业家返乡投资创业,引导各区县有序承接在京央企、国企、大型企业在天津设立生产基地和分支机构。围绕产业发展,推动科技、文化、金融相融合,加速新兴产业主体培育,推动实体经济扩总量、提能级,实现由"存量变革"向"增量崛起"转变。

优中选优,按图索骥定向招商。根据产业技术路线图,划定招商重点方向,开展精准招商。深挖产业链条上下游企业,以龙头企业为抓手,加速推进供应商体系建设,激发产业生态活力。集聚资源要素,集成项目合力,使低效沉淀的资源要素充分流动起来,推动优质资源向龙头企业、先进项目集中,探索出一条推动产业提质扩量增效的新路径。

大力开展境内外招商。定期举办境内外投资推介会和专业招商活动,在引进内外资方面,根据天津产业发展实际和天津重点发展的战略新兴产业开展产业链招商。围绕人工智能产业、生物医药、高新技术服务产业进行"建链",围绕新能源新材料、航空航天、节能环保等产业链缺失环节进行"补链",对现有新一代信息技术、高端装备制造等优势产业链,从科技、金融、信息化提升以及品牌引领入手进行"强链"。在招商方式上,对内资招商主要抓紧"微笑曲线"两端高价值环节,开展价值链高端环节招商。

推进区域内部深度合作。鼓励企业增资,在有限土地资源上增加投资

密度,提高单位土地产出效益。加强与南开大学、天津大学等高校的合作,推动本地产、学、研深度对接,用好、用足本地科技创新成果。加强与本地知名民企对话,利用驻外地商会定期推介本地招商政策和本地企业,为引进高端优质项目创造条件。鼓励企业与科研机构共建研发平台,提升企业研发创新水平,以高附加值产品占据高端市场。

(二)将招商引资工作落到实处,打造招商引资高地

建立专业化招商队伍。在现有招商队伍基础上,公开招聘专职、兼职招商人员,实行弹性化管理、绩效管理,对招商引资成绩显著或服务客商贡献突出的单位和个人给予奖励。组织招商工作人员深入学习招商引资相关文件以及先进地区招商引资典型做法。鼓励广泛挖掘招商信息,积极开展实地调研,了解企业转型升级和延链、拓链需求,展开针对国内 500 强、世界 500 强的精准招商。进一步加大招商力度和频次,抓住外资企业在我国扩大内需和消费升级的新增投资机会,聚焦欧洲、日韩、中国台湾等地区,着力引进高技术制造和研发服务项目,推动战略势能向发展动能转化。

建立重大项目落户协调机制和招商接待首问负责机制。针对 5000 万元以上项目引进过程中遇到的审批、规划、用地、环评等问题,从产业需求的迫切度、效益和潜力等方面进行综合考虑,实行重大项目"一事一策"。对重大项目实行全生命周期管理,从项目的引进到落地安排专人跟进,落实责任到人,在不违反原则的前提下,确保项目早签约、早开工、早达产。依法依策把好项目准入条件,自觉遵守国家和地方相关法律,坚决杜绝高能耗、高污染、低税收项目进入。

开展招商全生命周期管理。建立"天津招商引资全生命周期管理系统",内容涵盖项目线索来源、筛选分发、签约进度、落地进度等信息,方便分类管理、信息传达、监督和指导开展实际工作,有效提高招商引资工作效率和效果。做好安商工作,根据"天津招商引资全生命周期管理"系统反馈信息,对签约后的企业做好服务跟踪工作。对政府承诺的条件、项目该享受的奖励和税费减免政策,要积极给予兑现,对阻碍项目落户的违法行为,要严厉督查。

(三)开展前瞻性招商,加速新旧动能转换

盘活旧动能。加强新旧动能间对接合作,增强产业的科技创新和技术转化能力,以新技术注入盘活闲置资源,激发和盘活旧动能,减少产业资源浪费,推动完整产业链建设,提速新旧动能转换。

腾笼换鸟激发新动能。以延伸产业链、攀升价值链为重点,以"凤凰涅槃"的决心淘汰落后产能,根据产业链的短项,引进高端项目,培育产蛋多、飞得快的"俊鸟",带动本地产业结构转型与技术国际化,促进区域抢先获得领先优势。

开展前瞻性招商。发挥天津直辖市优势,强化直辖市意识,适度前瞻,瞄准国际产业发展趋势,在招商工作中走在先、走在前。先引进一两个国际领先企业,再由传统招商转向前瞻性招商,招引一批新经济企业,加快产业转型进而实现相关产业集聚再产生辐射作用带动本土产业链条形成,带动生产经营领域向上下游产业延伸。

加大配套服务业招商。树立大开放、大协作、大配套法治思维,根据实体经济发展需要,加大金融服务、现代物流、电子商务、文化旅游等新兴服务业项目和高新技术项目的招引力度,以三次产业之间的大循环、大融合推动传统产业升级,通过相关、相似产业集聚促进产业链、价值链、创新链融合,加速催生出一批新产业新业态。

(四)推动资源要素的集约化利用,加速产业集群形成

孕育区域产业聚集新高地。按照"大项目、产业链、产业集群、全国先进制造基地"的发展思路,着力优化产业空间布局,以产业集聚、企业集群、平台集中、资源集约的原则,加速相关相似产业向专业园区聚集,形成专业化生产、规模化经营、社会化协作的产业集群发展模式。

建立产业比较优势。推进区域经济参与国际分工的一项原则就是建立比较优势。优化整合现有的产业资源,追求经济效益的最大化,并以此带动招商引资,同时通过招商引资壮大产业集群,提升竞争力。

提高土地利用综合效益。推动旧厂区、旧厂房改造,加速闲置、半闲置

和低效利用土地的利用,通过嫁接、合作、调剂、转让等方式,向科技含量高、带动性强的优质项目转移土地配置,严禁向高污染、高耗能、产能过剩项目供地,提高单位面积土地投入和产出水平。推进空间换地和低效用地再开发,投资规模较大、设备工艺一流、高效生态环保的项目,引进以网络经济、总部经济、创新经济等为代表的高端产业。

(五)打造一流的营商环境,便利开展一流招商引资

构造"亲""清"的政商关系。要深刻认识到企业是市场的主体,是社会财富的创造者,企业的主体地位不可逾越。政府充当"守夜人"角色,必须树立起服务企业的意识,官员用好权力、做好服务,同时促进全社会形成尊重企业、尊重企业家的社会氛围,以"亲"的情感服务企业,以"清"的原则规范权力行为,与企业保持既不疏远,也不逾矩的情感联系,为招来企业、留住企业,厚植产业沃土。

加快城市基础设施建设。加快天津市内公共交通体系建设,加速推进地铁建设,争取早日达到一线城市地铁建设水平。加快园区水、电、排污、暖气、燃气等基础设施建设,引导招商企业向园区集中。

打造国际化营商环境。便利的营商环境是吸引企业的核心亮点,要落实好"天津八条"政策,依法保护企业家财产权和自主经营权,让天津真正成为企业家投资的沃土。深化"放管服"改革,推动落实"双万双服促发展"活动,在创新机制,行政服务效率和水平提升上下功夫,打通政务"最后一公里",创造"天津速度"。用好、用足中央政策,深化金融创新运营示范区、改革开放先行区建设,搭建银企沟通平台,为企业来津发展创造便利的融资环境。落实好"海河英才计划",加快人才经费、居住、医疗、子女教育等补贴政策的制定与落实,吸引客商、创新型人才来津创业。

第五章 人才引培:
科技园区发展的内在要求

在知识经济和全球化的大背景下,京津冀一体化发展对科技创新协同发展的要求更为迫切,三地科技创新系统、产业技术创新系统也迎来了难得的发展机遇。作为三地科技、产业支撑的基础,创新人才是知识与技术的载体,是科技创新系统中最重要的要素。虽然近十年来,京津冀创新人才聚集已经出现一定的规模,但聚集的速度仍较为缓慢。随着京津冀一体化发展的深入,高端创新人才需求加大,如何加速区域内人才流动、吸引区域外人才在京津冀区域内聚集,形成区域科技创新人才的集聚效应,是京津冀一体化过程中急需解决的问题之一。

第一节 中高端科技创新人才与科技园区发展

一、创新人才理论

(一)科技创新人才

所谓科技创新人才,是指具有良好的科技创新能力,直接参与科技创新活动并为科技发展和社会进步做出重要贡献的人才。由于人力资本指的是可以产生特定结果的个人的知识,技能以及能力,因此,科技创新人才是一种特殊的人力资本。创新人才作为掌握知识与技术的载体,知识与技术需要通过科技创新人才进行实践与再创造,科技创新人才在园区发展中具有特殊意义。科技创新人才是地区科研主体得以进行创新活动的最重要的创新要素,也正是因为科技创新人才的存在,才使知识与技术得以在区域内流动,有效地促进了区域科技创新能力的"均质化"与"差异化"。科技创新人才是园区创新系统中的必要输入成分,对园区创新能力的作用最为直接,也是顶层设计中必须考虑的一环,促进科技创新人才在园区聚集并产生一定规模,能为提高园区创新能力,拉动经济结构转型提供新的路径与机会。

(二)科技创新人才集聚理论

科技创新人才的最主要价值是通过创造力体现的,科技创新人才聚集是指通过科技创新人才个体在区域内的聚集,实现提升区域科技创新能力的经济效应。创造力(Creativity)是由个体资源、能力所感知的个人经历。人才聚集主要包括知识共享和外部经济横向人才聚集、中心外围横向人才聚集和基于交易成本的纵向人才聚集三种模式。人才聚集的经济性效应是指具有一定联系的科技型人才,在一定的区域内以类聚集,在和谐的内外部环境作用下,发挥超过各自独立作用的加总效应。

人才聚集便利了人与人之间的内在联系,进而产生知识交换,促进知识创造,促进了个人价值的提升与创新绩效的产生,最终表现为区域经济效应。

有学者通过对法国中等城市进行研究,发现艺术、研究以及信息技术等关系到城市经济发展的领域,更需要高技能人才进驻,而技术岗位以及研发活动与教育和服务紧密相连,如何聚集高技能人才是发展城市新经济、提升城市竞争力的焦点。在企业开展的创新活动中,会遇到相对较大的不确定性和可变性,需要创新人才具有灵活性、风险性、不确定性和对失败和风险的承受力,并要求人才能够产生多种创新观念且乐于参与更多的创新行为。创新的过程往往是漫长的、不确定的。经济的全球化以及众多以科技为要素的产业发展要求劳动力必须具备与之相适应的技能与创造力。因此,具备创造力的人口成为目前世界各国需求的重点,科技创新人才成为实现创新驱动型经济发展模式的特殊要素。

二、科技创新人才聚集的驱动要素

资源聚集是实现资源优化配置的前提条件,资源的集聚必然增加资源本身的价值。园区内科技创新人才的大量聚集将有力提升园区人力资本的运行效率,人才本身具有的内在增值功能和内在价值追求的资本属性,将会使园区具有明显产业聚集优势。因此本章主要对经济及科技创新人才聚集动力要素进行分析,将系统的目标定位于提升园区资源集聚和经济增长,并探讨动力要素的作用机制。

张敏指出人才聚集效应成功的关键是人才规模、人才配置、激励措施三大要素。从人才引进的角度看,园区对高端创新人才的强力吸引,离不开四个方面因素共同作用:市场的主导作用、区位优势、完善的制度体系、优越的创新环境氛围。

（一）市场的主导作用

根据市场规律,人力资本作为一种市场要素,是以获得自身效益最大化为目的。科技创新人才作为一种特殊的人力资本,在市场经济中,也是以实现自身价值最大化为目的。自身价值最大化包含了经济价值最大化以及个人发展机会、生存条件等。园区对人才的吸引首先是经济利益上的吸引,由于区域经济发展水平较高,带动工资水平增长,对科技创新人才形成一定的吸引力;其次,由于园区发展前景明朗,能为科技创新人才带来更多的发展机会,能为个人生存带来明显的改善,这都是形成区域科技创新人才聚集的重要原因。企业为了进行技术创新和产品革新,往往以提高工资来吸引专业化人才来提升产品的竞争力。科技创新人才的聚集对创新产出的促进作用往往具有突变效应,企业产品竞争力的增强又成为企业吸引人才的名片,意味着企业能够为科技创新人才提供更高的工资以及更好的个人成长前景,因此,市场对科技创新人才的聚集起到了最有效的调配作用。

（二）区位优势

园区区位优势是一个地区在经济发展方面所具有的多项有利条件或优

越地位,反映了一个地区的综合优势。园区区位优势对人才的流动具有重要作用已是不争的事实。牛冲槐等认为边际收益较高的地区会吸引科技型人才加速汇聚,从而导致人才在地理空间上分布不均。从实际情况看,来自长三角、珠三角以及东北三省的经验表明,由于地理位置优势、自然资源和环境资源优势以及区域经济与社会发展优势对人才形成了巨大的吸引力,从而促进了区域科技创新人才的涌进。将大量科技创新人才聚集在一个特定区域内,创新人才之间的正式或非正式交流都能为创新行为提供有效的经验和信息,促进了区域内各类组织的科技创新能力的提高。区域科技创新能力的增强间接带动提升了区域竞争力,增强了区域竞争优势,为吸引科技创新人才提供了动力。

（三）完善的制度体系

保障机制是促进人才流动、增加地区人力资本存量的有效途径。保障机制不健全造成人才成本过高、市场运行不畅,是目前国内许多地区对人才吸引力不足的首要原因。从中国台湾、中国香港、中国澳门的发展经验看,由于较早实施了创新型人才战略,制定了一系列创新型人才发展政策和规划,为地区发展以创新为主的知识型经济提供了人才保障。在发达国家,企业是吸引人才的主导力量,政府通过完善人才管理相关制度体系,营造公平竞争的就业和创业环境来吸引人才。通过完善人才管理相关制度,可以有序管理企业和吸引人才,实现梯度接力式人才培养。通过搭建优秀的区域人才平台,为提升人才流动比例,吸纳高端人才提供了便利。而在发展中国家,许多国家也试图改善科技创新人才管理制度体系,最大限度发挥科技创新人才的经济价值。

（四）优越的创新环境氛围

Florida R 认为,艺术家、科学家、作家和电脑程序员等创意阶层在城市经济中大受欢迎,他们已经成为刺激产生经济活力的关键因素;他同时也认为创新环境——区域地理位置、环境以及工作机会,也是吸引创意阶层的关键因素。闫国兴等研究发现,科技创新人才的能力与所处的工作环境、社会环境、家庭环境紧密相关。由于追求个人价值实现包含个人能力提升方面,良好的工作环境、社会环境能够给个人能力带来的提升,并有利于改善家庭环境,因此,良好的工作环境和社会环境也是吸引科技创新人才的重要方面。

从区域创新环境的角度看,优秀的经济环境、科技创新环境对创新人才极具吸引力,高科技人才对工作环境的选择,离不开对个人职业成长的思考,良好的创新环境对科技创新人才的吸引往往能形成马太效应,越好的创新环境越能吸引更多的科技创新人才,从而促进创新环境的改善;而较差的创新环境往往重金难引金凤凰。

从社会环境的角度看,创新人才的流动与聚集,对区域基础设施和生活条件提出了更高的要求。根据福布斯的调查,城市提供的生活乐趣和工作机会是吸引人才、留住人才的主要原因。区域为了留住更多人才,往往致力于提升社会环境。良好的社会环境在吸引科技创新人才的同时,跨区域的人才流动给区域带来了更为多元的社会精神文化,提升了整个社会的包容力与社会活力,塑造了城市创新精神氛围,这种区域创新精神氛围又增强了地区对人才的吸引力。

(五)区域良好的教育、培训基础

Goyal A 认为近 30 年的现实表明,技术进步催生出高技能劳动力稀缺问题,劳动力稀缺将会抑制技术的进步从而降低劳动生产率,因此,提供专用的培训资金和培训项目可以帮助发展中国家减缓科技创新人才短缺。创新型人力资本聚集的关键是要有与市场对科技创新人才需求、劳动力市场结构以及当地人口的流动性相匹配的教育体系。从美国硅谷的经验看,其周边的大学所培养出的创新型人才在毕业后进入企业、大学和科研院所,在为区域创新系统的三大创新主体提供智力保障的同时,人本身作为知识的载体也将知识进行了转移。从北京中关村、武汉光谷、上海张江的发展经验看,正是由于当地密集的科教资源、科研基础成为吸引人才入驻的基本要素,加之企业为人才提供的良好的培训,为科技创新人才能力延伸创造了机会,从而为区域吸引了大量人才,为行业创造了智力密集区。

三、创新人才与园区发展

当前,新一轮技术革命和产业革命并行,正重塑着全球产业地图并改变了现有国际竞争格局。一个国家或地区的发展,在很大程度上取决于能否聚集更多、更出色的高端人才。我国的科技人力资源总量虽稳居世界第一,但人才供需结构失衡,表现为中低端人才的"产能过剩",专业技能人才、创新技术人才和中高端人才"供给相对不足"。党的十八大以来,习近平总书记针对当前党和国家发展形势,对国家人才战略作出系列重要论述,形成了习近平新时代中国特色社会主义思想的"人才篇"。人才资源是国家第一资源,人才优势是国家的最大优势,更是区域的核心资源与核心竞争优势。《京津冀协同发展规划纲要》对天津提出了"三区一基地"的发展总体要求,这既为天津产业发展提供了大好机遇,也对天津高端人才引育工作提出了更高要求。近年来,天津全面实施人才强市战略,大力落实"海河英才"行动,持续完善服务配套,取得了人才引领发展的积极成效。但在当前区域竞争格局下,区域间人才竞争愈来愈热,"人才大战"后期效应显现,天津实现创新发展的机遇和挑战并存,要通过更为精准、有效的人才引育路径,加速高端创新人才的聚集,实现以人才聚集带动产业聚集,助推天津经济高质量发展。

(一)创新人才对园区发展的作用

1.加速引育高端创新人才是当前产业升级的"强引擎"

引育高端创新人才有利于加速突破产业核心技术。抢先引进、培育、储备高端创新人才是实现"天津智造"的"先手棋"。当前全球产业出现高端化、高新化特征,产业技术革新加快,推动传统产业升级的同时,伴生着大量新技术、新产业、新业态、新商业模式的出现,带动产业链升级。从世界各国人才引育政策的取向看,无不是将高端创新人才引进、培育视作攻克产业核心技术的关键。从国内各省市人才引育政策的对比看,都把产业领军人才、高层次人才的招才引智、培养工作视为人才引育工作重点。

天津要全面落实《中国制造2025》,推动"天津制造"向"天津智造"转变,首先要面对的就是突破产业发展的核心技术、卡脖子技术,实现产品、制造和过程的数字化、智能化、网络化转型,这一过程将要依托大量创新主体来实现,人才将是第一关键。例如,天津积极探索"人工智能"领域,将催生大量基础研发技术人才需求。但现有高端创新人才"高度"不够,将限制研发水平的"高度"。

2. 引育高端创新人才开展高端创新创业,有利于加速新旧动能转换

高端创新人才引进的特殊性就体现在人才、项目、产业的有机融合,引进人才的同时往往会带来项目,人才引进与招商引智同频共振,能够产生"引进一名高端创新人才、带来一个创新团队、催生一个新兴产业、培育一个经济增长点"的倍增效应。引进高端创新人才扩大高端创新创业总量,将为实现区域经济弯道超车提供强力引擎,从而加速实现新旧动能转换。目前,在北京的"虹吸效应"下,天津高端创新人才的质、量仍有较大缺口,为填补缺口须加速吸引更多高质量人才来津创新创业,有利于加快天津新旧动能转换。

3. 高端创新人才在高端产业集群发展中具有支撑和引领作用

人才是高端产业集群发展的重要变量,起到了引领产业集群形成的作用,即人才的地理分布决定了高端产业集群的形成。从硅谷到中关村,均依赖于人才在地理位置上的高度集中,促进知识密集型产业的形成。人才密集与产业密集之间形成正反馈效应,从而加速了产业集群的形成。

(二)天津引育高端人才取得的成绩

1. 发布多种人才政策,全力解决天津多层次人才短缺难题

2018 年,天津发布多项人才政策,解决了不同层次人才引育问题,同时根据产业急需人才的情况,天津发布高层次创新人才引育政策,设计靶向式引才方案。

实施"千企万人"支持计划,进一步加大资金资助力度,深入重点企业进行精准服务,为企业平台建设和人才引育提供政策支持。截至目前,全市共有 1235 家企业入选支持计划,累计引进培育高端紧缺人才 1.38 万人。实施"三支一扶"计划,全年共招募 156 名高校毕业生,积极开展岗前、在

岗、岗后培训。认真组织慰问、表彰等活动,再次提高了"三支一扶"人员工作生活补贴标准,有效提升了大学生扎根基层、服务农村的能力和热情。

发布高层次创新人才引育政策。该政策最大的特点是在人才引育类别上,面向顶尖、领军、高端、青年等四类人才,实现了人才类别的分层全覆盖。针对顶尖人才、领军人才、高端人才、青年人才的引进和培养提出了不同方案。

发布高层次产业人才扶持政策,为产业发展"量体裁衣"引进人才。人才新政从支持领军人才创业、扶持高端人才创业、培育新型企业家三方面,从人才创业启动资金扶持、形成期贷款大比例贴息、按贡献给予人才资金奖励等三方面推动人才创业。

2018年,天津发布了"海河英才"计划,该行动计划含八条新政,同步配套了14项实施细则、5项管理制度,依托22个区行政许可中心设立了"一站式"联审办理窗口。2018年当年共吸引13.3万人来津落户,其中海内外顶尖领军人才24人,留学回国人员5120人。截至2021年4月底,"海河英才"计划已为天津累计引进人才38.7万人。

2.持续推进制度创新,人才引进量、质实现双提升

持续优化人才发展的软环境,天津在人才管理领域推进简政放权、放管结合,不断优化人才管理服务,取消全市统一的中级、初级职称认定。对职称外语、计算机应用能力考试不做统一要求。同时,大力推进职称自主评价机制。

按照"一园两核多点位"产业布局,积极推进国家级产业园平台建设,目前,中华人民共和国人力资源和社会保障部已批复同意在天津市建立"中国天津人力资源服务产业园"。加强人力资源市场管理,放宽准入条件、优化审批流程、精简材料要件,实施年度报告、法人约谈等制度,年内新增人力资源服务机构105家,累计达到627家。

2018年,天津市出台了深化职称制度改革实施意见及9个配套文件,在全部序列设立正高级职称。在目前未设置正高级职称的职称系列均设置到正高级,打破了基层专业技术人才职称晋升的"天花板"。近三年,天津

结合发展实际,淡化学历要求,打破户籍、地域、身份、档案、人事关系等方面的制约,积极探索建立业内评价机制,不断完善职称政策体系。

完善引进人才"绿卡"制度,印发了《天津市引进人才"绿卡"管理办法》,在认定条件、服务功能、配套政策方面对"绿卡"进行优化和调整。开发使用了新的"绿卡"信息系统,着力拓展其金融、医疗等服务功能。支持引进高端人才在天津购买首套住房,着力解决人才安居问题,共为天津大学、南开大学、万达集团等18家单位66名高端人才办理了高端人才购房证明,其中不乏中国科学院与中国工程院院士、"海外高层次人才引进计划"人选等,为天津产业发展带来智力支持。

3.设立人才专项培养计划,"量体裁衣"引进高端人才

深入实施"131"创新型人才培养、博士后专项资助、"千企万人"计划等重点人才项目,"131"第一层次人选达到875人、创新团队达152个,认定"千企万人"企业1235家,引育高端人才1.4万人。举办了"津洽会"人才智力引进、华博会海外人才对接洽谈等活动,在国内外形成较大的影响。

4.创业带动就业,培育高端人才"后备军"

持续将高校毕业生摆在就业工作的首位,鼓励创业带动就业,制定促进大学生就业创业的22项扶持政策,认定大学生创业企业3298家,发展孵化基地34家,发展就业见习基地164家,在孵大学生创业企业2960家,带动7239人就业,选聘大学生创业导师200名,向4048名困难高校毕业生发放求职创业补贴。全年共组织3.13万人参加创业培训,发放创业担保贷款4亿元,扶持3.9万人次创业,带动12.9万人就业,创业带动就业的倍增效应持续显现。

(三)当前天津科技园区高端人才引育中存在的问题

1.高端人才的结构性问题突出,掣肘产业升级

天津科技园区高端人才不足突出表现为两个方面,一是高端人才总量不足,培养、引进过程相对滞后,难以适应产业快速发展的需要。二是产业高端人才结构性短缺,即高端创新创业人才紧缺,制约了园区重点产业领域的发展。与一般人才不同的是,新生代企业家、科技创业家、高级研发人才

和高级职业经理人都属于培养周期相对较长、培养成本相对较大的人才,在培养过程中,需要"产教融合"式教育。例如,在机床产业、汽车模具产业急需具有多学科背景、实践经验的研发人才,但天津都出现了不同程度的人才"贫血"现象。

2.人才引育政策区分度不高,对人才吸引力不大

随着产业链向内陆地区迁移,人才需求数量不断增加,现实情况却是适龄就业人口不断减少,高端人才成为"稀缺物种"。随着近年来各地频频上演"人才大战",越来越多的内陆城市提高了对高端人才的引进力度,人才竞争也变得更为激烈。2018 年,天津发布了"海河英才"计划,相对于武汉、西安等,天津人才引进计划的力度不大。从效果看,2018 年全年共吸引 13.3 万人来津落户,其中海内外顶尖领军人才 24 人,留学回国人员 5120 人,仍逊色于广州、杭州、成都等地。

3.跨界高端人才需求增多,现有科学体系调整滞后

在"大众创业、万众创新"新时代,大学学科发展从"高度分化"走向"交叉融合",知识生产从"学科中心"转向"问题导向",人才培养从"专业教育"迈向"跨学科教育"。跨界高端人才成为引领蓄积创新创业资源的核心载体。天津各科技园区急需大量能够推动传统优势产业转型升级、能够引领催生战略性新兴产业发展的高层次创业人才。随着"机器换人"进程的加快,工业机器人产业火爆发展的同时,伴生着具有多学科背景的专业人才缺口的日益扩大,工科人才的培养工作迎来了"瓶颈期"。例如,互联网和人工智能对传统产业产生了颠覆性影响引发的对传统产业的改造,以及运用高新技术对传统产业的改造,这些学科急需转变成为新型工科。与跨界高端人才需求爆发式激增相对应的是人才培养体系的脆弱性日益明显,专业设计脱离产业发展需求。政校企协同合作中,主体联动缺乏内在动力,校企合作教育缺乏刚性制度,人才协同培养缺乏平台支持。较少有学校能够根据全球产业发展趋势以及未来区域经济发展方向及时拓展自身优势,合理开设新专业。课程体系相对单一,教育体制仍偏重应试教育,弱化应用教育,不利于培养学生的创新能力,激发学生的兴趣与好奇心。教学方式主要

以传递知识为主，学校缺少对学生发明创造活动的引导，扼杀了学生的探索精神。

（四）天津市科技园区加快引育高端创新人才的对策建议

1.加强人才引育政策创新，打造高端创新人才链

创新人才引育机制，建立政府、市场、社会、用人主体四位一体的人才引育体系。对标深圳、杭州等地，修订现有的人才引育机制，鼓励和加强校企合作，引导企业出需求、出资金、出项目，建立以企业为主体、市场为导向、高校和科研机构积极参与的产学研联合体，提高人才培养的效率和效果。针对高端创新人才培养周期长、成本大的特点，建立稳定的人才培养支持机制，提高对新兴产业以及重点领域、企业急需紧缺人才的支持力度。打破制约京津冀人才一体化发展的机制障碍，解放和增强人才创新活力。

围绕产业链、创新链需求，打造配套"人才链"。根据天津各大科技园区现有产业发展需求，结合园区产业创新地图，规划高端"人才招引地图"，推动产业链、创新链、人才链的三链匹配。根据天津产业中长期发展需求，设立专项创新人才工程项目，为战略新兴产业发展储备人才，促进高层次、专业化的创新人才队伍建设。根据"人才招引地图"，制定人才引育政策。政策一方面要坚持需求导向，深入一线了解企业人才缺口，编制人才需求目录，精准招引各类人才。充分发挥科研创新平台育人载体功能，为科研人员和团队创业提供全方位支持，让人才引得来、用得好、留得住。

2.设计靶向式人才招引计划，提高人才引育的"精准性"

提高资金补贴，吸引一流高校毕业生在津聚集。目前，全国各地掀起新一轮人才争夺战。"双一流""985工程""211工程"大学毕业的博士、硕士和本科毕业生作为高端创新人才的典型代表，是各地竞逐的焦点。天津的科技园区要"精准引才"，重点吸引一流高校毕业生，不断提高政策竞争力和吸引力，尤其是要调整现有的园区人才引进资金支持力度，提高安家费、住房补贴的标准，明确职级认定、晋升空间和调任渠道，吸引一流高校毕业生来津工作、创业。

立足产业发展实际，全球招引顶尖人才。根据天津人工智能、生物医

药、新能源新材料、新一代信息技术、航空航天、高端装备制造、节能环保、高新技术服务等产业发展现状、规划、发展主攻方向,确定"靶向式"人才引进名单,依托有目的有方向的"因地制宜、靶向引才"计划,引进诺贝尔奖获得者、两院院士等顶尖人才和"长江学者"特聘教授、"国家杰出青年科学基金获得者",引导天津战略新兴产业创新发展、跨越发展。

3. 抓好人才引育相关配套政策的落实

切实落实好相关人才政策。坚持把人才作为驱动发展的核心要素,用好用足人才引进政策。牢牢抓住京津冀协同发展的机遇期,将现有的继续教育互认机制落到实处,重点做好三地人才一体化工作,着力解决三地人才阶段差异、人才分布不均、流动不畅等问题。针对雄安新区建设初期人才紧缺问题,天津各科技园区要将服务雄安新区、为雄安提供人才当作一项政治任务,三地紧密配合,共同助力雄安新区建设。

加快人事服务办事效率。建立一站式人才服务平台,在园区现有人才服务体系中。设立"战略新兴产业人才服务窗口",为产业急需的高端创新人才提供"一站式、全程式、保姆式"的个性化服务,放大引才政策磁力场。利用 App、微信等移动终端,将更多人事事项设置为网上申办,解决人才手续"繁杂化""碎片化"等问题。全面兑现各项人才奖励政策,简化各类资助、奖励的申领手续,进一步激发人才干事创业热情。

4. 抓好专业教育与跨学科教育的协同发展,加速本土高端人才培养

一是做好跨部门间协同培养工作,健全完善政府、市场、社会和用人主体四方协作机制,推动打造"政府给身份、市场给机会、社会给荣誉、用人主体给待遇"的选才、用才、留才格局。二是做好跨学科教育与专业教育的协同发展,跨学科教育与专业教育具有协同共生效应,这正是构筑跨界高端人才培养的根基。要注重培养专业课程之间的协同,鼓励高校、科研院所等教学机构结合产业前沿发展情况,加大跨学科培养力度,为社会输送更多学习能力强、综合素质佳的综合型人才。

5、打造一流人才引育环境,打造国际一流人才高地

建设良好创新创业载体。完善载体平台建设,有效整合各类资源,充分

发挥国家级博士后工作站、高新技术企业研发中心的综合配套优势。让更多项目获得专项资金资助，让更多创新人才的创新梦想变为现实。

打造产城融合型园区。提高天津"一区二十一园"软硬环境建设水平，创建高标准、宜居的园区环境；利用园区聚集产业发展优势，建设高水平研发平台、工程中心、联合实验室等，设立针对战略新兴产业的专项研究资助，以高水平平台建设引聚高端人才。加大园区科教文卫事业发展力度，开展高层次人才一系列专项服务活动，妥善解决有关人才的户籍、人事档案管理、子女教育和配偶就业等实际问题，为园区职工营造良好的工作生活环境，实现推进引才、聚才、用才、留才联动。

打造尊重人才的社会氛围。在园区弘扬"尊重知识、鼓励创新、开放包容"的社会氛围，打造鼓励创新创业的环境文化、制度文化，让更多人才有获得感和荣誉感，提高园区对高端创新人才的吸引力、服务力和引领力，让人才引得进、留得住。

四、京津冀科技园区创新人才引进问题分析

(一)京津冀科技园区创新人才聚集驱动力不足原因分析

1. 三地经济发展水平差异巨大

京津冀由于历史传统、经济基础和产业构的差异，三地经济发展水平差异较大。目前，北京高科技产业发展迅速，科技园区林立，第三产业蓬勃发展，政治资源丰富，已经进入创新引领的时代；随着滨海新区的建立，第二产业占主导优势，第三产业快速上升，并成为国民经济的主导力量，天津经济正逐渐走向创新引领的时代；而河北仍属于资源偏重型产业结构，重化工业主导模式下，高新技术产业发展滞后，仍停留在第二产业主导的阶段。受产业结构的影响，三地出现不同的科技创新人才聚集模式，即北京科技创新人才的数量、质量明显优于天津，而河北则是三地中最难聚集科技创新人才的地区，高科技企业数量少、规模小，加大了科技创新人才的聚集难度，与经济发展水平直接挂钩的工资水平、生活质量，城市基础设施以及创业环境吸引力较弱，更是影响了人才的外部吸纳。

2. 科技创新人才战略规划与区域发展方向脱节

在市场的作用之外，京津冀三地政府对科技创新人才战略做出的规划是调节区域经济发展与人力资源协调的关键。从实践情况看，三地行政区划观念较强，过分强调行政意识对市场的干预，导致三地科技创新人才战略各成体系，对京津冀科技园区创新发展中的人才问题缺乏指导性的文件，没有更高层级的统一规划，缺乏整体的协调性。三地之间高端人才合作重形式、轻机制，重竞争、轻合作，重个体、轻整体。三地科技创新人才资源与产业配套的优势没有得以体现，科技创新人才资源缺乏互补性。政府之间缺乏合作，没有针对园区产业发展提供可参考的人才支撑计划，也没有建立起"三位一体"的科技创新人才共赢新模式，更缺乏统一完善的服务体系。由于北京各园区高科技产业以及服务业良好的行业发展前景和工资条件，使天津、河北两地大量高端人才流入北京，而天津、河北两地成为人才的"流出地"，使当地大量企业遭遇"人才荒"，高薪难引金凤凰。这一现象也造成北京科技创新人才市场"富营养化"，高离职率和高失业率造成企业人力资源管理成本高升不下。碍于创新环境和服务能力，缺乏高层次人才创业便利条件，河北难以吸引人才，成为人才流失的"重灾区"。天津虽然创业环境、薪资水平上优于河北，但城市知名度和产业技术转移能力不及北京，在人才的吸引力上也难以与北京抗衡，这导致三地科技园区发展与高科技人才数量之间的不匹配，同时又制约了园区产业对科技创新产生更高要求。

3. 体制壁垒制约科技创新人才聚集效率

体制壁垒是目前制约京津冀科技园区创新人才聚集的首要原因。虽然2011年出台了《京津冀人才一体化发展宣言》，提出以优势互补、市场推动的策略，推进区域人才合作推进工程，但一直难以落实。从三地内部人才发展趋势看，三地人才制度不完善以及缺乏整体观念，严重制约了人才在区域内的流动。由于京津冀在户籍管理、劳动报酬、医疗保险、资格认定、子女入学上存在差异，且三地各部门之间缺乏沟通与协调，在制定人才战略规划上缺乏全局观念，一直难以形成三地协调统一的人才管理规定，限制了人才的流动。由于缺乏全局观念，在区域性人才市场的建设上，三地之间发展体制机制缺乏衔接,人才的流动缺乏宽松的环境;三地难以实现职业资格认证互通互认,人为地为京津冀科技创新人才流动设立了障碍。

从对地区外部人才吸引上看,京津冀三地对高端人才引进与培养的观念较为落后,相比于长三角地区,对顶尖人才的吸引力不足,人才引进优惠条件难以对地区外人才形成吸引力,服务的内容、手段难以满足高端人才的工作和生活需要,这都成为制约高端人才引进的"顽疾"。

4.科技创新人才培养投入分布不均衡

京津冀三地人才培养投入差异较大,京津两地教育资源投入较大,良好的创业环境激发了科技创业人才的创业激情,这都为本地科技创新人才的培养与人才的个性化发展起到了一定的推动作用。而河北高校及科研院所、人均科技经费投入都远远落后于京津两地,人才创业环境不具优势。与河北不同的是,得益于良好的教育、科研和社会环境优势,北京汇集了华北最多的科技创新人才。但由于京津冀三地在工资待遇、社会保障以及行业发展前景方面存在差异,北京、天津高层次人才难以流动到河北,科技创新人才数量与质量出现区域间分布不平衡的状态。三地并没有从科技创新人才一体化的角度实施科技创新开发战略,高层次跨区域科技创新人才合作频率不高,科技创新人才合作红利较低,制约了三地高科技产业的研发与产业化发展。

(二)京津冀科技创新人才聚集驱动力提升对策

由于北京对资源吸纳的"黑洞"效应大于经济辐射效应,大规模聚集了创新资源,无法有效发挥增长极的作用以带动京津冀整个区域经济的发展。因此,要解决三地区域经济的协同增长问题,就要通过极化效应的"多极性"来实现,在北京这一"极"之外,从制度上进行设计,打造天津、河北两大"极",形成三足鼎立、协同合作的"人才聚集高地"。

1.强化政府的引导、市场主导的人才聚集模式

京津冀科技创新人才聚集与京津冀区域经济一体化发展战略密切相关,因此,人才聚集的过程与政府的顶层设计密不可分,推动人才聚集是国家进行区域发展战略规划的必然行动。政府作为决策者,负责区域人才战

略规划,根据京津冀科技、产业协同发展的需要,提出人才保障战略,制定知识产权保护和人才引进相关政策,保障科技创新人才的合法权益;此外要建立规范有序的人才市场体系,引导科技创新型人才入驻;政府通过搭建人才交流平台,促进区域内人才流动。要从制度上进行设计,解决驱动要素对人才聚集效果的影响,解决京津对河北科技创新人才的"截流",着力解决京津冀科技创新人力资源系统内部结构失衡的问题,实现三地之间科技创新人才的有效流动与扩散。

此外,在政府的引导作用之外,离不开市场的决定作用。京津冀科技创新人才的聚集过程,是一个遵循市场经济发展规律的过程。对科技创新人才,应当尊重人才的价值,以人才的科技创新价值给予经济回报,以经济价值体现人才价值。

2、在京津冀三地形成从区域外有效吸纳、从区域内聚集的"三核"

人才驱动模式

在强化京津两地对科技创新人才的聚集作用的同时,着力解决河北的"人才流失"重地的问题,在京津冀三地形成从区域外有效吸纳、区域内人才聚集的"三核"驱动模式。实现京津冀区域人才聚集的"三核"驱动模式的关键是如何形成优势互补、互惠互利的创新人才资源利用方式,如何实现三地科技创新人才的自由流动和优化配置,克服河北成为人才"流失地"的悲剧,使京津冀三地平等互利、各取所需。在尊重市场规律的前提下,河北适当调整科技创新人才的薪资待遇,提高当地薪资吸引力,使河北逐步成为区域性科技创新人才聚集的核心。同时,在"三核"之间形成科技创新人才流动互通机制,以三地协同的人才管理平台提高人才流动的便利化。打造三地一体化的人才管理体系,搭建开放的人才管理平台,打造便利人才流动的软环境,做好医疗、社保、职称资格互认、劳动人事仲裁协作等服务保障工作,打造京津冀吸纳科技创新人才的闪亮名片。鼓励三地科技园区之间举办高层次人才交流与合作,鼓励外地专家与京津冀地区进行科技联合攻关、项目合作,推进高层次人才柔性流动机制,逐步推动形成京津冀科技园区从区域外部吸纳科技创新人才资源的"虹吸"效应,使三地形成人才聚集的最优化配置。

3. 加大科技创新人才培养投入力度，主动适应区域产业发展

科技创新人才的培养是一个长期过程，三地要持续加大科技创新人才培养投入，积极调整区域内高校学科建设，促进科技创新人才结构与区域经济社会发展需求相适应，建设创新素质优良的科技创新人才队伍，实现三地科技创新人力资本水平的整体提升。积极推进区域间科技创新人才交流合作，通过产学研合作，为企业培养更多的实用型科技创新人才，同时也为大学、科研机构科研成果的快速产业化提供机会，持续推动科技与产业的融合。树立人才投入效益最大化理念，加大区域科技基础投入，鼓励企业、社会及个人投资科技创新人才开发，为科技创新人才发展扩大资金来源。完善公共服务平台，优化创新创业生态，让科技创新人才有用武之地。围绕出入境、落户、子女入学、配偶就业、医疗保险等方面，健全配套服务机制，解决科技创新人才的后顾之忧。

4. 实施激励性的科技创新人才培养、考核体系

大力引进科技创新团队和高端人才，通过人才培育高成长性创新型企业。创新激励保障制度，完善鼓励知识、技术、管理、技能等生产要素按贡献参与分配制度，以荣誉制度、津贴和奖励制度来鼓励科技创新人才的创新工作热情，创新科技创新人才评价标准，根据人才类型、发展潜力、地区需求设置长效激励机制，在区域内部形成具有"磁场效应"的科技创新人才环境。改善人才引进、培养、使用、奖励、流动、保障等整体配套服务水平，在体制机制上体现尊重人才、公平竞争的氛围，使具有创新潜力的人才能够最大限度发挥个人能力。

第二节　蓝领人才与科技园区发展

党和国家历来高度重视蓝领人才队伍建设,党的十八大以来,习近平总书记站在党和国家工作全局的战略高度,就产业工人队伍建设作出一系列重要论述,党的二十大报告对大国工匠、高技能人才培养提出了新思路,为下一阶段产业工人队伍建设工作指明了方向。牢牢抓住制造业向高端化、现代化、绿色化转型升级的窗口期,不断优化产业人才培养"生态圈",建设规模宏大、素质优良的蓝领人才队伍,培养一批大国工匠、高技能人才,充分发挥广大产业工人的积极性、主动性和创造性,为"中国制造"迈向"中国创造"注入源源不竭的动力,为构建现代化经济体系,加快社会主义现代化国家建设奠定更加坚实的基础。

一、蓝领人才对推动科技园区发展的作用

习近平总书记在党的二十大报告中强调加快建设国家战略人才力量,努力培养造就更多大师、战略科学家、一流科技领军人才和创新团队、青年科技人才、卓越工程师、大国工匠、高技能人才。报告将大国工匠、高技能人才的培养上升到国家战略人才的培养的高度,充分体现了国家对产业工人的重视。人才资源是经济社会发展的第一资源,蓝领人才是工人阶级中发挥支撑作用的主体力量,推动了国家经济发展和社会的进步与转变,在全面建设社会主义现代化国家过程中具有不可替代的重要作用。

(一)高素质蓝领人才是中国经济高质量发展的重要支撑力量

高素质蓝领人才是落实信息化和工业化深度融合,实现中国制造向中国创造发展的有生力量。2019 年 9 月,习近平总书记对我国技能选手在第 45 届世界技能大赛上取得佳绩作出重要指示:技术工人队伍是支撑中国制造、中国创造的重要基础,对推动经济高质量发展具有重要作用。一方面,当前,全球制造业发展格局发生重大变化,互联网+先进制造业的结合推动

生产力水平提高,传统的加工制造已经难以满足市场需求,制造业高附加值环节逐步伸向软件、服务、解决方案等领域,带动实现新一轮制造业转型发展。蓝领人才在推动制造业信息化、工业化融合,推动跨界发展过程中起到了关键作用。从世界各国制造业发展经验看,技术进步带来制造业就业结构变化,各国无不高度重视蓝领人才综合素质的提高及创新能力的培养。另一方面,技术创新是提升制造业国际竞争力的重要法宝。中国能否顺利完成从"制造大国"到"制造强国"的转变,与蓝领人才在生产环节的实践效果密切相关。当前,我国经济已经进入新常态,制造业进入由价值链低端向中高端迈进阶段,在分工的高端,以追求资本密集和技术密集的高附加值的生产环节为主,对高素质人才要求加大,急需将原有的劳动力规模优势转变为素质优势以适应产业部门和产业环节升级的需求。同时,能工巧匠是实现制造业高端设计、精密工艺的关键一环,肩负着打通技术突破和创造发明"最后一公里"的重要任务。在实现由中国制造向中国创造转型发展的过程中,急需在生产环节培养一批高素质、创新能力强的蓝领人才队伍,打造中国制造的核心竞争力。

高素质蓝领人才是支撑国家经济高质量发展,实现国家富强、民族振兴的骨干力量。习近平总书记指出我们要始终高度重视提高劳动者素质,培养规模宏大的高素质劳动者大军。劳动者素质对一个国家、一个民族发展至关重要。当前,新一轮科技和产业变革正在向纵深演进,人类劳动正在经历着一场新的变革,人工智能、物联网、云计算、虚拟现实等技术的广泛应用,使人类的劳动从重复性劳动向创造性劳动转变。高素质蓝领人才是实现创造性劳动的第一参与者,是推动国家经济发展质量变革、效率变革、动力变革的重要力量。对我国来说,新时代是高质量发展的时代,创新驱动是经济高质量发展的内在要求和必然选择,亟须培养一支高素质蓝领人才队伍,造就一批大国工匠、时代工匠,满足时代所需、形势所急、民族所需。

(二)从打造一流人才生态的角度锻造高素质蓝领人才队伍

习近平总书记指出要按照"政治上保证、制度上落实、素质上提高、权益上维护"的总体思路,创新体制机制,提高产业工人素质,畅通发展通道,依法保障权益,造就一支有理想守信念、懂技术会创新、敢担当讲奉献的宏大的产业工人队伍。总书记的指示为我国产业工人队伍建设明确了总体思路。历史和逻辑都表明,人才的成长和发展受制于复杂的综合因素影响,因此,要从多方面发力,打造适宜蓝领人才发展的一流"生态",为国家发展源源不断培育充足的技能型人才。

第一,面向国家重大需求培养人才,面向产业需求培养人才,促进人才与产业深度融合,激活高技能人才培育与使用的正向循环,提高人才生态圈的演进力。习近平总书记指出,我国经济要靠实体经济作支撑,这就需要大量专业技术人才,需要大批大国工匠。因此,必须着力提高蓝领人才的数量和质量,为全面建设社会主义现代化国家提供有力人才保障。一是要加强职业教育院校学科建设,扩大招生规模,鼓励职业院校面向当地产业发展需求,整合校内外优质资源开设专业,让人才培养和产业发展同频共振,形成人才支撑产业、产业集聚人才的良性循环;持续加强现有特色职业教育专业建设,通过订单、定向、定岗式培养扩大高素质专业化蓝领人才数量。加快高层次师资培养,为职业教育的专业建设、科学研究、人才培养提供强大支撑,推动职业教育高质量发展、高质量就业。二是要努力提高蓝领人才的科学文化素质,将数字化赋能到学校教学及企业在职员工培训中,加快培养具备扎实理论基础、高超生产技艺、能够运用交叉技术的创新型劳动者。鼓励工匠人将手艺和信息化技术相结合,把传统技艺发挥到极致。三是要鼓励科研攻关一线锻炼培养人才,造就更多大国工匠。要聚焦于工艺难关、关键零部件国产化、核心技术、关键技术,开展有针对性的培训,通过产教融合,校企深度合作,到一线"干中学",加快培养蓝领人才的技术创新能力。

第二,拓宽蓝领人才职业发展通道,提高引才、育才能力,为产业发展建设一支规模宏大的高素质劳动者大军,提高人才生态圈的稳定性。一是要打通职业发展通道,拓宽蓝领人才发展空间。构建职业教育、就业培训、技能提升相统一的蓝领人才终身素养技能形成体系。完善专业技术人才和技能人才的人才评价体系,推进职称制度与职业资格、职业技能等级制度有效衔接,贯通技能人才和专业技术人才职业发展通道,提高人才发展积极性;

探索建立人才职称互认机制，打破人才跨区域流动壁垒，便利专业技术人才资源共享和便捷流动。二是要加强蓝领人才的权益维护保障，提高职业吸引力。切实提高技能型人才的职业待遇，提高劳动者特别是一线劳动者的劳动报酬在初次分配中的占比，实现多劳者多得、技高者多得。三是要加强和规范企业民主管理水平，保护工人的劳动经济权益和民主政治权利，激发全体职工主人翁意识和建功立业、奉献企业的热情。四是要强化宣传引导，加强技能型人才政策体系建设，在全社会形成真心爱才、悉心育才、倾心引才、精心用才的人才生态。

第三，提高工人的地位和职业荣誉感，在全社会营造尊重劳动、崇尚技能、鼓励创造的社会氛围，提高人才生态圈吸引力。习近平总书记指出我国工人阶级和广大劳动群众要大力弘扬劳模精神、劳动精神、工匠精神，适应当今世界科技革命和产业变革的需要，勤学苦练、深入钻研，勇于创新、敢为人先，不断提高技术技能水平，为推动高质量发展、实施制造强国战略、全面建设社会主义现代化国家贡献智慧和力量。要大力弘扬执着专注、精益求精、一丝不苟、追求卓越的工匠精神，选树先进典型，加强正面引导，引领带动蓝领工人队伍发展。要解决产业工人普遍存在的身份认同感不强、缺少社会归属感等问题，在全社会形成一种尊重、关爱和向产业工人学习的良好氛围，激励更多劳动者特别是青年一代走技能成才、技能报国之路。

二、天津蓝领工人发展基本情况

随着产业转型升级加快，天津蓝领人才短缺问题日益凸显，主要表现为跨界蓝领人才总量不足、结构性短缺和优质蓝领人才外流。天津要通过创新人才引进政策、创新人才激励政策、鼓励校企合作培养跨界蓝领人才、引进后续跟踪服务等措施加速跨界蓝领人才在津聚集。

《京津冀协同发展规划纲要》将天津定位为"全国先进制造研发基地"，这意味着未来天津由"天津制造"向"天津智造"转型的速度加快，也意味着天津对跨界高级蓝领人才的需求增多。随着时代的发展，蓝领人才不仅仅只是在"生产线"上体现价值，也是新技术、新工艺、新设备的发明者和改进者,对产业技术创新具有积极的推动作用,不仅推动了企业产业结构的优化升级,还在全社会层面推动了产业技术的革新。加速培养一批能够适应先进制造业发展需要,具有跨专业素养和敬业精神的蓝领人才——跨界高级蓝领人才,对加速落实天津"全国先进制造研发基地"的定位,推动天津经济的高质量发展具有重要作用。

(一)天津市高级蓝领人才的培养引进情况

"蓝领"一词是"白领"的对称,是对工作性质的描述,是依据劳动者工作场所上衣的"衣领"来界定职业阶层。随着全球产业升级加快进行,蓝领除了直接参与生产一线之外,还参加了技术革新、转移,成为产业变革过程中不可忽视的一股推动力量。

(二)多举措推进高级蓝领人才技能的提高

一是实施职业培训补贴政策。围绕实施创新驱动发展战略和建成先进制造研发基地的定位,从提升劳动者素质、增强就业能力入手,大力开展职业技能培训。以 2018 年为例,全市共有 15.3 万人取得职业资格证书,其中高技能人才占 33%。二是实施高级研修。面向本市战略新兴产业领域企业重点关键技术技能岗位职工和省部级重点以上职业院校实习指导教师等高技能人才,组织赴国内外研修,着力培养具有国际视野或国内顶尖技术的高技能人才。面向全国征集研修机构 2 家,组织开展国内研修 27 人,国外研修 7 人。三是实施名师带徒。围绕行业、企业对高技能人才的实际需求,通过名师带培、技艺传承的方式,为企业培养储备高技能人才。全年共有 99 位名师、102 位学徒申请名师带徒培训。

(三)创新高级蓝领人才培养模式

鼓励企业和院校开展"企校双师带徒、工学交替培养"合作,全面推行新型学徒制培训,壮大企业技能人才后备队伍。天津市发部《市人力社保局市财政局关于在部分企业推行新型学徒制培训有关问题的通知》,首批选择滨海新区、东丽区、西青区、北辰区 4 区和天津百利机械装备、天津中环电子信息 2 个集团公司的 21 家企业实施新型学徒制培训。

（四）搭建高技能人才培养平台

围绕"先进制造研发基地"定位,加快推进高技能人才培养平台建设,制定出台《市人力社保局市财政局关于遴选支持 2018 年国家级高技能人才培训基地和技能大师工作室建设项目有关问题的通知》,鼓励和支持职业院校、行业企业建设高技能人才基地、技能大师工作室,对申请国家级、市级高技能人才基地和技能大师工作室的,给予最高 500 万元的资助资金。2018 年,推荐建设 1 家国家级高技能人才基地、2 家技能大师工作室,遴选认定 5 家市级高技能人才基地、10 家天津市技能大师工作室。

（五）开展职业技能竞赛拔高人才技能

构建了以市区两级竞赛为示范,行业企业竞赛为基础,社会各方广泛参与,财政资金适度保障的职业技能竞赛体系。科学规划职业技能竞赛项目,围绕产业发展方向和布局,天津市举办 2018 年竞赛,组织安排市级一类职业技能竞赛 14 个职业场次,市级二类职业技能竞赛 75 个职业场次。举办第 45 届世界技能大赛天津选拔赛并参加全国选拔赛,有 4 人进入国家集训队。举办第八届全国数控技能大赛天津选拔赛和第二届智能制造大赛天津选拔赛,并在全国比赛中取得优异成绩。

（六）技工学校办学实力出现一定的提高

市人力社保局组织开展天津市提升办学能力 2019 年项目评审,机电工艺学院等 5 所技工院校获得天津市中等职业学校国际、国内先进水平重点建设项目立项,分别获得 700 万元、500 万元的财政资金支持。组织开展技工院校系列教师正高级及以下级别职称评审,有 83 名教师参加评审。积极做好技工院校招生工作,会同市发改委下达 2018 年技工院校招生计划,超额完成了招生录取工作任务。积极开展天津市技工院校教师职业能力大赛,有 35 名选手分获一、二、三等奖及优胜奖,组织参加全国教师职业能力大赛,荣获四个三等奖、三个优胜奖。实施技工院校教师素质提高计划,组织开展技工院校教师、校长培训班,加强师资队伍建设,全面提升教学和管理水平。按照全市统一部署,全面开展技工院校安全生产隐患大排查大整治活动,有力保障了技工院校师生安全。

三、天津高级蓝领人才与园区先进制造业发展

近年来,天津着力推进高技能人才培养,取得一定成绩,但由于人口红利的逐渐消失,蓝领人才已经从"无限供给"变成了"稀缺资源",高级蓝领人才成为产业发展的"掣肘"。

(一)高级蓝领人才结构性短缺制约技术创新水平

先进制造业的发展是区域经济发展的重要部分,园区先进制造业是科技的主战场。先进制造业研发与高技能劳动力呈正相关的关系,高级蓝领人才与高级创新人才都是制造业产品创新和研发成果转化的关键。高级蓝领人才具备多学科背景,不但参与创新生产制作技术与工艺、服务生产现场,还直接参与技术攻关和发明专利,对天津先进制造业技术创新具有重要推动作用。

随着天津产业结构的转变,蓝领人才需求也产生结构性变化,进一步凸显出天津高级蓝领人才的结构性短缺问题。从目前统计情况看,天津初级技工多,高级技工少;大龄技工多,青年技工少;传统技工多,现代技工少;单一技能工多,复合技能工少。在制造、汽车模具、机械等等领域,人才缺口巨大。工业4.0价值链的特点是更强调创新过程以及跨界、融合创新。目前天津各职业院校、大学并无一个专门针对先进制造业人才发展需求的专业。先进制造业涉及理工科的各个领域,往往需要分工合作、跨界协同。当前天津处于向"创新要动力"的阶段,高级蓝领工人短缺将不利于创新在企业层面的转化应用。

跨界高级蓝领人才短缺将制约传统产业转型升级。当前,天津制造业发展的重要任务就是转型升级,在以创新拉动之外,更重要的是要加快新技术、新材料、新工艺、新装备的改造升级,通过将创新要素渗透到传统产业,不断破除制约产业技能升级的瓶颈。高级蓝领人才是推动传统产业发展的"生力军",蓝领工人队伍整体技能水平不高,是制约传统产业转型升级的重要方面。

高级蓝领人才技能水平影响创新成果转化水平。从天津传统产业转型升级的实践过程看,各产业大量吸纳新一代蓝领工人,为产业转型发展注入了活力。但同时,也应该看到,当前天津经济发展速度下滑,向"创新要动力"需要更多的创新成果,也需要更多的高级蓝领人才以精湛的技术实现创新成果的应用。现实情况是,天津面临着高级蓝领人才结构性短缺问题,在智能制造、汽车模具、机械等产业领域,都出现了"用人荒"现象。

(二)高级蓝领人才总量不足制约产业集群形成

随着我国"人口红利"驱动的粗放式经济结构逐步转型,外来蓝领工人作为数以亿计流动迁移人口的主要构成,他们在城市的定居意愿关系到当地社会的稳定和城市的可持续发展,城市吸纳外来蓝领工人是深入开展以人为本的新型城镇化建设的关键。主要表现在以下两个方面,一是随着天津人口老龄化加快,适龄劳动人口的减少,天津在工业、住宿、餐饮业等领域都出现了"用人荒"的问题,部分企业面临着生存挑战,天津将面临长期性高级蓝领人才短缺问题。二是"海河英才"计划的发布为天津留住蓝领人才创造了条件,但从长期看,优质蓝领人才外流的问题还难以在短期内快速解决。

人才聚集度与产业聚集度密切相关,较低的人才聚集度不利于产业集群的形成。一方面是天津优势产业规模不够大、聚集度不够高,仅工业、住宿、餐饮业吸纳低水平蓝领工人较多,对跨界高级蓝领人才吸纳力不足;另一方面是人才聚集度不高制约了天津产业链向上下游延展,人才与企业在空间上分散度高,产业规模不大、能级不高,集群效应难以显现。

(三)高级蓝领人才外流降低天津传统产业转型升级速度

高级蓝领人才长期外流制约了天津产业结构转型。蓝领人才外流趋势短期内难以改变。相比北京、上海、深圳等一线城市在薪资水平、职业发展前景等方面的优势,天津对蓝领人才的吸引力相对较小,许多优质蓝领人才赴外地就业,优质蓝领人才长期外流不利于产业结构转型。此外,由于北京对人才的虹吸效应的长期存在,雄安新区成立后对人才的吸引力将继续加大,进一步降低天津对高级蓝领人才的吸引力。

四、加速天津市蓝领人才培养引进的对策建议

(一)创新人才引进政策,吸纳优秀蓝领人才入津

积极落实"海河英才"计划。利用"海河英才"计划分层引进人才的特点,加快行政办事效率,吸引拥有较高学历、掌握新技术的蓝领来天津落户。

制定前瞻性人才引进政策。针对天津未来经济高质量发展需要,新技术、新业态层出不穷带来新职业、新工种的变化,制定前瞻性人才引进政策。

制定"高层次蓝领引进专项计划"。以新兴产业为重点,以实际需求为导向,对于"工人发明家""能工巧匠"、掌握"一招鲜"的技能专家,制订专项引进计划,让更多不占学历优势但拥有"独门绝技"的蓝领人才来天津发展。

探索制定"一企一策"。对天津战略性新兴产业目录中紧缺的蓝领人才,建议用工企业向市人力社保局提出申请,在研究特殊人才引进方面实行一事一议、特事特办。

加强政策宣传。好的政策需要好的宣传,在更大范围内广为传播,才能释放政策效应。不断强化人才宣传工作,全方位、多角度、深层次地开展宣传,要利用好媒体、网络、移动终端等各类传播媒介,尤其是用好微信公众号进行推广,让更多人才知晓政策,让更多英才汇聚天津。

(二)加强专业协同,发展现代职业教育

为加快落实"全国先进制造研发基地"的发展目标,要率先解决好现代产业亟须的高级蓝领人才问题,在"传帮带"式的传统培养途径之外,加快发展现代职业教育,培养既具有理论知识功底,又具有实际操作经验,还具有创新精神的高技能型、跨界融合型高级蓝领人才。加强职业教育的国际化跨界融合,借助多种资源、多种力量、多条途径提高天津职业教育的国际化发展水平。

建立天津特色化蓝领工人培训模式。基于学科交叉的课程建设和教学

改革是跨学科人才培养模式改革的落脚点。一是构建"因业施教"应用型人才培养新模式，培养具有整体一致、平衡协调、持续开放、视野完善的应用型人才培养理论与实践。二是根据天津产业转型升级、企业技术改造需要，以"高校—示范基地—企业"共同培养人才。例如，以技能培训与学历教育相结合的模式，加强对航空制造、数控、模具、汽车维修、精密机械、精细化工、生物医药、航空物流等紧缺领域学生的培养。三是在生源上，可根据农村适龄劳动力就业需求，开展转移就业技能培训，或以失业人员职业转换和技能提升等形式，为产业培训急需人才。

（三）创新人才激励政策，以激励促成长

提高职业技能培训补贴。放宽职业和等级技能培训申请年龄条件，让更多职业院校学生、企业职工、失业人员、农村劳动力可以享受到培训补贴；设置更为宽泛的培训补贴项目，在现有的培训费补贴、鉴定补贴、实习补贴等之外，设置网络课程，便利学生远程学习，网络课程采用补贴的形式，通过"后付制"形式，即参加培训人员考试合格后进行全额补贴的形式，鼓励更多学生考取职业资格证书。

开展多种形式的青工技能节，选拔岗位能手。发挥职业技能竞赛对评价人才、比拼技能、展示技艺的载体作用，将蓝领人才培养与传承推进工业文化相结合，根据产业发展需要，鼓励产业联合会联合团市委、市人力和社会保障局以及各职业院校、企业，举办多种形式的评比活动，例如，开展青工技能节、十大技能人才、十大技能家庭等活动。通过比赛引导青工学技术、比技能、作贡献，并设立奖金给予激励，增强岗位能手的自豪感和建功立业的积极性。

开辟职业鉴定"绿色通道"。采取企业自主鉴定、基地鉴定、大赛鉴定等方式，提高技能鉴定的效率，在鉴定条件上，放宽年龄限制、资历限制、身份等限制，合格人数不设置上限，最大限度拓展蓝领工人成长空间。

（四）鼓励校企合作，加速跨界蓝领人才的培养

加强校企合作，共同培养产业急需人才。职业院校、政府、行业企业以

及其他社会主体之间只有通过更多、更广、更深层次的合作,才能推动职业教育取得更大的发展。根据蓝领人才工作操作性强的特点,不断摸索校企合作新模式。探索项目教学、现代学徒制、订单培养等模式,鼓励企业与职业院校合作建立实训中心,让学生在课堂中学,在实战中练,以多工种师傅带同一徒弟的模式培养学生的多方面实践技能。通过将课堂知识与实践操作二者相融合的教学模式,逐步改变高职院校学生理论与实践脱节、知识技能结构单一等问题,全面提高学生的知识与技能水平。同时,针对企业对职工技能培养的需要,鼓励企业与高校签订培训合同,高校按企业所需制定培养方案,定期为企业开展技能培训。

推动校企对接,加速成果转化。鼓励企业"见苗浇水",对高职院校创新创业活动给予资助,以共建技术创新中心及产品研发中心、学生创新创业孵化器等形式,推动产业新技术、新工艺、新装备等方面的研发与转化。

鼓励企业开展多种形式的职业培训。在现有的导师带徒的基础上,鼓励企业在全国范围内聘任专家担任导师,定期展开培训,传授先进技能理念、经验和手段。扩大和增加现有的面向本市战略性新兴产业领域企业重点关键技术技能岗位职工和省部级重点以上职业院校实习指导教师的高技能人才赴国内外研修的规模和次数,让更多高技能人才与国际接轨。

(五)做好人才引进的后续跟踪服务工作

加强各项人才政策的落实。做好"海河英才"引入蓝领人才的后续配套工作。在配套政策制定上要充分考虑到引入人才在住房、子女教育、医疗等方面的需求,让"海河英才"计划引来的精兵良将,真正在天津落户、扎根。

打造尊重劳动的社会氛围。要弘扬"工匠精神",在全社会形成尊重劳动、崇尚技能、产业报国、实干兴邦的良好社会风气和主流价值观,让全社会尊重劳动、尊重蓝领工人,承认蓝领工人对产业发展的价值,使更多来津工作的蓝领工人在天津安家、安心。

第六章　创新生态：
科技园区发展的根本保障

第一节　科技创新生态与科技园区发展

当前,正是我国踏上全面建设社会主义现代化国家、向第二个百年奋斗目标进军新征程的关键阶段。良好的创新生态是产业升级的"助推器",园区经济发展方式的"转换器",更是园区经济增长的"倍增器"。在京津冀协同发展战略为京津冀三地科技创新发展带来新机遇、新任务、新使命的大背景下,规划、塑造京津冀园区创新生态的特色品质,形成有利于京津冀科技资源聚集的园区创新生态,是园区发展过程中不可回避的命题。

一、科技园区创新生态理论

20世纪初期,熊彼特在《经济发展理论》中率先提出了创新的概念,指出技术作为一种经济要素能够提高资源配置效率。此后,创新理论在各个领域得以深化,并在理论研究上逐步产生分支。生态系统的概念最早由英国生态学家 TANSLEY A G 在 1935 年提出。后被广泛应用于政治、经济、管理与科技等领域,因为借助生态学原理探讨人类事物的研究,更能揭示出事物的本质。ADNER R 率先提出了创新生态系统理论,他借鉴仿生学理论,认为创新生态系统是一种协同整合机制,使系统中各个企业的创新成果整合成一套协调一致面向客户的解决方案,并指出创新生态系统的主体是企业。创新主体与创新环境之间通过技术、信息、资金、人才流动相互影响和相互制约,形成了协同演化、创新开放的复杂系统,创新生态存在对地理位置的依赖性。因此,科技园区的创新生态系统是基于地理位置而形成的,其中包含了多重要素。园区内企业、院校、机构、人才等相互作用,有效协同,共处于一个复杂的关系网络中,形成包括生产者、消费者、分解者及非生物环境四大要素构成的创新生态系统。园区创新生态系统是在一定空间和时间范围内具有特定结构和功能的复合体,具备集合性、整体性、层次性、开放性和多变性特征,还具备生态学的竞争性和进化性。高新技术企业等创新主体之间的技术沟通与交流将创新生态系统中零散的个体连接起来,提升了创新生态系统的关联度的同时,也提升了整个创新生态系统的创新水平,为园区发展注入强劲动力。

从实践的角度看,科技园区最早源自美国,并被各国借鉴,目前,世界上许多国家都根据本国产业发展需求建立起科技园区。其中,一些成功的、被公认为国际一流的高科技园区,都经历了将工作要点从产业集群培育转移到园区创新生态系统建设的转变过程,并已形成了适合自身特点的创新生态系统发展模式,带动园区内企业实现技术创新和产业升级。较为知名的如硅谷、慕尼黑科学园、新竹科学工业园区、筑波科学城等都将打造具有活力的创新生态列为重点工作任务之一,在逐渐演化形成独特的创新生态系统的同时,创新生态系统内各要素也成为滋养企业发展的土壤,带动园区发展成为世界领先的科技园区。例如,创新生态系统内的金融要素广泛影响了金融机构、监管机构、客户和零售商等各类主体,进而推动园区创新生态升级,带动园区企业发展。这些园区具有独特的创新生态系统,大量多元化的初创企业高密度聚集,并快速涌现出大量的独角兽企业,成为新经济时代下产业组织的新模式新形态。国内许多科技园区意识到产业竞争生态化发展的趋势,提出了针对园区主导产业发展的园区生态建设目标。例如,浙江发挥阿里巴巴在电子商务、移动支付等领域的比较优势,持续优化园区创新生态,开辟出一批数字经济产业园、数字经济特色小镇,带动浙江数字化发展总体指数持续升高。

二、科技园区创新生态建设的意义

（一）创新生态是支撑现代园区发展的关键要素

园区创新生态从多种角度影响了园区获得竞争优势。OH 等认为区域创新生态系统包括知识生态系统和商业生态系统,前者由研发驱动,后者由市场经济驱动。创新生态促进了价值流动、技术发展和创新。FLORIDA R 认为园区创新生态是吸引创新型人才的关键,艺术家、科学家、作家和电脑程序员作为创意阶层,对城市经济活力起到了关键作用,同时他也认为创新环境即区域地理位置、环境、工作机会,也是吸引创意阶层的关键因素,创新生态由此影响了园区发展。创新生态是制约园区发展的关键要素之一,这一现象引发了学界广泛关注,对该领域的研究,主要集中于国内学者群体。例如,闫二旺、闫昱霖认为创新要素集聚、创新网络打造、创新高地建设能促使园区拥有良好的创新生态,创新生态打造能够有利于加速集聚园区发展所需要的人才、技术、载体等多类型关键要素。李红兵、汪贝贝从科技园区的角度出发,总结出科技园区创新生态建设需要集聚创新主体、多元的投融资、产学研合作、园区配套设施、科技服务机构等影响园区发展的关键要素。孙卫东另辟蹊径,从生产者、分解者、消费者三个角度构建了园区创新生态的关键要素,包含但不限于高等院校、科研院所、科技孵化机构、投融资金融机构、中小企业等。部分国内学者注重从创新生态作用机制的角度出发,对如何构建园区创新系统进行研究,例如,刘雪芹、张贵闫指出形成创新生态网络,打造区域创新生态,是科技园区、科学城等园区持续获得创新能力,取得成功的关键。可见,打造良好的创新生态能够为科技园区集聚且配置园区发展所需的几乎所有的创新资源,是支撑现代园区发展的关键要素。

（二）园区创新生态是推动京津冀协同发展的关键支撑点

国内学者对京津冀创新生态建设问题进行过较多研究,申桂萍等指出,京津冀地区的创新园区之间发展缺乏联动,存在同质化竞争现象,且创新资源分布差异较大,亟须园区加强创新生态建设来实现三地之间创新要素的流动、创新资源的共享等,以实现协同创新。郭海轩、王新钰指出京津冀内创新城区、园区等区域创新生态的建立,有利于促进区内大学、企业、科研院所等创新群落的多样性,推动园区内企业开放竞合发展,创新生态是园区实现创新领先和高质发展的关键。张贵等通过搭建京津冀地区的动态发展模型,并假定在京津冀的创新生态系统中,北京是生态系统中的研究群落,具有引领带动作用,是原始创新的产出地,并将原始创新辐射至天津和河北地区;天津定位为生态系统中的开发群落,将北京的技术、研究成果落地为产品;河北则是应用群落,享受北京天津的辐射与带动发展。通过模型验证得出京津冀地区已经形成了"研究—开发—应用"的生态系统,且区域生态系统正促进京津冀地区向"研发—转化—生产"的协同竞合方向发展,京津冀创新生态的打造能够促进区域协同发展。刘兵等构建了基于创新生态的人才方面的演进模型,在京津冀地区发放问卷获得数据,并进行模型验证,得出区域创新生态与人才配置能够实现协同演进,且京津冀地区在人才配置方面实现优化与协同,能对京津冀区域内生态系统起到助推作用。靖鲲鹏等研究了京津冀区域创新生态发展情况,并构建模型对京津冀、长三角等区域的创新生态进行测度,得出北京发展水平较高,天津、河北与北京发展水平相差较大,京津冀创新生态共生水平低于长三角地区的结论,并提出以增强京津冀地区协同发展、打造创新共生体等来促进京津冀创新生态的打造。因此,园区创新生态深刻影响了京津冀园区实现持续创新、协同发展的潜力,只有抢抓园区创新生态建设才能实现京津冀园区协同发展。京津冀园区创新生态的打造与京津冀协同发展是相辅相成、相互促进、协同演进的关系,通过打造京津冀园区的创新生态,能够有力推进京津冀协同发展。目前,学界对京津冀园区创新生态的关注不多。因此,对京津冀园区创新生态建设问题展开研究,能够为进一步推动京津冀协同发展的实践提供参考借鉴。

三、国内外科技园区创新生态建设

（一）美国硅谷

硅谷位于美国旧金山湾区南部，是全球园区创新生态发展的标杆，也是美国创新发展的主要引擎之一，在 20 世纪 70 年代该地区因半导体产业而得名。硅谷集聚了大量企业创新主体，如谷歌、英特尔、甲骨文、特斯拉等世界名企总部；硅谷也汇集了大量人才，如扎克伯格、乔布斯等无数顶尖人才，可以说硅谷集聚了最优质的企业、最聪明的大脑、最优质的创业者，是无数创业者实现梦想的地方；硅谷也云集了大量的科技服务机构、联盟、大学、中介，如圣何塞州立大学、斯坦福大学、会计师事务所、投资公司、技术联盟等各类创新要素均为硅谷形成良好的创新生态做出了贡献。硅谷每年吸引着无数怀抱创业梦想的高校毕业生、科研人才、连续创业者等来此创业，硅谷完善的创新生态使得无数创业者的创业梦想变成了落地的产品和服务，也为硅谷创造了源源不断的创新原动力，技术、产品不断迭代创新，硅谷成为全球知名的创新创业高地。硅谷的创新生态是硅谷能吸引无数人才前来创新创业的关键，优质的创新生态造就了硅谷传奇，从学校到企业严密的合作衔接、发达的服务体系、优质的资源要素配置模式、国家力量的支持、包容与开放的创新文化共同作用造就了硅谷完善的创新生态。

一是从学校到企业的严密衔接合作。在硅谷，人才在大学与企业间相互流动是普遍现象，完善的大学与企业人才双向流动机制使大学与企业实现了双赢。如斯坦福大学为硅谷产业发展输送博士等人才，惠普等公司和斯坦福大学工学院来往互动、相互合作。据有关统计，硅谷内一半以上企业的创办人与斯坦福大学相关。硅谷从学校到市场的人才流动衔接便利了学校与企业共同开发新技术、新产品，避免了只研发而无市场的尴尬境地，大学的研究成果往往能在企业的运作下在第一时间投入生产并走向市场，这种从企业需求到大学研发的共性合作模式极大地提高了创新效率，且大学和学生参与研究企业面临的技术问题，缩短了从理论到实践的过渡，大学毕业生刚毕业就能顺利参与企业的研发工作或进行自主创业，企业也因此获得了源源不断的人才补充,这使学校与企业共同受益。此外,部分大学设置了技术转化的专业机构,承担大学科研成果的技术转移等工作,如斯坦福大学技术许可办公室的职责是推动科研成果商业化,但同时大学也能够从企业获得相应资金支持。

二是拥有发达的服务体系。会计师事务所、技术转移、人力资源、投资公司等多类型的科技服务机构及国家服务机构、联盟、中介、投资机构等组织机构共同构建了硅谷发达的服务体系。在硅谷,科技服务机构发挥着重要作用,创业者不必分散精力去学习运营或者从事具体的运营等业务,可从各类型的科技服务机构以及中介购买相应的服务模块,这充分体现出科技服务机构的专业性,创业者只需做核心的模块,这极大地降低了创业的门槛。此外,国家服务机构促进了硅谷产业的创新发展,如国家技术转移中心致力于加速研究成果转化落地,国家技术标准研究院根据企业实际需求开展技术攻关和产品迭代,联邦实验室技术转让联合体的主责是推动技术商业化。联盟在硅谷发挥着平台的作用,主要是筹集资金支持产业的发展,同时解决信息不对称等问题,组织投资者与企业、企业之间进行交流合作,同时提供面向企业的商业援助以及面向学生的培训等服务,在促进产业发展中发挥着重要作用,如加利福尼亚区域科技联盟等。优质的投融资环境是创新创业活跃的必要条件,硅谷多层次的投融资机构体系服务满足了各类融资需求,吸引了大量天使投资,促进了科技成果的转化落地与创新创业发展。

三是资源要素配置的优质模式。人才、服务机构、资本等大量的创新要素在硅谷汇集,硅谷则以市场为导向进行合理的政府干预,形成了最优质的资源要素配置模式。在硅谷,每年倒闭与新成立的企业不计其数,成立十年以上的企业只占1/10左右,企业存活率非常低,之所以出现这种情况,是因为硅谷充分地尊重市场,以市场运行机制为主导,优胜劣汰,配置最优质的要素资源流向最前沿的创新技术、产品,鼓励企业进行充分的竞争。跟不上市场节奏的企业因得不到优质资源的流入,必然面临着淘汰;被市场、客户认可的新技术、新企业必然迅速崛起,出现了市场主导下每年大量企业"死亡"与"新生"的现象,这使硅谷始终保持高度的创新创业活力。在市场配置的过程中,各要素紧密联系在一起进行充分合理的配置,演化出协同创新、扁平化的"硅谷"资源配置模式。此外,政府在资源配置的过程中扮演着"护航者"与"服务者"的角色,政府通过发布政府订单、建立行业标准、给予资金等方式对企业进行支持,却不直接干预市场运行,这与市场主导的模式相得益彰。

四是国家力量的支持。早在1910年硅谷就开始了与军方的合作,如军方向硅谷企业采购无线电话与电报,海军实验室与惠普进行合作,加州利顿工业的服务对象是军事部门等。硅谷的高校有协助军方进行科学研究的传统,如斯坦福大学从事基础研究的教授负责协助军方从事电子战方面的研究。美国很多军方采购源于硅谷,因为军方对产品、技术先进性等存在特定要求,硅谷因其强大的创新系统及特殊的政策环境自然成为"第一选择",成为军方技术、产品的研发地、采购地。硅谷的大学、研究机构、企业也因军方的采购获得相应的经费支持。此外,国家"放任"硅谷发展政策的特殊性以及实施税收优惠等资金支持办法,都是国家力量在参与建设硅谷,使硅谷成为全球创新发展的高地。

五是包容与开放的创新文化。在硅谷,包容失败、鼓励冒险、公平竞争、团队共享已经形成一种文化,吸引了全球创业者来硅谷进行创业,给硅谷带来了巨大的创业活力。包容失败的创新文化能够极大地包容创业失败者,失败在这里不是丢人的事情,反而鼓励失败者从中吸取经验和教训,找到成功的契机和经验。这种包容失败的创新文化正是硅谷保持创新活力和吸引大量创业者的关键。在硅谷有一种普遍现象,即创业失败者不会消沉,往往总结出失败经验后就开始下一次创业。硅谷有鼓励冒险的创新文化,硅谷鼓励人才不断进行自我提升与突破,鼓励有想法的人去冒险和创业。硅谷有公平竞争的创新文化和宽松的法律氛围,对商业秘密的保护不像美国其他地区那样严格,硅谷不断上演着跳槽以及内部裂变产生新公司的现象,大小公司公平竞争、同台竞技促进了技术的不断迭代。硅谷创新文化中崇尚团队共享的精神,各大小公司均重视团队的积极合作,也注重团队之间的知识共享,鼓励团队之间进行交流与合作。

（二）上海张江高新区

1991年3月,上海设立了国内首批国家级高新区。次年,上海国家级高新区更名为上海高新技术产业开发区,张江高科技园区成为其组成部分。1999年,上海开始加大对张江的资源投入,2011年,张江示范区被批复,同时肩负起了先行先试的使命,2017年建设张江科学城,到2021年,已经形成了22个分园的发展格局,总面积已经达到531平方千米。纵观张江高新区的发展历程,成立30年来一路高歌猛进,集成电路、人工智能以及生物医药产业强势崛起,成为张江高新区的产业标签。其中,在集成电路产业领域,2020年张江高新区集成电路产业全国占比达20%,产业规模为1800亿元,在国内占据举足轻重的地位;在生物医药产业领域,位于张江高新区的张江生物医药基地被誉为"药谷",已成为全国知名的生物医药产业聚集区,引领国内创新药研发;在人工智能领域,该地区集聚了全国最先进、最尖端的机构和平台。不仅如此,张江高新区境内外上市企业、科创板上市企业均占到上海市的一半以上,已然成为全国的创新高地及各地学习的"榜样"。张江高新区的发展得益于创新生态建设,体现出包容性、开放性"贯彻到位",政策创新"改革到位"、企业"服务到位"、人才生活"照顾到位"、保持"精神到位"等特点,促进了张江高新区快速发展。

一是开展政策下放及政策改革,将包容、开放性"贯彻到位"。张江高新区扁平化结构管理及"小政府、大社会"思路使得园区具有足够的开放性以及包容性。张江高新区的行政审批权等诸多权限下放使得管理人员能够轻装上阵,集中精力攻克难点。张江高新区管委会对22个园区实行协商管理,避免了管理"一刀切"问题,例如,如果要推行新举措,管委会会与各园区进行协商,管理上则以园区自身为主导,尊重多元化发展与个性化发展。张江高新区开放、包容的政策环境,为园区创新活动提供了极大的便利空间。离岸创新创业基地的"海外预孵化"为海外人才提供投资对接、政策等服务,属于柔性引才,但可能存在其他地区摘取"胜利果实"的风险,但张江包容、宽容的环境以及国际视野,使得张江"不拘小节",不计较得失,顺应国内、国际的发展潮流,将海外预孵化等举措真正落实,将开放性贯彻到位。同时,张江高新区开放与包容还体现在带动周围街镇发展上,张江主动分享经济发展先行区带来的红利和成果,体现了张江发展的包容性与开放性。

二是为解决企业困难,开展先试先行,体现了政策创新"改革到位"。张江高新区改变了原有的注重企业营收的发展思路,将发展思路聚焦在桎梏企业发展的老旧机制改革与政策创新上,通过制度创新促进科技创新,敢于先试先行,为企业顺利发展扫清障碍,许多项政策、措施在已全国进行推广。如实施研发费用加计扣除及创业投资企业层面的税收抵扣等政策,企业的研发成本得以大幅降低;为了使科技成果由纸变钱,提高科研人员的积极性,张江高新区开展科技成果收益管理相关改革,科研事业单位的技术合同交易额显著增加,调动了科研事业单位的创新积极性;实施药品上市许可与生产许可相分离的药品上市许可持有人制度,极大地鼓励了只有技术研发而没有生产许可的研发机构,加速了生物医药行业的自主创新;2015年张江高新区设立了离岸创新创业基地,2017年张江高新区实行永久居留推荐直通车制度,这两项制度都是扫清企业发展障碍的创新性政策探索。张江高新区聚焦企业政策改革创新而非传统的企业"服务模式",注重解决阻碍企业发展的关键难题,这些难题普遍都是"疑难杂症",有些属于国内企业的"通病",张江高新区"真刀实枪"地进行政策创新,帮助企业解决核心困难,促进了企业的健康发展,显著提升了园区创新创业活力。

三是全周期、分门类的企业服务,将企业"服务到位"。从企业孵化创立之初到上市,张江高新区拥有全生命周期的企业服务链条,注重创新创业企业的资源链接,不仅为园区内企业提供人才、政策以及产业链上下游的对接等服务,而且在资本链接上为企业提供服务。如实施科创板并试点注册制,使张江高新区硬科技企业能连接到资本市场,使有需求的企业能够获得融资,科技、资本对接使企业科技成果得以迅速转化、落地与价值提升,资本的对接不局限于上海,而是在全国乃至全世界进行资本对接。此外,张江高新区主要关注孵化毕业的企业、高成长高新技术企业、融资后企业、有上市潜力的企业,根据企业的不同类型给予不同的支持,例如对有上市潜力的企业,则进行持续的跟踪和培育。全周期、分门类的企业服务能够帮助企业解决各个发展阶段的问题,推动企业快速成长与技术迭代,真正实现了将企业服务到位,使企业能更快速地突破发展瓶颈,集聚所需资源,实现业务的快速增长与裂变。

四是打造以人为中心的生活城,将人才生活"照顾到位"。文化、体育设施以及咖啡馆、书店等网红打卡地在张江高新区随处可见,张江给予创新生态要素中最重要的"人才"这一要素最大的支持与尊重,人们可以享受舒适的生活和感受到满满的"烟火气"。较有代表性的是在《张江科学城建设规划》中,张江居住用地、公共设施用地、文化体育用地等占比明显较高,将道路转换为街道等做法都说明了张江高新区重视打造宜居宜业的生活区,而非只聚焦产业集聚区;张江高新区拥有数量众多的咖啡馆和繁华的商业街,证明了张江高新区是一座产业发展先行区、创新发展高地,同时也是一座宜居宜业新城。张江高新区浓郁的生活气息,吸引了全国各地的创业者来到园区工作和生活,园区创业活力进一步得以显著提升。张江高新区逐步由"建园"向"造城"跨越,"造城"又为园区集聚了更多的创业者、优质人才,人才推动科技、产业的不断创新与发展,促进了区域的良性循环发展。

五是秉持开拓进取、包容开放、容忍失败的精神,体现了"精神到位"。包容开放、开拓进取等精神已经逐步融入"张江精神"中,其中开拓进取精神集中反映在政策的先试先行及政府对解决企业难题的不遗余力上,一些在企业发展中很难克服的影响企业发展的问题,张江高新区能够开拓进取,甩开膀子坚决克服,例如对企业研发困难问题,园区实施研发费用加计扣除政策。同时,开拓进取精神也集中体现在企业的开拓进步上,张江高新区内企业家与创业者在商业模式上不断创新,技术不断迭代升级,永远走在产业创新前沿。永久居留推荐直通车制度等政策体现出开放包容的制度环境,资本在全国及全世界的对接等体现出张江的开放性,正是因为这种开放包容精神,张江高新区才能够吸引集聚全国及全世界的创业者、创新要素。"张江精神"鼓励创业但也容忍失败、勇于试错,正是这种开拓进取、包容开放、容忍失败并存的"张江精神"才使张江高新区的发展一路高歌,始终保持着浓厚的创新创业氛围,成为全国乃至世界的创新高地。

四、京津冀协同下的天津科技园区生态建设

(一)当前京津冀协同发展进入更高阶段,发展生产力呼声渐高,优化
园区创新生态,将园区打造成为先进生产力的隆起区是园区的
历史使命

科技园区技术密集、资金密集、企业密集、人才密集、政策密集,是区域生产力的隆起区,是区域优秀生产力的集中地。但目前京津冀三地园区生产力差异巨大,中关村在科技、金融、产业和成果转化之间的通道更为顺畅,形成了国内一流的创新生态,也成为全国首屈一指的新兴产业聚集区、创新驱动策源地、经济发展增长极,是国内一流园区的代表;津冀两地,在人才、科技成果数量、产学研合作等方面远远落后于中关村,产业断层较大,园区功能发育不全,配套不足,一部分园区产业定位和发展战略不明确,三地间园区梯队差异较大。在京津冀协同发展的大背景下,三地园区梯队差异问题如何破解,从根本上改变天津、河北两地产业发展总体上处于全球产业分工和价值链中低端的问题,应率先从园区发展上抓起,从园区创新生态建设上破题。

(二)打造一流园区、向园区创新生态要绩效是京津冀协同发展进入
新阶段的新任务

在园区发展的初级阶段,政府要发挥关键作用,此时,决策者往往在"投入—产出"的线性思维下发展,关注点集中在园区硬环境建设上,园区管理往往出现较严重的条块分割问题。在园区发展到一定程度后,一般要依靠市场主导作用,在此阶段,政府则主要停留在软环境的建设上。京津冀协同发展是千年大计、国家大事,在经过十年发展后,已经进入发展的新阶段,北京优质科技创新资源向外转移的速度将进一步加快。在这一国家战略背景下,京津冀园区要实现跃升发展,就要打破常规的"投入—产出"思维,以"抢抓"资源为根本出发点,充分发挥园区区位、自然资源、政策等优

势,以创新生态塑造为突破口,提高园区招引资源的"魅力",把三地园区建成一个能够自动促进创新的生态系统,让园区绩效借京津冀协同发展的东风,乘势而起。

(三)京津冀协同发展将助推京津冀园区间产生新一轮竞赛,三地园区应提前谋划,以创新生态博弈,抢占先机

北京非首都功能疏解是落实北京城市战略定位、治理"城市病"的关键,通过功能疏解来实现城市"瘦身"的过程,也是技术资源、产业资源、人才资源向外疏解的过程,是一个"减法"过程。园区具备优良的产业聚集承载条件,是承接北京优质创新资源溢出的关键载体,抓住北京非首都功能疏解的契机,通过高起点规划、高水平建设园区创新生态,有效吸收北京优质的技术创新资源,是为园区产业做"加法"的过程。因此,天河、河北两地具有优良创新生态的园区,往往具有良好的产业承接条件,在北京资源转移过程中,就有了"挑肥拣瘦"的谈判条件,能够率先引进优质资源。因此,京津冀协同发展将进一步助推三地园区间差序发展格局的形成——具有良好产业创新生态的园区能够吸引更多的优质资源,从而创造出发展的"加速度";不具备良好产业创新生态的园区由于难以引进优质资源,或是引进的企业难以生存,与一流园区之间的差距将会进一步拉大。对于落后区域来说,若以园区生态为抓手,往往能为区域经济发展做"乘法",实现赶超。因此,在园区新一轮博弈格局蓄势待发之际,必须从园区生态塑造抓起,抢占发展先机。

五、京津冀园区创新生态建设的实施路径

(一)打造类中关村环境,推动天津产业园区融入京津冀科技创新生态圈

一是树立京津冀科技协同发展的统筹观念,加强科技创新生态体系设计。发扬高新区、保税区、自贸区等各类特殊功能区敢闯敢试、敢为人先的精神,广泛吸收高校、创投、发明者、企业等各方意见,规划设计更具活力的

科技创新协同体制机制,拓展更加开放的发展局面,如联合三地出台推动京津冀园区体制机制协同创新制度,依法保障京津冀企业平等参与政府采购;京津冀三地统筹联动,强化知识产权战略,增强园区企业知识产权保护能力,为提高企业自主创新能力保驾护航,三地联合出台健全知识产权案件移送、信息通报等制度,健全跨部门、跨区域行政执法协作机制,加强知识产权领域联合惩戒。

二是优化园区招商政策供给,为吸引更多北京优质科技创新资源来津冀两地发展创造"亮点",破解两地产业集聚度不够高、领军企业不够多、品牌影响力不够强的难题。紧抓招商这一关键点,立足于园区的产业规划、产业布局以及发展导向,建立高效招商体系,吸引更多北京优质企业到天津、河北园区投资或延伸业务,打造园区新增量。利用政策这一有力工具,为聚集创新要素创造优质有效的制度供给,形成更有利于领先技术、创新产品、高端人才、产业资本、支撑平台和创业载体六大要素集聚的政策体系,推动形成完善的产业链、投资链、服务链、人才链,为吸引产业、资本、人才进园区提供保障。

三是园区创新生态必须符合区域产业发展特点。区域创新生态塑造必须符合区域实情,要充分考虑到京津冀主导产业在全球价值链中所处的位置,彻底解决原始创新能力不足的困境,解决从 0 到 1 的难题。要制定有利于基础研究发展的制度体系,让企业成为核心技术的掌握者,彻底改变企业核心技术"化缘"问题,使企业获得竞争和发展的主动权。在国家大力推动信创产业发展的战略环境下,抓住全球产业分工调整的大势,重点聚焦关键核心技术攻关,制定便利相关企业发展的政策条件,例如,研究出台扶持政策,围绕企业急需攻克的"卡脖子"技术,以"揭榜挂帅"激发创新活力,带动京津冀信创产业升级。

(二)推动三地创新成果协同转化,打造京津冀科技创新共同体

一是要瞄准产业链中的薄弱环节,解决产业链环节的"卡脖子"问题,推动区域实现由创新要素拉动阶段向创新驱动阶段转型。顺应全球新一轮

科技革命和产业变革趋势,集成创新新技术、新功能和新业态,打破地区、组织、文化的限制,开展跨区域协同创新活动。在"互联网+""人工智能"等创新驱动领域,推动产学研合作,推动布局自主可控信息、智能安防、大数据、先进通信、智能网联车、工业机器人、智能终端等相关技术领域,赢得发展的主动权。要以将京津冀打造成全球创新带为目标,推动京津冀制造业创新与服务业创新相融合,推动"智能+"工程向生产、生活各领域渗透,培育京津冀创新发展新动能。二是加速推动创新资源集聚,加快培育引进研发机构,打造创新共同体。依托京津冀在信创、人工智能研发等领域和产业化应用领域的先发优势以及京津冀协同发展的重要契机,支持京津冀三地研究院、大学等市级以上研发机构做大做强。积极对接首都高校院所的科研资源,畅通要素融通渠道,推动创新要素跨地域、跨行业、跨领域融通,形成一批引领力高、带动力强、辐射面广的原创成果。三是加强区域间创新协作,实现三地创新资源互动互补。推动三方在体制机制、科学管理、成果共享等方面开展创新探索。发挥园区的产业引领作用,推动创新循环,不断向周边溢出新技术,推动园区产业链融入全球产业链。

(三)构建现代产业体系,推动优势产业规模化、高端化发展,实现园区
　　转型升级

一是拉长板,立足区域禀赋优势,发展特色化的区域优势产业集群,构建高端化、高质化、高新化的现代产业体系。坚持有为政府与有效市场相结合、"看得见的手"与"看不见的手"齐发力,以打造产业链、创新链、人才链、政策链相互贯通的创新生态优势为目标、为基础,合理布局现代化、生态化、集约化和战略性新兴产业,培育产业集群。把握产业跨界融合趋势,按照优势聚焦、高端转型、融合发展的原则,以支撑区域新旧动能转换为导向,立足科技园区禀赋基础,做大做强优势主导产业;适度超前布局智能化基础设施,布局虚拟现实、氢能、AI 等未来产业;培育壮大生产性服务业、生活服务业等现代服务业支撑能力,发展远程医疗、在线教育、共享平台、协同办公、跨境电商等服务产业,满足高端化、个性化、定制化国内消费转型需求,培育发展新零售、新体验、新业态。

二是补短板,以抓大项目为工作重点,补齐产业链上缺失环节,加速培育新动能。坚持项目引进、建设并举,为区域导入更多优质研发资源。聚力招引规模大、档次高、竞争力强的大企业、大产业、大项目,放大龙头带动效应,为高质量发展提供动能和支撑。积极探索基金招商新模式,深化与股权投资机构、创新载体的合作,撬动社会力量形成引育合力。健全完善投后服务,优化落地审批流程,加快项目建设进度,确保落地、开工、投达产梯次推进。

(四)加大人才引培力度,为园区持续创新发展做强支撑

加大人才引进力度,为园区各类创新主体引进紧缺急需人才。积极落实人才政策,引进一批具备自主知识产权及核心技术的科技领军人才、高层次创新团队和专业技术人才。通过高层次创业培训、人才交流合作、开放式培养、人才培训班等模式,加大对国际高层次创业人才、产业领军人才、高技能工人和管理人才的培养。制定、落实人才引进绿卡政策,完善海外人才生活工作需要的居住证制度,让持卡人才享受到人事档案管理、户籍办理、子女入学、医疗保健、社会保险、住房保障等服务。完善人才公寓等服务配套,让人才"引得进、留得住、用得好"。

优化人才发展环境,让人才能干事、愿干事、干成事。推动高校与企业间对接协作,搭建校企合作平台,使教育链、人才链、产业链贯通融合,构建产教融合的良好创新生态。完善校企协同育人机制,推动建立和完善现代学徒制度,鼓励建立大师工作室,以校企合作开展混合教学、联合培养等模式培育具有创新能力、符合产业要求的复合型、创新型人才。

(五)打造交通便捷、职住平衡、产城融合的智慧生态新城是承接高端
    人才的关键

一是打造企业满意度高的创新、转化、生产空间。着力提升园区科技服务、信息服务、金融服务和高端商务服务水平,形成优质高效、充满活力、竞争力强的生产性服务业体系。将园区打造成研发设计、创新转化、场景营造、社区服务等生产生活创新要素的主要承载区,提升园区作为产业功能区

的吸引力和承载力。完善园区废气、固废处置系统,推动建设固体废物集中处置设施,提高环境风险防控水平。

二是打造人性化、宜居、高品质的生活空间。要坚持"以人为本"的理念,制定专业化配套政策,增强居住、医疗、教育、交通等社会服务配套功能,加快形成人才集聚的生活中心,全面提升人才居住环境。加强园区精神文明建设,丰富人才业余生活,形成具有凝聚力的园区特色文化,确保专业化人才引得进、留得下、发展得好。

第二节 营商环境与科技园区发展

当前,世界百年未有之大变局进入加速演变期,全球政治经济形势依然错综复杂。环顾国内,全球产业链危机迁移、大型制造企业跨界生产潜能发挥受限,国内部分园区深受影响。虽然目前国内园区经济持续复苏,但制造业受到的影响往往具有延后性和连锁性,以制造业为主的园区未来发展存在很多不确定性,园区经济发展的营商环境基础尚不牢固。在外企撤资、内资企业订单减少、外资企业流向东南亚等成本更为低廉地区的情况下,国内各园区要率先从园区营商环境建设入手,优化园区产业生态,为企业发展提供良好的栖息地,推动园区经济实现稳定和高质量发展。

一、科技园区营商环境建设的重要意义

(一)我国高度重视营商环境建设

根据世界银行《全球营商环境报告》的定义,营商环境是指一个经济体内的企业在开办企业、金融信贷、保护投资者、纳税等覆盖企业完整生命周期的重要领域内需要花费的时间和成本等的综合。营商环境是一个国家或地区经济软实力和国际竞争力的重要体现,是进一步激发全社会创造力和发展活力的重要着力点。从对经济的整体影响来看,优质的营商环境有利于促进优质经济要素的聚集。世界银行指出,良好的营商环境会使投资率增长 0.3%,GDP 增长率增加 0.36%。而对民营企业而言,地方政策不确定性对民营企业经营活力有着显著的负向影响,平均而言,样本城市的政策不确定性指数每增加一个标准差(0.35),民营企业开工率会降低 1.36 个百分点。因此,优化营商环境就是解放生产力、提高竞争力,营商环境建设目前已经成为世界各国推动经济发展与实现政府治理的有效手段,并逐渐引起政府管理者以及研究者的重视。

我国高度重视营商环境建设。2017年,中央财经委员会第十六次会议上强调要"营造稳定公平透明、可预期的营商环境"。2019年10月8日,国务院常务会议审核通过了《优化营商环境条例》,为进一步转变政府职能,健全完善营商环境提供了遵循。在2020年12月10日举行的中央经济工作会议上,中央再次强调要依靠改革优化营商环境,深化简政放权、放管结合、优化服务。这也标志着营商环境水平建设已由各地及各级政府的基层探索和经验总结阶段上升为国家级战略。

(二)营商环境是影响园区发展的关键要素之一

投资环境就像空气,空气清新才能吸引更多外资。从学者的观点看,招商引资的逻辑起点是政府主导型经济行为下的招商引资活动,一般将招商引资划分为三个阶段:1978年至1992年是初创探索阶段,1992年至2003年是招商引资的快速发展阶段,2003年至2013年是招商引资的调整优化阶段。伴随着这三个阶段的更替,我国园区发展的思路已经从最初的招商引资阶段,逐步发展到强调优化园区营商环境上来。从资本与企业发展的现实需求看,资本与企业往往选择营商环境良好的区域,这正像鸟类的择地迁徙行为。迁徙是鸟类对外界条件、季节变化的一种适应,是某些鸟类的一种本能。同样,市场经济就是"候鸟经济",企业、资本与人才会像鸟儿一样寻找营商环境优、服务质量好、办事效率高、投资成本低的地方发展。最为典型的案例体现在我国东北地区,从针对我国东北地区营商环境的研究看,一般认为资源、技术和体制的三重约束是影响东北地区投资营商环境的主要成因,为系统性破解东北地区投资营商环境困局,当地各级政府要以建设开放竞争、法治化、投资便利、服务完善、公平健康的投资营商环境为目标,激活调动可利用资源,扩大和培育技术市场,持续推进体制机制改革。可见,良好的营商环境不仅关系到各市场主体的发展,更是区域综合竞争力的外在表现。营商环境建设是实现"留鸟经济"的关键环节。

土壤是否肥沃决定了树苗能否扎根生长成参天大树。营商环境的优劣也直接影响了市场主体的发展质效。良好的营商环境能够促进企业发展要素聚集,释放投资潜能,提高区域对资源性要素的吸引力。分析以往文献表明，营商环境建设能够影响到园区发展的多个方面，主要包括招商引资、创新创业、产业发展、平台建设、人才吸引等。现有研究还表明，营商环境对创新创业具有显著影响，作用机制在于通过调整政府和市场逻辑，改变营商环境内共栖、共生或主导关系，组合优化营商环境的某些要素，能够促进创业活跃度。营商环境中的制度软环境对经济也具有显著影响，改变城市的制度软环境能够带动城市经济增长。优化营商环境能够显著调节寻租对企业不同创新活动的影响，有利于无寻租企业开展自主创新。此外，营商环境转型绝不仅仅是一个促进企业发展的外在因素，它还深入地影响了企业发展战略、技术创新、融资与人才招募等多个方面，已然成为影响企业高质量发展的关键因素之一。

二、当前我国科技园区营商环境建设的主要问题

（一）产业分工不明，园区同质化问题突出

一是产业布局实践脱离规划指导。众多园区在发展初期，在招商引资过程中，面临着跨地域或来自同一区域的同类园区的激烈竞争。因此，招商工作往往脱离规划定位，为达到考核目标，在实践上容易走向"捡进篮子都是菜"的发展误区，园区之间主导产业区别不大，重复建设、产能过剩、产业缺少配套等问题比比皆是。

二是战略性新兴产业发展相对滞后，尚未形成完整、健全的产业链，具有产业带动作用的龙头骨干企业较少，为后期招商以及推动产业高端化发展、产业聚集埋下潜在困难。

（二）土地无序开发造成用地供需矛盾突出

传统招商思维模式下的园区发展，往往以低廉的土地成本吸纳投资者，在招商引资重数量轻质量思维的引导下，园区在成功吸引大量企业快速入驻的同时，也产生了投资强度、建筑密度、土地利用集约化程度低下等问题，这为园区后期扩张发展走高质量高效益之路埋下隐患。在当前产城融合发展理念指导下，园区产业升级改造、城市基础设施建设对土地供应量提出更

高要求,进一步激化了土地紧缺、产业升级与城市功能完善之间的矛盾。

（三）生产生活服务设施条件不足降低园区配套力

工业园区一般地处城市边缘,传统园区在成立之初往往高度关注于发展产业经济,在规划上强调经济功能而忽略园区内的社会服务功能。在该发展模式下,一方面造成新城城市服务功能的弱化,将园区生产生活服务设施建设、人文关怀放置于"次要地位"从而导致产业与城不融合等问题;另一方面空间上与老城区的分离,造成新城使用老城服务功能的成本升高,从而降低招商吸引力。例如,从西北、东北各地园区营商环境建设情况看,园区在交通、服务等方面与中心城区关联性低,且自身的规模小、档次低、设施不完善,降低了对国内外大企业的吸引力。

（四）园区对企服务水平制约园区招商引资吸引力

一是政策创新力度不足,缺少吸引力。国内大量园区招商引资政策普遍以返税、补贴等形式进行,且扶持力度不大,也缺少政策上的"亮点"。二是政策缺少进一步的细化配套,部门之间缺少信息共享,互相推诿、扯皮,政策不配套、不衔接,出现"上热中温下冷""新官不理旧账""政策华丽丽兑现轻飘飘"等不落地问题。三是园区服务意识不足,对优化营商环境政策文件宣传力度不够,政策覆盖率和知晓度不高,企业难以领会现行政策文件,制约企业享受优惠政策。

（五）人才短缺制约园区中长期发展

一是创新型人才短缺,主要原因是受制于园区人才引育政策、工资、国际化水平及生活配套设施等的限制,企业高端人才匮乏,对国际化人才缺少"魅力"。二是高技能型人才不足,企业招工难、留工难现象仍较普遍,现有高技能型人才的总量、结构和素质与新的发展形势和任务要求还存在差距,对园区中长期发展不利。主要原因在于受人口红利下降的影响,尤其是在沿海地区制造类企业密集的园区,"用工荒"问题较为普遍,且短期内难以快速解决。三是区域缺少人才发展上升"通道",人才培育缺少规划,发展受限,人才价值无法得到二次开发,人力资本价值大打折扣。

三、荷兰埃因霍温高科技园营商环境建设

荷兰埃因霍温高科技园是在工业遗址基础上，经过重新修建、开发，并完善原有的基础设施而成。园区修建后，逐步引入大量文化产业，营造了一种轻松、共享的研发创新环境，通过引导研发人才融入园区创新系统，促进了园区内创新资源的共享，提高了埃因霍温高科技园创新生态系统的自主创新能力。目前，埃因霍温高科技园已经发展成为全球知名的营商环境友好型园区，并以其良好的自然生态、有力的扶持政策、优秀的人才队伍、高效的创新生态而闻名。园区通过出台一系列支持资源共享的措施，极大地推动了各类创新要素的融通，显著提升了从源头创新到商业落地的创新链条上各环节的质效，使园区形成了良好的创新氛围。

（一）产业定位明确，建立之初以促进飞利浦技术创新为目标

1891 年，杰拉德·飞利浦在当地设立飞利浦工厂，随着生产规模的扩大，越来越多的职工来小镇定居，小镇的各类基础设施逐渐得以完善，进而推动埃因霍温转变成一座现代工业城市。20 世纪 90 年代，飞利浦公司在埃因霍温遍布研发活动，包括基础技术研发、创新产品研发、各种创新创意活动等，但是各创新主体间的相互交流成为一大难题。为跨越这一障碍，1998 年飞利浦高科技园区在埃因霍温正式成立，作为飞利浦集团的研发中心。园区成立伊始，便开始着力打造开放式的研发生态，鼓励加速思想碰撞，提高创新质效。经过 5 年的发展，园区更名为埃因霍温高科技园，并因其良好的创新生态，成功吸引大量相关企业入驻。

（二）规划先行，有序开发园区土地，创造便利创新创业的软硬环境

埃因霍温高科技园开发严格按照规划执行，强调规划引领和集约用地。整个园区占地 1 平方公里，可以划分为东北部、西北部、南部三大用地模块。其中，东北部有埃因霍温理工大学，并围绕该大学聚集了研发、居住、生活等配套服务设施；西北部主要集中了大量创意产业，形成了创意产业集群；南部继承了飞利浦打造的高科技园区，是研发活动的集中地。埃因霍温高科

技园在规划使用园区土地问题上,强调"以人为本"的理念。例如,Inbo 公司设计团队的总体规划框架旨在通过将以汽车为导向的传统园区提升为"以人为本"的现代园区,最大程度地激发园区居民之间的非正式接触和交流。

(三)人本化园区建设,打造优质生产生活服务

实行人本化理念下的园区建设。在埃因霍温高科技园建设过程中,处处凸显出人本化理念。例如,车行通道被安排在园区的边界,停车位集中在停车楼里。景观与建筑融为一体,营造出宜人的户外环境。位于中央湖北岸的建筑"交流街"是园区的心脏,拥有园区所需要的所有公共设施,能够为园区生产、生活提供各种服务。

打造人本化社会服务。埃因霍温高科技园有来自 100 多个国家的创新人才,园区不断完善国际服务体系。例如,银行能提供便捷的跨国业务、国际化托育中心、种类丰富的餐饮服务、自然中的慢行步道、大量的户外运动设施,为在园区工作的创新人才打造有温度的园区生活环境。

人本化的园区生态体系。埃因霍温高科技园许多规划、日常运营都体现了"人本导向",充分体现出埃因霍温高科技园区别于一般科技园区的特色,在"开放创新"精神的指引下,从工作的硬件设施到软性服务,从生活居住的空间设计到人本化的社会服务都充分体现了对人才的尊重,以及对企业的尊重。

(四)以推动创新共享为理念,服务园区企业

埃因霍温高科技园吸纳和招揽了全世界著名的科技企业与研究机构,其中较为著名的包括 IBM、ABB、ASML 等。如今,园区已成功落户 200 余家企业,并吸引超 12000 人在埃因霍温高科技园内进行科技和产品的研发活动。在"开放式创新"理念的主导下,园区着力推动创新要素在不同机构之间的融通,形成了高校院所、大中小型企业及创业团队、研发服务供应商三方共同参与、协同攻坚的创新格局。

积极探索共享新模式。在设计理念上,埃因霍温高科技园融入了开放、

互联的设计理念,并体现在楼宇设计、公共空间设计当中。例如,修建了大量连廊用以连接企业、资源设备,通过建筑和设备的连接串接起不同创新载体。园区中心集中建造的主题餐厅、咖啡馆、会议中心、健身中心、商店等成为创新的核心载体,也是人才活动的重要聚集载体。通过生活服务设施的集中建造,推动人在物理空间的聚集,促进了知识、技术的交流与互动。

共享科研仪器设备。为快速推动创新从想法到样机生产、产业测试、产业化的进程,园区提供有 25000 平方米的共享实验室和测试室、超过 10000 平方米的电子仪器制作车间、150 名现场导师等,通过设备、创新软硬件资源流动和共享,大大提高了创新者的行动效率,同时,通过将硬件设备与使用需求进行链接,从而将相似领域的创新难题与创新资源实现对接,有效推动了产学研深度合作,构建起一个企业、科研机构、高校、企业组成的创新圈。

举办丰富的活动促进知识共享。园区建设了大量的公共活动空间,便于举办各种活动,有利于推动实现知识、技术的共享。埃因霍温高科技园举办了大量专题研讨会、对接会、问答之夜、开放讲座、路演、运动会等活动促进人与人之间的交流,从而促进了技术流、知识流、人才流的形成。随着园区知名度的提高,不但吸引了园区内的企业及人才,还在全球范围内吸引到大量业内知名企业和人才,促进了人才链、创新链、产业链的紧密衔接。

推动协同创新。埃因霍温高科技园设立的孵化器和加速器项目 High Tech XL,在培育高科技企业方面发挥了重要作用,High Tech XL 对各类企业从发展初期到成长壮大期均给予支持,并协助企业打通创新链、产业链、资金链之间的壁垒。此外,埃因霍温高科技园还吸引了大量科技服务机构入驻园区,例如 Solliance、Holst Centre、EIT Digital、ARTEMIS、ITEA 等,成为园区创新系统的重要"节点",在努力壮大园区创新主体、引培技术转移机构、进一步集聚创新要素、提升创新能力,构建协同创新发展机制,整合政府、高校、企业、科技服务机构优势资源等方面发挥了"连接者"的作用。

(五)园区形成开放式创新氛围,为园区聚集大量人才

埃因霍温高科技园通过政策引导为园区创造了良好的政策环境,吸引

大量企业入驻,为园区聚集高质量人才。一方面,埃因霍温高科技园的发展离不开政府在创新、优化园区营商环境等方面所推出的各项政策的支持,在荷兰政府提供的额外公共基金及埃因霍温地方政府推出的如"长期空间及交通基础设施计划""2013智慧港领航者联合战略""智慧港2020规划"等系列举措的支持下,埃因霍温高科技园异军突起,园区吸引了大量创新型人才和优秀企业。另一方面,政府推出措施鼓励企业和研究机构交流合作,通过规划合理的交流空间,推动举办多种交流活动,创造出有利于推动"开放创新"的园区氛围,从而为园区吸引到大量人才。目前,平均每天有4项发明专利在园区诞生,占荷兰全境专利总量的四成左右。荷兰埃因霍温高科技园发展至今,总结出一套以亩均产出值高、要素融通汇聚、产城有机融合的成功经验,形成一种承载与促进产业发展的独特创新生态。

四、打造科技园区一流营商环境的路径

当前全球经济风险和经济下行压力加大,世界经济增速增长动力不足,通过重塑园区营商环境,建设环境友好型园区,有利于全面提高园区形象,推动园区经济实现高质量发展。

(一)优化调整区域产业分工,推进园区经济优势互补错位发展

优化产业结构,推进产业集群发展。顺应国际产业发展方向,聚焦区域优势,按照"做强主导产业、做优特色产业、做大新兴产业"发展思路,按照园区产业分类提出各园区产业发展重点,明晰主导产业及细分领域发展方向,逐步推动产业结构向集群化转型,每条产业链打造2至3个重点产业集群,实现产业优势互补、错位发展。

围绕产业发展需求,完善产业链,构建现代产业体系,提高供给侧的质量和效益。分产业链组织实施转型升级改造诊断,以推动制造业向高端化、智能化、绿色化、服务化方向转型为目标,提出精准改造方案。

(二)科学编制土地利用总体规划,优化园区土地利用布局和结构

在园区主体功能定位的指导下,优化园区内部空间布局,全面优化、更新园区土地规划、产业规划,科学制定产业分区发展规划,将园区发展目标、空间布局、建设时序、主导产业提前定位,提高园区规划整体匹配度,为园区土地利用确立依据。合理布局辖区内科技研发、生产制造、生活配套等功能分区,推动园区向精细化、高端化、科学化发展转变。

建立高效土地利用管理体制,保障园区土地集约利用。加大土地监管部门工作力度,提高规划执行的刚性和持续性,减少因项目定地块、因项目调整规划的现象,实现集约供地、盘活资源,全面提升园区土地效益。

(三)提高园区生产生活服务设施条件,实现“栓心留人”

一流营商环境是由“候鸟经济”向高质量“留鸟经济”转变的关键。对于企业来说,一是要不断提高园区各类产业服务和相关配套设施的服务水平,尤其是与企业发展密切相关的住房、教育、医疗等基础设施的服务水平,提高园区对外交通便利性,便利工业园区与周边城市的衔接,使园区真正具备满足企业中长期发展需要的特定条件,为企业定军心。

强化金融支撑,为园区经济高质量发展打牢基础。将破解园区建设融资难题纳入园区管理日程,对于园区建设初期急需解决的基础设施建设难题,引入市场化模式参与园区建设,实行社会化投资、产业化经营、企业化管理的多元化产业基地建设模式,引入工业房地产投资商,参与核心工业园开发建设、营运管理及招商服务。鼓励社会资本、私人资本采取“PPP”投资方式参建园区医疗卫生、学校、餐饮、套污水处理、热电联供等有收益项目。

(四)提高园区政务规范化、便利化水平,打造一流园区营商环境

推进政务服务标准化、规范化、便利化。一是持续推进业务办理系统互联互通和数据共享,推动相关部门做好系统对接、数据共享等工作,完善一体化平台功能。二是持续推动政务服务事项“应上尽上”“网上办理”,推进

政务服务向移动端和自助端延伸。

推行告知承诺制和容缺受理服务模式。一是以最大限度便利企业发展为目标,梳理可实行告知承诺制的政务事项,细化承诺方式向全社会发布。二是凡是不涉及公共安全、群众健康、生态环境的审批事项,均可采用容缺受理模式,即允许申请人先"承诺"后"容缺"。三是建立信用监管与容缺受理联动机制。若申请人未履行容缺受理承诺义务,则在一定时间内禁止其以容缺受理模式申办事项,并记入诚信档案。

深化对企宣传服务水平。加大利企政策宣传。通过电视、报纸、网站以及微信公众号,宣传与企业发展密切相关的政策。深入园区、各街镇全面宣传国家和地方促进工业经济发展的相关政策意见。

提高对园区企业政务服务水平。一是开展"全生命周期招商"服务模式,为企业提供从签约、落地、开工到投产的全生命周期服务。二是积极兑现对企承诺,对承诺的条件不打折扣地兑现,对于无法兑现的特殊情况,给予明确解释,并主动协商解决。

(五)强化人才支撑和金融服务,打造人才强区

深耕细作优化园区人才政策体系,建立覆盖全产业链的引才政策。一是要创新人才政策,要紧跟产业发展需求,设计出符合园区发展方向,与产业发展紧密贴合的人才引育政策;二是人才政策要形成体系,涵盖高端人才引进资金、住房补贴、天使投资、科技贷款支持、子女入学、人才安居、健康医疗、职称评定、培训教育等多方面,确保为人才提供全方位服务。

积极搭建创新创业平台,为人才长远发展拓展新空间。一是要以创新创业平台、企业服务平台作为人才工作的着力点和突破点,发挥园区各类平台的主旨功能,扩大企业人才服务供给;二是加强产学研、创业园区、科技团队、孵化基地、信息交流等人才平台建设,为创新创业人才的科研成果转化、资本运作、新产品生产销售等提供优质配套服务,从深层次激发各类人才的创造活力。

(六)加快创新驱动,激发产业新动能

激发企业创新活力。深入实施创新驱动发展战略,利用各项政策优惠,

积极培育建设创新型企业,支持科技型中小企业健康发展;积极建立以龙头骨干企业为引领的高端研发平台,加快产业链各环节创新要素跨机构融通,探索形成"产学研金用服"合作新模式。

扩大企业与创新源头的接触面。深入开展"校企合作恳谈会""企业院校行""产业链协同创新对接会"等活动,推动各园区与国内外大院大所、创新领军企业开展长效合作,创新产学研合作模式,深化企业需求与高端创新源头的有效对接。

(七)强化平台建设,助推企业创新发展

加快园区科创平台建设。大力实施相关重点项目,招引国内外一流应用型高等院校、科研机构、科技型企业团队落地。推动高校、科研院所、企业共建新型研发机构,打通产业链"卡脖子"技术。加快建设一批专业化孵化器、众创空间、劳模和工匠人才创新工作室等公共服务平台,重点打造工业设计、研究开发等公共服务平台,为企业提供专家指导、政策解读、财税扶持、融资对接、市场拓展、项目辅导、人才培训等"一揽子"服务。

推动产学研合作,引导骨干企业、创新型企业与高校、科研院所、新型研发机构等组建产业技术创新战略联盟、产业技术协同创新联盟、产业人才联盟,聚焦基础性前沿领域联合开展一批基础性、关键性技术研发攻关,力争形成一批具备自主知识产权的创新成果。

第七章 产城融合：
科技园区发展的活力源泉

改革开放以来,我国地方经济的快速发展伴生出现了大量产业园区,主要包含高新技术开发区、经济技术开发区、出口加工区、专业产业园等。由于政府过度依赖土地经营、对产业缺乏有效的调控以及"条块分割"等原因,园区普遍存在产业空间布局过于分散、专业化的服务型企业和机构相对不足、园区内企业缺乏功能上的联系和专业分工等问题。从老城区与新城区的关系看,由于产业园的建设更注重于实体经济功能,导致城市生产性服务业、生活性服务业弱化,城市经济功能与城市空间、社会和文化功能之间的不平衡,进而引发新城区发展动力不足,产城融合问题已成为制约园区经济社会发展的一项重大任务和挑战。根据拉德芳斯的建设经验,城市副中心(Sub-CBD)是在城市人口、产业要素向外扩散并重新积聚的过程中产生的城市次级商业商务中心,新城要承接生产、生活、生态等方面一系列功能。新加坡裕廊工业区、上海张江高科技园在发展过程中较为注重推动经济发展主体从单一的生产型园区向生产、服务、生活于一体的产业新城转型,成为产城融合型园区中的典型。通过透视实现产城融合的知名园区的本质特征,归纳总结其发展经验,从而提出有利于推动我国园区向产城融合型园区转型发展的对策,这对推动园区经济高质量发展具有一定借鉴意义。

第一节　产城融合的实践探索

城市化、工业化的快速发展，衍生出大量产业新城，产业新城是经济发展过程中衍生出来的新事物，也是我国城镇化浪潮最明显的标志之一。如何高效协同中心城市和产业新城之间的互动，促进二者之间经济、社会、公共基础服务等各项功能的高效衔接、互利互动，成为城市经济发展的新命题，产城融合的概念正是产生于这样的大背景下。

国外在产城融合方面积累了大量的研究成果，这些研究成果多以工业化和城市化的协调发展问题为研究目标，但并未明确提出"产城融合"这一概念。这些研究基于的理论主要包括城市化与工业化相关性理论、城市空间经济理论、田园城市理论、区域规划理论、自组织理论和可持续发展理论等。例如，Hollis Chenery（1975）提出城市化与工业化的基本规律理论，对城市化与工业化水平的相关性进行了研究和测度，得出城市化与工业化关系的变动规律，并指出随着社会经济发展水平的提高，工业化发展将导致产业结构的转变，进而带动城市化水平的提高。

国内目前普遍认为张道刚（2011）最早明确提出了产城融合理念，他认为城市与产业"双向融合"的实质就是"平衡"两字，产业活了，人的需求就活了，城市的内在活力也就被激发起来，城市的形态也就有了"魂"；反过来讲，城市功能的完善、品位的提高也会为产业发展提供条件，增强产业和城市的竞争力，这才是城市和产业的本义。

从产城融合问题产生的时序看，是现有园区后有产城融合问题。产业园区是区域经济理论的集群化原理和增长极观点在产业发展中的具体体现和实际运用，是一种为提升产业竞争优势而构建的产业空间组织形式。产城融合问题是随着产业园区发展形成产业新城的过程而产生的。产城融合问题的本质是城市化与产业化匹配度问题。因此，研究产城融合的发展阶段，不可以绕开产业园区的发展阶段问题。从产业发展的角度看，产业基本经历了"单个企业—同类企业集群—产业链—产业集群"的演变;从生产模式的角度看,也经历了"单一的产品制造—产品制造为主—科技产业区(研发、制造功能)"的产业更替;从产业园区发展的角度看,园区大致经历了劳动密集型园区、资本密集型园区、技术密集型园区、创新战略型园区(产业新城)四个阶段。

以园区为边界形成的产业地理空间集聚,往往呈现横向拓展、纵向延伸的专业化分工割据趋势,具有资源、技术、信息、人才等生产要素紧密协作和有机互补的特征,园区通过系统协作,实现网络连接、要素整合、资源共享开发,最终形成一个城市新的经济增长点。传统园区在地理空间上往往离中心城区较远,其成立之初往往高度关注于发展产业经济,在规划上强调经济功能而忽略园区的社会服务功能,在该发展模式下,一方面造成新城城市服务功能的弱化,另一方面空间上与老城区的分离,造成接受老城市服务功能成本升高。因此,产城融合概念正是伴随着产业新城发展中出现的这些问题而产生。

在西方,该现象最直接的写照是在1920年前后,部分西方发达国家工业发展出现衰退,传统工业城市的结构性和物质性衰退逼迫城市必须进行产业结构调整。国家为改变大城市环境压力、空间压力、人口压力而谋求新出路,开始大量建设卫星城(产业新城),产业新城的出现在一定程度上缓解了城市产业发展空间受限、交通阻塞、环境污染、人口膨胀等问题。但同时也出现了经济发展速度与经济要素聚集速度不匹配的问题,新城与老城的粗放式发展脱离了人类活动的真实场景,必须通过资本、人力资本、技术创新带动提高城市经济增长的质量,激发城市发展活力。因此,西方对老工业城市的改造过程是城市的再开发过程,也是推动产城融合的过程。

在国内,产城融合概念的最直接体现是20世纪90年代大量产业园区的转型升级。自1979年蛇口工业区建立以来,国内出现大量产业园区,尤其是以最早在沿海地区设立的四个沿海经济特区(1980年)为标志,凭借极低的生产资料价格、人力成本和土地成本,形成出口优势。此后,以国家批准建立的14个沿海经济技术开发区为标志的"一代园区"以及以张江高科

（1992）、苏州工业园（1994）为标志的第二代园区的崛起，代表了园区发展趋势已经逐步由沿海扩展到内陆，在沿海不具备成本优势的低端产业逐步撤出沿海经济特区，进入到一二线城市市郊的同时，开发区也逐步暴露出"孤岛经济"问题：园区经济功能相对单一，产业链条不完整、基础设施起点低、住宅价格高昂、医疗及教育资源分配不均，商业、文化体育、娱乐休闲等第三产业发展严重落后、园区经济社会发展后劲严重不足等。这些问题明显降低了产业园区的规模经济效益和社会效益，这与当初试图将园区建设为产业聚集发展高地，人才集聚创业的主战场的发展目标背道而驰。于是，国内部分学者将目光转向西方发达国家传统产业园区改革经验，试图寻找解决产业新城问题的最优方案。众多园区开始调整发展思路，改变旧有的以工业开发为主的发展模式，转而将新城建设提高到应有的高度，在不断提升园区产业质量的同时兼顾园区生活质量，以将工业园区建设成为集生产、生活、休闲等功能为一体的"产业新城（区）"为目标，将关注点放到提高产业新城的综合竞争力上。

第二节　产城融合的前沿理论与辨析

产业园区是区域经济理论的集群化原理和增长极观点在区域上的典型体现,在园区发展的初级阶段,主要依靠行政力量推动园区发展,从而使园区可以在短时间内集中大量资源,完成园区的初始化建设,以产业发展为核心目的的产业园区,功能更多地集中于追求 GDP 上。在此阶段,虽然市场在资源配置中的作用也有所发挥,但往往表现为过于行政化。我国园区发展一般要经历"无主题型产业园区—产业聚集型园区—产业链型园区—产业生态型园区"四个发展阶段,但在任何一个阶段,追求经济效益都是园区发展的核心任务。随着园区经济的快速发展、人口的增多,过于追求经济效益忽视人们生活需求,造成了"钟摆城市""睡眠城市""鬼城"等问题的出现,从而引发诸多社会问题。许多学者与园区管理者认识到旧有的过于依赖行政力量追求经济规模的发展模式难以为继,必须重新思考园区的生产与生活功能协调问题。

截至目前,国外并没有明确出现关于"产城融合"的概念,但有许多学者从城市宜居、城市环境等角度分析新城生活与生产之间的关系,并提出协调二者之间平衡的策略。在国内,普遍认为张道刚(2011)最早明确提出了产城融合理念,他认为城市与产业"双向融合"的实质就是"平衡"两字,产业活了,人的需求就活了,城市的内在活力也就被激发起来,城市的形态也就有了"魂";反过来讲,城市功能的完善、品位的提高也会为产业提供良好的发展条件,增强城市与产业的竞争力,而这才是城市和产业的本义。在 CNKI 以"产城融合"为关键词进行检索,可发现论文数量的趋势变化:共检索到文献总数 1513 篇,其中 2010 年 4 篇、2011 年 18 篇、2012 年 39 篇、2013 年 123 篇、2014 年 204 篇、2015 年 221 篇、2016 年 227 篇、2018 年 284 篇、2018 年 276 篇、2019 年 117 篇(截至 2019 年 9 月 25 日),可见关于产城融合的研究呈逐年递增趋势,尤其在 2013 年后,论文数量突增(见图 1)。对检索出的文章进行分析发现，国内学者对产城融合的研究主要集中在产城融合的概念、实现路径以及产城融合度评价等方面。例如，关于概念的研究，比较有代表性的有石忆邵(2016)，他认为产城融合发展是指产业、城镇、企业、人四者之间依靠土地和交通等基本要素而形成的相互作用的区域创新网络系；它是生产功能、生活功能和生态功能高度协调的空间融合体系。

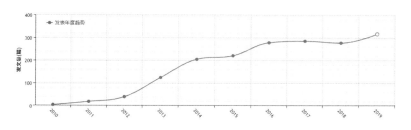

图1　产城融合关键词年度分布图

关于产城融合实现路径的研究，比较有代表性的有刘欣英(2015)，提出产城融合是基于综合承载力、产业地理分布情况，在充分评估考虑发展可持续性的基础上，统筹推进城镇更新、经济建设、人口吸纳等各项工作，从而使城镇功能与产业规模共同发展、良性适配的过程。在产城融合度评价方面，比较有代表性的有张建清、沈姝文等(2017)，他们通过运用 Pearson 相关系数及变异系数，对长江中游城市群产城融合度进行动态综合评价，研究发现，近年来长江中游城市群产城融合的提升过程也伴生出不均等性，对周边城市产生了挤压吸纳而非辐射带动作用。因此，产城融合是新型城镇化战略在当代的体现，通过优化城市空间结构、经济功能、社会服务功能提高城市对人口、产业的综合承载力，能够实现城市"以人为本""城市让生活更美好"的生活理想。而产城融合的核心是产业发展与城市发展功能的融合，其本质反映了城市功能的发展新趋势，网络化、服务化、协同化、智能化成为新特征。

第三节 科技园区产城融合的演进过程

一、科技园区产城融合的驱动力

传统产业园区的发展动力是以城带产、以产扩城,产城发展动力协同性不足,造成产城分离。产城融合的发展动力是以产兴城、以城促产,产城融合互动,实现动力循环,进而推动产业和地理空间的合理适配,打造生产、生活、生态有机融合的复合"空间"。

由于产城融合的范围不仅局限于新城,还包括老城以及不同层级城镇之间的产城互动。因此,从动力结构上看,产业新城产城融合的驱动力主要来自内部与外部两个方面。从内部看,园区内部产业经济的快速发展吸引了大量就业人员,要求园区给与相配套的生产性服务业和生活性服务业,从而主动从老城等外部主体吸纳相关资源进入新城,弥补园区功能上的不足,从而形成产城融合。从外部看,园区产业发展除了依赖园区内企业技术创新外,还与园区外的企业、科研院所、大学之间存在息息相关的联系。来自老城等外部的资金、技术、人才等创新资源不断进入园区,园区成为大量创新创业活动的主场。随着园区内外部互动的增加,园区内外部互动关系越来越密切,最终形成产城融合。

表1 产业新城发展模式比较

模式内容	传统发展模式	产城融合发展模式
发展动力	以城带产、以产扩城	以产兴城、以城促产、产城互动
发展方式	扩空间:数量上的扩展(空间、人口、经济体量的扩大),忽略"人"的要素	提质量:质量上的扩展(生产及生活方式的优化、价值观提升),重视"人"的发展
特点	空间上的高速扩张	发展质量的优化与提高
外部形态	城市建设摊大饼式发展,产业园区、大型居住区无序布局	依托城市圈多心多核组团发展,产业要素与居住生活要素有序搭配

模式内容	传统发展模式	产城融合发展模式
产业	服务业与园区主导产业相分离,服务业滞后于园区及生活区发展,城市发展受限	生产性服务业及生活性服务业兴起带动经济发展质量提高,城市发展逐步趋于平衡
居住	住宅需求增多,带动住宅地产繁荣	产业地产概念逐渐融入实践,并成为建设主流

二、科技园区产城融合演进的阶段划分

当前学界对产城融合的研究主要是集中在对物质空间、产居结构匹配、体制机制对产城融合的推动作用、对时序的探索等 4 个角度。例如,欧阳东、李和平等人(2014)指出产业园区产城融合的发展要经历"产城分离—各自为政—边缘融合—产城融合"等阶段,即定位契合、功能复合、空间缝合、产业聚合、规划协作协同、结构耦合、人文融合、设施调和分用地混合,这是从发展时序的角度对产城融合作出的发展阶段划分。

但从产城融合的内部规则看,基本经历了:产城绝对分离—产城相对分离—产城无序融合—产城有序融合四阶段。

产城分离阶段:主要是指园区产生之初的"建城"阶段,处于"新城空城、产业空心、服务空白"状态,产城脱节分离。这是园区建立之初,以 GDP 为中心、一切服从于经济的城市发展模式。因此,根据自治组织理论,在此阶段表现为无序向有序,或者由低级有序状态向高级有序状态演变的过程。表现为大量产业新城的出现催生出"睡城""空城"等社会问题,产业园区功能划分不明确,功能单一,新城功能在经济上的单一化,在服务"人"的功能上的缺失化,产城融合度低。产生的直接后果是新城对"人"的吸引力的降低,造成高端人才难以引进,或是造成在新城工作的人员的工作与生活在空间上的巨大分离,不利于产业集群发展,也显著降低了生产率,降低了人的生活质量,由于该发展模式缺少生命力和创造力,实质上是一种不稳定的发展。

产城相对分离：主要是指随着园区的发展，园区进入"以产立城"阶段，处于"有城无产"或"有产无城"状态，产城匹配失调。产业园聚集了大量人口，园区仍以发展产业为核心任务，产业发展挤占城市基础设施空间，产城处于不平衡和不协调状态。但同时新城开始关注园区自身配套建设，产业园居住、商业、教育医疗、休闲娱乐等功能逐步完善，园区城市功能不高，产业园就业人员同时依赖产业园与城市中心的配套，但产城融合度仍不高。

产城无序融合：主要是指随着产业的更新换代，产业园区的发展也进入2.0时代（或者新阶段），产城低水平融合。大量科技因素、资本因素、人才因素的引入，同时消费结构也由低级转向高级，从而对园区城市服务功能提出了新要求。越来越多的园区管理者认识到只有弥补城市服务功能，完善服务配套，更好地服务于"人"这一核心要素，搭建更为精细化、多元化的产业服务配套，才能更好地刺激人的创造力发挥，并探索出各种先行措施推动新城产城融合。主要表现为新城功能融合、功能结构更为复合、全面，园区的内涵多元，开发深度明显提升，园区产业及新城城市功能发展趋于高级化。

产城有序融合：园区生产性服务业、生活性服务业的快速发展带动园区发展，园区发展进入高端化阶段，服务业成为产与城发展的"合剂"，新城产城高度融合。在当前全球发展趋势及中国城市化背景下，许多地方积极调整园区战略和功能定位，提出了"以产兴城、产城融合"的产业新城建设理念，提出"产业"与"城市"发展之间协同互动的发展口号，以追求产业价值最大化、园区价值最大化、人的创造力最大限度地发挥为目标，以"产业"与"城市发展"的"双轮"驱动城市经济，实现产城紧密融合，协同共生，产业新城经济逐步趋向于最大化和高质量发展。

2019年国家发展改革委发布的《关于培育发展现代化都市圈的指导意见》（以下简称《意见》）中明确提出城市群是新型城镇化的主体形态；都市圈是城市群内部的核心。该意见明确提出了发展城市群将是未来区域发展的主要抓手，更深层意义则是反映了中心城市和副城紧密协作的城市群发展将是未来区域经济发展的主要路径，最大化实现产城融合将是未来区域发展的主要工作方向。在《意见》发布以前，各个地方虽然推行了各种促进产城融合的单项措施，但作用有限。在国家层面推出《意见》指导地方出台综合性的产城融合方案，才能实现中心城市与副城功能的最大化发挥。以该《意见》为标志，明确了此后我国大部分产业新城的发展将向前迈进一大步，步入产城融合发展的新阶段。

第四节　知名科技园区推动产城融合发展的
经验分析

新加坡裕廊工业区、上海张江高科技园均由政府统筹规划,采用连片开发、产业集聚的发展方式,城市呈现出高水平的产城融合状态,成为许多园区建设的典型参照。

一、新加坡裕廊工业区

新加坡裕廊工业区成立于 1961 年,是新加坡最大的现代化工业基地,地处新加坡西南部马六甲海峡入口处,占据沟通亚洲、非洲、欧洲和大洋洲交通要道,距离市区 10 公里,面积约 70 平方公里。经过将近 60 年的发展,园区内聚集了 7000 余家国内外企业,已经发展成为世界一流名园。

前瞻布局,一张蓝图绘到底。1961 年,新加坡划定 6480 公顷土地、拨款 1 亿新元根据当时的发展规划建设工业区,截至 1968 年,园区基本建成了港口、码头、路网、电力、供水等设施,并由成立的裕廊镇管理局负责管理。此阶段基本奠定了裕廊工业区的框架,为 20 世纪 70 年代劳动密集型产业聚集,20 世纪 80 年代向技术密集、资本密集型产业转型,以及 20 世纪 90 年代至今的知识经济崛起奠定了良好基础。

抓住国际产业发展趋势,巧借时机经历转型。裕廊工业区利用自身区位优势和人力优势,巧借西方国家产业转移的良好时机,大力引进外资,积极承载全球劳动密集型产业,使新加坡在全球经济版图中影响力不断增大,为新加坡崛起成为"亚洲四小龙"奠定基础。因此,在 20 世纪 60 年代,裕廊工业区密集型经济一度繁荣,例如,钢铁、化工、造船等劳动密集型产业是当时园区的支柱产业。步入 20 世纪 70 年代后,新加坡人口红利逐步下降。与此同时,中国改革开放政策开始实行,大量劳动密集型企业转向中国,使裕廊工业区在 20 世纪 80 年代后彻底失去人工成本优势。同时,劳动密集型产业的低利润特点,早已不符合当时国家经济发展趋向。李光耀深刻认识到转型对裕廊工业区未来发展的决定性作用,转向积极承接西方资本、技术密集型产业转移,例如,开始发展汽车、电子等为代表的标准化生产的技术密集型产业,以此来摆脱国家经济危机。进入20世纪90年代以来,全球知识经济崛起,裕廊工业区加速产业升级换代,推动裕廊工业区向通信技术、生命科学等领域转化,使裕廊工业区产业发展紧跟时代,始终在全球经济舞台占据重要位置。

强化载体建设,夯实产业发展基底。为实现持续繁荣,裕廊工业区积极利用区域优势,打造特色产业体系。在建园初期,裕廊工业区主要是以劳动密集型的出口加工业务为主,因此,园区建筑多为标准化厂房设施。在20世纪80年代的技术、资本主导阶段,裕廊管理局为扶持产业发展,启动了为期10年的总体规划,即有所针对性地在综合启动区以外另起炉灶,为那些符合条件的高成长型企业设计和提供具有差异化的设施和厂房,包括将南部的岛屿开发区开发成石油化工产品的生产和配售中心,将罗央开发成第一个航空工业中心等。

推动产业链升级,打造世界级产业集群。立足于产业发展的逻辑与规律,新加坡政府推出系列优惠政策全球招引优质企业,以发展产业链思维打造具有国际竞争力的产业集群。在企业选择上,注重产业体系和产业项目之间的链接性,尤其重视企业上下游配套、产业链整合,以此激发产业链整合效应,促进多产业链融合形成发展合力,使裕廊工业区获得了全球其他园区难以匹敌的一体化优势,历史上曾产生世界知名的石化产业集群、半导体产业集群、船舶产业集群等。

加强教育配套,实现人才引领发展。在精准把握产业定位的基础上,新加坡坚持要素驱动,大力推动生产要素汇聚融通。例如,李光耀高度重视产业转型急需人才的培养。裕廊工业区成立之时,半导体厂商多为西方发达国家,新加坡本身具有多语言环境,教育系统又注重加强英语教育,吸引了大量半导体厂商外资企业入驻。为支撑新加坡迅速发展的电子信息产业,1981年新加坡成立了南洋理工大学(NTU),以NUS(新加坡国立大学)和

NTU 两所公立大学为主,为园区 80 年代崛起的技术密集型产业发展储备了大量人才。

二、上海张江高科技园

张江高科技园成立于 1992 年,是上海浦东新区四大重点开发区域之一,是张江国家自主创新示范区的核心园。经过 17 年的发展,张江高科技园已经从农田发展成为世界一流科技园区。

适时调整规划,引领园区发展。在 1992 年建园之初,张江就编制了《张江高科技园区结构规划》和《张江高科技园区土地使用调整结构规划》,为园区后期规划奠定初步基础。张江高科技园坚持规划引领,适时调整不符合地区发展需求的规划。1995 年,张江又重新编制了《张江高科技园区结构规划(调整)》,可见,随着产业发展需求与用地需求,张江不断调整土地使用结构,并同时进行产业筛选,剔除低端产业进入,此举为保障日后张江高新技术产业崛起打下基础。

以"聚焦张江"战略,推动产业集群发展。张江高科技园立足区位优势,在 1999 年出台了"聚焦张江"战略,明确了以集成电路、软件、生物医药为发展重点,提出了"北有中关村,南有张江园"的战略构想。逐步构筑了生物医药创新链,推动形成涵盖医药、医疗、医械、医学的医疗健康产业"医产业"集群和推动形成集成电路产业链和软件产业链的框架,打造了基于互联网和移动互联网的"E 产业"集群。同时张江高科技园出台多项扶持政策,积极推动高新技术企业入驻张江,推动各类研发机构和总部经济聚集。

打造新型居住区,克服产城融合问题。1992 年完成的《张江高科技园区土地使用调整结构规划》将园区分为科研区、工业区和居住区三大功能组团,位于中部的工业区约占园区总用地的 2/3,将管理服务和大学科研区与居住区完全隔离。园区过于强调追求 GDP 的思想导致园区生产、生活配套设施严重滞后,由于缺少居住、医疗等功能,园区与老城之间产生了巨大落差。因此,园区虽然可在短期内聚集大量的产业和人口,快速实现土地、产业和人口的城市化,但并未完全实现城市功能的优化,在日后的经济发展中逐步暴露出弊端。在 1999 年的"聚焦张江"战略中,园区管理者就明确意识到必须解决产城分离带来的苦果。由于"医产业""E 产业"同属于知识、技术密集型产业,两大产业的聚集也得益于周边聚集的近 20 家高校和科研院所,张江必须考虑到创新人才对生活配套的需求。张江逐步打造不同物业档次的住宅聚集地,兴建了紫薇公寓、科技公寓等 12 个人才公寓,总面积接近 25 万平方米。通过时调度及成熟的实施机制,张江高科技园早已经发展成为国内产城融合型园区的典型。

第五节　知名科技园区推动产城融合发展的本质透视

透视国内外知名园区产城融合发展经验可以发现，人本位发展、功能融合、就业与人口匹配是成功推动产城融合发展的关键点。

一、"产城融合"是向人本位的回归

城市的本质是人，城市因人而诞生、因人而繁荣、因人而衰落。因此，城市应该以人为本，一切功能围绕人的需求展开，即从人本主义的视角去理解产城融合，进而提出规划对策。而"产""城"的协同互促是以"人"为连接点，通过产品及要素市场的价格调节和因果循环机制来实现。因此，虽然在发展的不同阶段园区存在不同的价值追求，但产城融合问题一直都是园区管理者不可忽视的问题，这些知名园区正是因为认识到产城融合的本质是从功能主义向人本主义的回归，高度重视人的需求，推动"产""人""城"三者的融合，最终实现了园区经济的再发展。

二、产城融合是推动产业与城市功能的融合过程

在工业化初期制造业往往是园区的主要产业，而当工业发展到规模效应之后就不可避免地要经历制造业服务化过程。由于不同产业对空间要求不同，同时随着园区产业发展的高阶化过程以及产业迅速集聚，激发出居住、医疗、交通、教育、金融服务等各种要求。产城融合理念下的城市规划试图在空间上及时反映产业所产生的新要求，要求生产性服务业与生活性服务业在空间上的紧密配合，通过对生产空间与生活空间进行重新规划，从而促进了产业与城市功能的融合。

三、产城融合是就业、人口结构相匹配的过程

国内部分学者认为就业结构与居住结构不匹配是园区产城分离的重要原因。就业结构与新城的服务配套二者的协调、匹配是克服"睡城""钟摆式交通""人气低迷"等问题的关键。传统园区规划理念往往忽略了将工作、消费、居住三者聚集，导致通胀压力大、公共能耗高、交通时间成本多。产城融合理念下的园区规划理念将视野聚焦在较小的空间范围内，在小范围内对工作、消费、居住行为的发生地进行平衡，产城形成完整的生活链条，使得产业结构—人口结构—就业结构—消费结构形成融合与高度匹配，从而大大降低了园区运营成本。

第六节 产城融合助推科技园区发展的
作用机制

一、产城融合的本质分析

从人才价值发挥的角度看,产城高度融合下的新城将成为吸引产业知识、人才、资本等要素资源的"磁石",将推动产业加速越级提升,带动提升新城的吸引力。在企业聚集效应下,由政府安排的科技创新要素、社会公共服务相互作用,促进园区内人才这一要素价值的发挥。

从人才生存环境的角度看,城市发展的核心要素是人,由于城市过于重视功能,强调经济功能的发挥,往往会导致"人本位"的缺失,造成产业、城市、人三者在空间上的分离,从而增加了城市运行成本。通过"人本导向",增加创新要素,使产业特色化、城市人本化发展,显著提升城市的承载力、吸引力,形成良好的创新生态,以软实力提升带动城市发展质量的提高,进而正向反馈带动人才生存质量的提高。

二、产城融合是城市加快新旧动能转换的重要路径

发展动力决定发展速度、效能和可持续性。产城分离实际是产业与城市功能的不匹配,也是产业资源与城市承载力之间的不匹配。一方面,造成中心城区资源抢夺,产城分离往往是大城市病产生的根源,例如,北京回龙观就是典型,由于就业远离居住区,造成"潮汐式""钟摆式"交通。另一方面,由于生活设施不匹配,难以吸引人群入驻,新城出现住宅空置大量,往往造成"产业新城产能过剩"。产城融合概念指导下的城市发展,往往将城市经济发展视作一个系统,提供综合性解决方案,提高城市的综合效益,从而挖掘并塑造城市特有的竞争力。

三、产城融合为新城发展催生高效益的经济动能

从城市发展的外部大环境看，全球城市发展模式已经由单一城市发展转换到以"城市群"为核心的发展模式。《京津冀协同发展规划纲要》、粤港澳大湾区、长江经济带等概念的提出，均是在一个有密切经济联系和产业合作分工的城市密集区域，以一个或多个国际性城市为核心，依托其人口高度密集、内外路网发达的优势，形成协同共存的发展态势。

从城市发展的内部环境看，产业维系和发展的动力是集聚经济，国内城市在经过高强度、高速度的开发阶段之后，产业结构位序快速变化，产业经历着由劳动密集型—资金密集型—技术密集型转变，产业附加值由低附加值向高附加值转变，产业的发展带动关联效应加强：部分产业的前向关联效应加强，对生产要素的地理空间依赖性更强；部分产业的后向关联效应加强，为后续产业创造了更好的技术和发展条件，衍生出更多新产业、新技术、新模式；部分产业的旁侧关联效应加强，对经济、社会、文化、基础设施等提出更高要求。

四、产城融合是避免新城产生系统性风险的屏障

产城融合是化解产业风险的关键。当前，经济下行压力持续加大，中国工业化进程中的产业升级方向和县域产业经济相对薄弱的矛盾仍然存在，以产城融合带动产业经济向价值链高端延伸，以产城融合带动县域经济整体跃迁，能够提高新城经济发展韧性，从而降低新城产业经济风险。

产城融合是城市化建设进入攻坚期的抓手，产城融合有利于降低城市运营风险。根据世界城镇化率普遍规律，我国城镇化率处于30%至70%的快速发展区间。长期以来的粗放式发展模式带来产业升级放缓、生态环境恶化等问题。同时，在快速城镇化过程中，社会矛盾增多带来诸多风险，基本公共服务不健全、不完善，优质资源供给不足，人民日益增长的美好生活需要和不平衡不充分发展之间的矛盾，严重影响了城镇化进程。以产城融合提升存量经济，以产城融合加速推动动能转换，以高质量的产城融合发展防范城市风险，仍是实现城市服务功能与经济功能可持续发展的关键。

第七节 加速推进科技园区产城融合发展的对策

目前,我国大部分园区仍处于技术密集型园区发展阶段,部分先进园区已经步入创新战略型园区发展阶段,显现出功能专业化、融资多元化、空间集成化、运营市场化、发展国际化特征。未来,园区发展成为综合实力强的产业新城是发展的必然趋势,要通过合理路径,推动园区向产业新城加快发展。国内外知名园区发展历程为我国推动园区产城融合发展提供了宝贵经验,要通过良好的规划设计,推动实现"以产兴城,以城促产""空间聚合""三生"协同发展。

一、创新体制机制,突破制约产城融合的制度约素

营造市场化、法治化创新创业环境。产城融合的关键是要改变规划思维,营造适宜产业发展的营商环境。加强园区内各类创新创业平台建设,提高政策支持力度。加强园区市场化和规范化管理,营造公平透明、可预期的营商环境。提高知识产权保护力度,组织产权宣传活动,对行政保护和司法保护两种途径进行宣传,提升园区内企业知识产权意识。

扩大融资渠道,提高园区开发档次和服务水平。一是将破解园区建设融资难题放入园区管理日程,对于园区建设初期急需解决的基础设施建设难题,积极引入市场化模式,撬动社会资源参与园区建设及招商运营工作。鼓励社会资本、私人资本采取"PPP"投资方式参建园区医疗卫生、交通、学校、餐饮、配套污水处理、热电联供等有收益的项目。

优化营商环境,打造园区创新创业聚集地。一是优化创新创业环境,将园区打造成区域性创新节点。不断提升创新创业扶持力度,打造扶优育新的创新生态,将园区打造成创新创业活动的重要承载地,为园区培育一批创新能力强的大企业厚植沃土;二是优化政务环境,以"大市场、小政府"为发展导向,提升简化审批环节,规范办事程序,推行便民配套措施,提高服务质

量,让政务服务与经济发展同频共振。

二、加强顶层设计,克服规模失控、结构失衡与功能失调

前瞻性布局、高标准规划,强化规划引领作用。以整体、系统的思维意识,打破园区生产与生活空间壁垒,建立起产城融合发展、规划先行的思路。空间规划是项目的"骨架",技术规划是项目的"肌肉",资金规划是城市的"血液"、产业规划是项目的"灵魂",对标国内外先进园区发展模式,在多规合一的思路下,推动"空间规划、产业规划、技术规划、资金规划"同步设计,打造产城融合型规划。

提高住宅、商业、道路、市政等城市规划与园区基础设施与公共服务设施建设发展的同步性,提高园区的承载力,提前规避园区经济功能发展过快可能导致的规模失控、结构失衡问题,全面提高城市的可持续发展能力。

引入优秀智库机构,系统分析区域产业发展脉络,统筹城市规划及城市功能配套,为园区城市发展、产业发展出谋划策。建设智慧城市功能体系,提高城市功能协调度,推动实现新型城镇化建设。建议园区成立独立的城市数据管理服务部门,引入大数据服务商,全面融合城市的基础设施、公共服务、医疗卫生、环境保护、交通物流、文化旅游等数据,提升智慧城市的感知、分析、重构、创新能力。

三、以产兴城,牵住新城经济发展的牛鼻子

产业是维持城市永续发展的基础,城市是产业繁荣发展的承载主体。只有二者和谐共生,才能实现园区的永续发展。因此,要以产业发展为核心,以产业的"聚集"避免园区发展的"空心化"。

打造现代化园区生态,以系统化思维规划、整合产业链,打造园区产业链优势。未来园区将走内涵式发展道路,推动产业链长度和产业链高度建设,形成特色产业链是关键。以系统整合的思路,推动产业链系统与本地供应链系统、载体链系统和运营链系统的对接匹配建设,推动园区经济的协调发展。在产业链延伸方向上,要推进本地企业、项目之间建立相互配套、分

工协作关系,形成相互关联、相互促进的发展格局,推动本地产业融入全球价值链分工。

狠抓招商引资、引才工作,加速优质资源的注入。积极引入优质企业总部机构、创投机构,抓重大项目,牵住园区发展的"牛鼻子",构建良好的城市产业生态体系,吸引战略新兴产业、跨界产业等新产业、新模式、新业态入驻,增强产业自我更新能力。不断优化区域人才引进政策,重点吸引一批拥有自主知识产权或掌握核心技术科技领军人才、科技企业家来新城投资。

四、以产立城,以产促城,变产业孤岛为产业新城

促进产业结构调整,转变经济增长方式,夯实城市经济高质量发展的产业底盘。要以提升自主创新能力核心,发展高创新率、高附加值、高进入壁垒的高端核心环节,加速发展全产业链经济,解决目前国内大部分新城产业低端、产业链条还不完善,配套协作度差的问题。在新城外部,要以产业融合发展为导向,加强协同创新和通过资产纽带关系形成跨区域合作,形成链条健全、布局合理、辐射性强、带动性大的高技术产业集群,实现经济持续、健康和稳定发展。

加速新城产业功能与城市功能有效对接,防止城市空心化,实现产城融合,双翼齐飞。在规划上,结合当地产业发展特色,制定相应的公共配套设施建设方案,统筹新城服务业、社会事业项目与居住项目、生态项目,在空间布局上实现协调统一。在建设上,尤其要为产业园内的员工解决吃、住、行、娱乐、购物、就医、子女入学等实际问题,建成一个发展势能足、生态环境优、生活条件好的宜业宜居之城。

打造示范园区,放大新城优势。一是要依托当地产业基础、功能配套、区位、政策优势,结合当前区域经济发展要求,明确发展定位,打造核心产业聚集区,放大本地优势。二是要不断放大园区政策优势,为聚集科研、学术、人才优势创造亮点。三是依托新城内部及周边高校、科研院所、研发中心、企业技术中心、博士工作站等,以"政府搭台企业唱戏"的模式推动产学研合作,打造知识密集型的原创基地。

五、优化产业空间布局,提高土地产出效率,实现空间聚合

强化规划引领,构建新城高质量发展的规划体系,打造生产、生活、生态"三生融合"的空间综合体。实行"一本规划,一张蓝图,一库项目,一管到底"。用生态修复、城市修补的理念统筹区域各项规划,合理布局民生项目、发展项目、生态项目。优化新城经济空间布局,将有限的土地资源、空间资源用于发展战略新兴产业,提高新城经济高质量发展的韧性。树立整体、系统思维,打破园区生产与生活空间壁垒,树立产城融合发展、规划先行的发展思路。以产业发展为核心,有效突破产业集群培育的关键环节,带动产业链协同发展。合理布局娱乐休闲文化广场、图书馆、展览厅、网吧等文化休闲娱乐场馆,设立公交车接驳线路便利员工进出园区。四是根据新城用地布局,根据产业分布科学合理配齐公寓宿舍,高水平建设卫教养医各项基础设施,建强民生保障。

高质量招商引资,构筑产业内核,提高单位土地产出效益。提高招商的"量",招大引强,引进一批战略性、引领性的好项目、大项目,做大城市产业总体规模。强化招商引资的"质",开展精准招商工作,重点谋划引进产业发展潜力巨大、支撑引领地位明显、示范带动强劲的业内龙头骨干企业,以高质量招商构建园区现代高质量产业体系。建强招商队伍,大力拓宽招商渠道,积极探索中介招商、基金招商、委托招商等模式,提高招商铁军的"狼性"。重点要抓好重大项目建设工作,以项目的落地带动转型,以转型促进发展。

六、加强空间环境治理,打造空间聚合的城市形态

打造高端化城市空间形态。首先,城市空间是产业经济的核心载体,产业空间布局是制约产业发展的关键要素。以推动园区产业高质量发展为目标,推动空间的转型升级和再开发,以园区产业发展的现实需求,尊重各产业空间上的发展规律,不断调整、优化园区空间规划。其次,积极引导产业

入园集聚发展。根据国家和地区产业的发展方向,在园区内优先安排先进制造业、战略性新兴产业、高新技术产业项目及其配套设施进驻。

提高用地效益。首先,推动土地集约化利用,加速产业集群形成,提高单位土地产值;处理低效用地,通过依法转让、合作开发等方式盘活利用闲置工业用地,积极盘活老旧厂房、闲置载体等存量资源,提高闲置土地的利用;吸引社会力量投资建设众创空间。其次,加强园区土地利用监管,合理用地,打击非法用地,以高质量的用地政策、精细化的土地管理实现园区用地效益最大化。

提高园区基础配套水平。以一定的超前度建设园区基础配套,立足于地区发展定位,尤其是当前产业发展需求,持续完善园区路网建设,健全交通主骨架,畅通"毛细血管"。根据园区企业进驻时间,加速启动管网、电网、通信网络等配套设施建设,为园区打造一流"硬环境"。

七、推动科技园区营商环境建设,打造宜居宜业活力新城

加强基础设施建设,提高城市公共服务水平。以优化公共服务为核心,补齐产业园区基础设施建设短板,持续完善教育、文化、商业、医疗、交通等城市功能,充分运用智能化、大数据等现代科技,提升智慧城市建设水平。提高城市生产性服务业发展水平,以产业、空间、社会服务的融合带动城市生活品质的优化,提高新城聚集人气的能力和综合承载力,从而全面提高人们的幸福感,将城市打造成人民安居乐业、产城融合的"福地",以宜居宜业催化、激活城市活力。

优化营商环境,激发创新创业动力。在严格落实现有营商环境相关政策的基础上,根据各园区发展阶段不同、产业特色不同、区位优势不同等现实情况,摸索、优化各园区层面营商环境提升行动方案,以全力以赴解放生产力、提高竞争力为目标,出台更多接地气的政策,为园区发展打造办事方便、法治良好、竞争力强、生态宜居的营商环境,发挥园区优质营商环境对经济高质量发展的带动作用。

推动产业园区管理方式向多元共治方向发展。强化"小政府,大社会"理念,引入社会资本,在遵守国家发布的《基础设施和公用事业特许经营管理办法》的基础上,突出园区商业特色,探索政府和社会资本合作模式(PPP)建设教育、医疗、体育、商业、文化博览等设施,打造配套服务核心区,实现以企聚才、以才育企、以企兴城。

八、补齐社会短板,营造良好文化氛围,提高新城承载力

打造特色化园区文态,推动人业城协同共生。加强园区文化建设,提高园区城市化发展与文化发展的匹配度,克服园区文化空白现象。深挖文化深厚底蕴,系统总结园区新城发展的历史特点,打造城市文化品牌,使城市内外兼修,"软""硬"环境双提升。全面提高每一个城市阶层及个体的文化素质,提高就业人口对新城的认同感和获得感,以高品质的城市生活"栓心留人",最终达到"以城留人,以城助产"。

提高城市文化保护水平,为城市培育"肥沃"的土壤。牢记"水深则鱼悦,城强则贾兴"的道理,积极推进优化城市文化环境,打造产城融合的高水平人文空间。抢抓保护、传承优秀文化基因,保护好历史文化街区、文化古镇、历史古村落保护,推动历史文化街区改造提升,保护历史文脉,实现创新传承、活态传承,让子孙后代留住城市记忆,为城市发展留下历史的亮丽名片。定期组织大型文化、体育活动,为新城企业、居民和社会组织搭建互相交流的平台,提高园区文化氛围和"软实力"。

注入创新"基因",使"人"成为新城创新的源头活水。不断提高新城劳动力储备水平,加强高端创新人才培养与引进,筑牢产业发展的人才支撑。优化人才引育政策,提高人才公共服务便利化水平,营造便利的人才流动环境,满足企业因快速发展带来的不断从新城外部吸收高端人才的需求。大力弘扬敢闯敢试、敢为人先的精神,促进人力资本聚集。不断弘扬城市创新创业的典型事迹、案例,让创新成为新城永续发展的"基因"。

九、加强生态保护,推动科技园区经济与生态协同发展

加强生态保护,实现生态与经济共促共赢。改变过去单一的经济目标,

创造全新的科学的生态理念,将生产与环保、生态与消费有机结合起来。树立生态环保意识,坚决摒弃以牺牲环境为代价换取一时经济发展的盲从式发展模式,坚持生态环境保护和经济发展并举。探索政府主导、企业和社会各界参与、市场化运作、可持续的生态产品价值实现路径。

加强生态环保工作,打造生态宜居环境。根据示范区开发边界和各类生态保护红线,推动园区绿色低碳生产生活方式的形成。针对未来高层次、高水平、高技能的人才团队入驻新城的需求,打造开阔明朗、生态宜居的居住环境,为园区提供高品质、高质量的居住和生活条件。

第八章　园区升级：
科技园区发展的撬动杠杆

　　产业园区是产业发展的重要载体和主战场，园区产业转型升级不仅直接关系到产业的当下与未来，更关乎城市在全国乃至全球竞争榜中的位次。随着全国各地均鼓励企业退城进郊，园区作为企业集中承载地的角色得以强化。在经过"眉毛胡子一把抓"的粗放式发展阶段后，京津冀区域部分园区由于产业特色不鲜明，同质化竞争问题突出，园区陷入低水平竞争、经济增长乏力的怪圈；部分园区立足地方特色，不断改变园区经营理念，推动产业更新换代形成特色园区，成为区域经济的翘楚。在疫情对产业洗牌和对园区发展格局产生破坏的前提下，"十四五"时期，国内双循环格局将处于初构阶段，这既是园区发展的重要机遇期，也是挑战期。京津冀园区须高度重视园区特色与高质量发展问题，积极抢抓机遇，寻求园区借势而起、再次开篇破局的可行路径。

第一节　园区的特色打造与科技园区发展

一、特色园区前沿理论与辨析

特色园区理论研究最早要追溯到产业集群理论。波特最早从地理学的角度对产业群进行定位,认为大量相关产业和机构集中于一地,能够提高企业生产效率和持续创新能力并降低企业进入风险,进而形成竞争优势。马丁探讨了存在聚集经济条件序列区位竞争的结果,他认为赢得第一次区位竞争使得一个区域对企业产生更大吸引力。所以,第一个企业可能获得较高的财政激励,而第二个企业则可能获得较少补贴,但第二个企业可从产业聚集的外部经济中获益。马丁指出了第二个企业与第一个企业做出相同区域选择的可能性,因此,在该区域也就有可能形成一个产业群,在同一区位的企业数量将会随着外生的(自然的)相对成本优势与内生的(获得的)聚集优势的增加而增加。因此,所谓特色产业园区,是以区域特色产业为基础,为适应市场竞争和产业升级的新形势和城镇化进程合理集聚的要求,以企业为主导,适当集中布局,促进现代产业分工协作的专业化产业区,是产业群的一种重要形式,是经济发展到一定阶段的必然产物。

关于特色园区研究更多集中于国内学者。袁力指出特色产业园区的发展,抓好规划是前提,因地制宜是关键,产业发展是重点。徐伟等人提出,由于特色园区聚集的都是相关产业,园区采取统一规划、设计、建设、管理,对水、电、路、污水处理等进行统一建设,园区运作机制灵活,服务到位,基础设施共建共享为企业节约大量精力、物力,与其他工业园比,具有独特的优势。作为微观尺度的区域经济表现形式,特色园区能够促进区域特色产业相关的高素质经济主体实现优化组合,且在规模经济上更具优势。侯雪等人提出对于调整发展园区,要挖掘园区与地方的产业特色,寻找园区发展的突破点,推动园区专业化发展。特色园区往往专注于某一细分市场,园区规模不大,产业集群趋势明显,走特色化、专业化、集约化之路,是众多行业标杆企业的诞生地。因此,特色园区往往是区域经济发展的引擎,也是各地实现产业结构转型升级和高质量发展的重要支点。

二、打造特色园区的意义

特色园区具有高投资强度、高经济密度特征,且与周边产业关联度高。中国提出的双循环是以国内国际循环互动来促使国内经济发展,带动全球经济复苏,从而实现互利共赢、互联互通、双向互动。在当前国内外形势下,打造特色园区是各级政府值得思考与借鉴的园区经济发展模式。

(一)特色园区是提高投资强度和经济密度的最优方式,契合区域经济
    高质量发展的战略思路

当前,天津、河北大部分园区正经历着由生产要素聚集向产业主导转化的发展阶段,普遍面临着布局分散、创新能力低、产业链条发育不健全、产业链内部协同度不高、集群化不足、产业生态尚未形成、智慧化建设不足等问题。"唯规模、唯 GDP 论英雄"的固有思维正在被逐渐打破,特色园区作为在单位空间上的经济载体,以创新发展、集约发展、特色发展的模式,通过归集同类型的产业,能够实现产业资源的高度集中,有利于缩减运输成本,加速技术溢出,构建起高效协同的产业链条,有利于加速资源配置,进一步降低成本。特色园区概念契合了京津冀区域经济高质量发展的内在要求,符合京津冀区域以更低的能源、土地等资源消耗,支撑更高质量、更有效益的经济发展要求。

(二)有效应对园区产业体系孤岛化发展弊端,提高园区经济韧性

特色园区能够提高现代产业体系的弹力。当前全球产业链呈现水平分工结构,京津冀区域内各园区已成为国际产业资源的重要承载地。一旦遇到自然灾害、社会动荡、新冠疫情等全球性危机,园区产业就会面临冲击。由于外部风险极有可能对单一产业造成不利影响,特色园区往往以单一产业沿产业链上下游拓展,受外部影响较小,可以随时平衡潜在的风险。因

此,在疫情常态化发展趋势下,特色园区能够以系统集成思维建立产业链体系,克服园区产业体系孤岛式发展的弊端,增强园区产业体系,更有利于区域经济的稳健与高效发展。

特色园区能够提高对优质产业要素的吸收力。在市场规则的作用下,特色园区因形成优势产业规模集聚效应,对主导产业的关联产业优先发展次序进行安排,提高了资源配置效率,有序推动不同生产要素在梯队间的流动和利用,形成要素集中、产业集聚、技术集成、经营集约的产业集群。目前,"走一步,看一步"亦步亦趋式的园区发展模式已经难以适应国内外经济形势变化。谁能准确把握世界经济科技发展趋势,围绕当前重大科技创新以及居于全球价值链高附加值环节,超前规划和布局一批未来产业,谁就能获得高附加值的回报,未来产业是园区赢得先机的关键。因此,在规划中,特色园区将有力消除市场影响资源配置的不利方面,集中力量发展主导产业,兼顾发展潜力产业,优先布局未来产业,能够实现以主导产业引领当前,以未来产业引领未来,合理有序推动产业转型升级,引领经济高质量发展。

特色园区能够提高京津冀区域显示度及产业发展张力。特色园区有利于特色产业在短时间内做大规模,在政策引导下,往往通过强龙头、补链条、聚集群、提品质、创品牌,在短时间内做强首位度产业,辐射带动同一区域内园区相关产业快速成长,显著提高区域显示度。特色产业园区与区域经济社会发展往往相融互促、浑然一体,因此,在京津冀区域发展特色园区,能够有效提高各园区产业的张力,进而扩大京津冀区域显示度与外部影响力。

(三)产业链脱钩论倒逼京津冀园区重新思考自身定位,谋划自身发展
      的新路径

长期以来,全球生产要素以市场化方式自由流动,形成了全球水平分工的产业链布局和供应链结构,园区是全球产业链的重要节点。我国园区是引进外资、对外开放的产物,是外资企业全球布局的主要目的地,产业链脱钩所带来的全球产业链布局调整已对京津冀区域的园区在增加出口、吸引外资、引进高新技术等方面产生诸多不利影响,并且该影响有扩大之势,这

些外部环境变化将带动京津冀区域的园区发展方向、产业发展重点领域产生重大变化。京津冀区域的各园区必须立足区域特色,抢先谋求突围的新思路,减少外企撤资、国外订单减少带来的不良影响。

(四)新旧动能转换变动期园区发展须明确个性,激发区域经济发展新动能

近年来,随着园区数量的增多,京津冀区域内园区间出现功能重叠、资源错配、招商引资竞赛等现象,园区在走向同质化的过程中逐渐失去往日的光环。在新旧动能转换关键期,面对日益复杂多变的国内外形势和日益增大的产业转型升级压力,京津冀各园区必须紧抓机遇,由粗放式发展向产业集群化发展转变,实现自身蜕变。要通过反观自身,重构核心价值体系,准确把握园区个性、特色,实现经营方式集约化、精致化发展,打造特色化产业高地,进而发挥园区的高端产业引领功能,扩大有效投资,实现质量、效率、动力变革,重新发挥京津冀区域内各园区引领区域经济发展的作用。

三、张江科学城与苏州工业园的特色打造

国内的张江科学城、苏州工业园依托区位条件和产业基础,加强顶层设计,突出优势特色,彰显发展品位,成为值得借鉴的典范。

(一)张江科学城:立足两大首位度产业,打造园区良好产业生态,放大园区特色

1992 年,张江高科技园开园成为第一批国家级新区,面积仅 17 平方千米,立园使命在于发展高科技产业。从 2011 至 2012 年,张江高科技园区、康桥工业区、国际医学园区、周浦繁荣工业区陆续纳入张江核心园区范围,园区面积扩大到 79.7 平方千米。2014 年 12 月,中国(上海)自贸区扩区,张江高科技片区 37.2 平方千米被纳入其中;三年后,张江高科技园正式升级为张江科学城,总面积达 95 平方千米。

1. 蓝图引领,规划塑造产业头雁,形成园区产业基础特色

在 1992 年建园之初,张江就编制了《张江高科技园区结构规划》和《张

江高科技园区土地使用调整结构规划》,1995年,张江又重新编制了《张江高科技园区结构规划(调整)》,可见,随着产业发展与用地需求,张江高科技园不断调整土地使用结构,并同时进行首位度产业筛选,剔除低端产业进入,此举为保障日后张江产业高端化发展打下基础。1999年,张江启动了"聚焦张江"战略,张江选定集成电路、软件、生物医药作为要培育的头雁,提出了"北有中关村,南有张江园"的战略构想。此后,"医产业""E产业"两大产业进入发展的快车道,成为园区首位产业。2017年,张江科学城正式批复成立。园区致力于招引培育龙头项目,持续做优创新氛围,推动形成具有全球影响力的产业集群,引领产业发展,此举为张江科学城两大头雁产业发展创造了良好的环境基础。

2. 集中精力打造两大产业集群,放大园区两大产业的特色

得益于历史累积的产业资源优势,张江科学城明确了集中区的功能定位,园区不断根据生物医药及电子信息产业发展需求,优化、强化两大产业创新创业政策及产业配套环境,聚集了大量国内外知名企业,形成了两大特色产业集群。一是打造了全球知名的生物医药产业集群。目前,张江科学城生物医药生产、研发企业聚集,成为我国生物医药领域研发型科技中小企业、各类研发机构的天堂,也成为上海最重要的高端医疗器械制造基地之一,并逐步向医疗服务领域拓展。在全球排名前10的制药企业中,已经有7家在张江设立区域总部、研发中心。张江科学城逐步推动形成了新药研发、药物筛选、临床研究、中试放大、注册认证、量产上市的完备创新链,具有国内最优的医药产业创新环境,吸引全球同类产业、企业、产品向心聚集。二是打造世界级集成电路产业集群。自1992年以来,经过近20年的发展,张江成为上海集成电路产业的核心区,共有307家相关企业,聚集了一批国际知名集成电路企业。全球芯片设计10强中有6家在张江设立了区域总部、研发中心;全国芯片设计10强中有3家总部位于张江。张江形成了设计、制造、封测、设备的完整产业链,完成中国最完善、最齐全的集成电路产业链布局,是我国集成电路产业的领头羊,成为全球集成电路产业链中的重要节点。

3. 打造新型居住区,为园区特色化发展"定植"人力资源,塑造园区
   特色环境

1992 年完成的《张江高科技园区土地使用调整结构规划》将园区分为
科研区、工业区和居住区三大功能组团,位于中部的工业区约占园区总用地
的三分之二。园区将管理服务和大学科研区与居住区完全隔离,这一举措
因将园区生产功能与生产、生活配套功能割裂,生产与生活的矛盾日益突
出,制约园区发展的弊端逐步显现。因此,在 1999 年出台"聚焦张江"战略
后,张江逐步兴建了紫薇公寓、科技公寓、张江东区人才公寓等,并分批投入
使用,形成了不同物业档次的住宅聚集地。公寓功能定位、选址、户型及面
积等依据产业发展需要而定,例如,张江东区人才公寓位于张江医疗器械产
业园一号地块,方便了服务医疗器械企业管理人员、研发人员、加班人员及
访客的居住需求。由于张江摒弃了原有的过于强调追求 GDP、过于关注生
产的线性思维,将生活、医疗、教育、娱乐等配套设施与生产功能紧密结合,
从而使进入新城的人口产生了很强的根植性,园区可稳定地聚集大量高素
质人口,为园区的持续、高速、稳定发展奠定了人才基础。

(二)苏州工业园:思维领先,政策领跑,打造一流园区标杆

苏州工业园始建于 1994 年,园区覆盖近 300 平方千米,2020 年,全年共
实现地区生产总值 2900 亿元。全区超过 600 家外资企业,投资源于数十个
国家和地区,涵盖 16 个行业企业,主导产业包括电子、医疗、信息化、新能源
等,是我国一流园区的标杆。

1. 规划产业培育梯队,构筑特色产业体系

产业梯队培育有利于平衡多个产业对有限资源的争夺,形成良好的竞
争关系。产业梯队的培育往往将首位度产业、具有一定发展潜力但不具备
成为"头雁""领头羊"的产业、处于跟跑地位或者有培养价值的未来产业分
别纳入培养计划,并给予适度政策倾斜,引导形成层次有序的产业发展梯
队。基于园区资源禀赋区位优势,苏州工业园合理筛选产业细分领域,形成
了电子信息、机械制造两大首位度产业与生物医药、人工智能、纳米技术应
用齐头并进的发展格局。"2+3"特色产业体系设计使得园区产业体系与园

区的发展历史和未来趋势更相匹配。梯队培育式思维下,通过为不同产业提供不同的培育政策,将对不同产业发展的支持力度做出区分,为产业间广泛存在的资源和市场竞争做出一定的规定,更有利于优势资源向电子信息、机械制造两大首位产业集中进而形成规模优势,促进产业链、供应链、价值链"三链"更加匹配,从而使园区绩效领跑全国。

2.思维领先,坚持"政府+市场"发展模式,提高园区管理服务品牌特色

在园区发展的初级阶段,政府往往发挥关键作用,此时,决策者在投入—产出的线性思维下发展,关注点集中在园区硬环境建设上,园区管理往往出现较大条块分割问题。在园区发展到一定程度之后,一般要靠市场主导发挥作用,在此阶段,政府则主要停留在软环境的建设上。例如,苏州工业园在经过初期发展阶段后,根据企业发展需求,积极推动软环境建设,向国家递交了《苏州工业园区开展开放创新综合试验总体方案》,提出了打造中国开发区升级版、建设世界一流高科技产业园区、提升国际化开放合作水平的发展目标,并于2015年获得批复,苏州工业园成为全国首个开展开放创新综合试验区域。随后,苏州工业园积极推进政策创新,扩大对外开放层次,形成一批落实效果好、创新引领强的新政策、新措施,园区服务水平显著提升,在全国叫响了苏州工业园服务品牌。

3.政策领跑、项目引导,打造国内一流园区,塑造园区创新生态特色

苏州工业园适时打破常规的投入—产出思维模式,以抢抓资源为根本出发点,充分发挥园区区位、自然资源、政策等优势,以创新生态塑造为突破口,提高园区招引资的魅力。例如,2021年5月苏州工业园出台的《加快建设世界一流高科技园区的若干政策》,围绕提升科技创新策功能、强化企业创新主体地位、提高产业发展质量和效益、高水平推动开放协同创新、打造一流创新创业生态等方面提出30条政策举措,大幅优化了创新生态,进一步提升了园区对创新创业团队的吸引力。在确立"2+3"特色产业体系的基础上,对产业发展所需配套及环境进行改造,形成有利于资本、技术聚集的良好产业生态,进而在区域内打造出有利于产业可持续发展的最优环境,整个园区形成一个能够自动促进创新的生态系统,实现园区绩效持续提升。

4.蓝图引领,打造宜业宜居环境,塑造园区产城融合特色

苏州工业园以"先规划后建设、先地下后地上"为原则,坚持"一张蓝图绘到底",研究出台规划文件300余项,提升园区作为产业功能区的吸引力和承载力,并配套制定了一系列严格的规划管理制度,确保规划得到严格执行,切实提高了园区居住、医疗、教育、交通等社会服务配套功能,全面提升了人才居住环境,园区成为研发设计、创新转化、场景营造、人才集聚、社区服务等生产生活创新要素的主承载区。

四、天津打造特色园区的可行路径

在京津冀协同发展的大背景下,在园区规划及发展过程中,要正确认识园区特色是塑造园区产业格局的关键,将特色培育理念贯穿规划的始终,为园区长期、稳定、可持续发展高起点擘画蓝图,使园区优势更优、强项更强、特色更特。

(一)高起点规划谋个性,擘画特色园区发展蓝图

量身定制园区发展规划,提高园区显示度。一个园区的特色化发展绝不能盲目跟随,必须科学规划、量身定制。要将园区规划视作一项根本措施,在国内外战略格局变化和京津冀区域功能定位动态变化及发展中重新思考各园区自身定位,在与北京中关村的对比与互动,以及与跨区域更大范围的对比与互动中寻找园区个性,以生产、生活、生态协同发展为目标,从区位、政策、产业、环境、人的发展等角度出发,以园区功能优化为基底,规划"三生融合"的空间综合体。

加强政策优化和顶层设计,提高园区政策"区分度"。要系统梳理园区长期发展过程中形成的政策体系,通过规划设计系列政策措施集成工具包,形成引导企业扩大有效投资的政策"工具箱",涵盖多维度一揽子促进产业投资的密集政策。要对标国内先进园区,从土地、金融、服务等环节找准投资增长点,通过拔高现有政策、出台新政策等方式,拔高京津冀区域园区政策的高度。

优化津冀两地园区政策供给,为吸引更多北京优质科技创新资源来津

冀两地发展提供政策的精准供给,为解决两地产业集聚度不够高、领军企业不够多、品牌影响力不够强的难题进行铺垫。利用政策这一有力工具,围绕产业链、投资链、服务链、人才链,为聚集创新要素创造优质有效的制度供给,形成更有利于领先技术、创新产品、高端人才、产业资本、支撑平台和创业载体六大要素集聚的政策体系,吸引产业、资本、人才进入园区。利用京津冀各地高新区、保税区、自贸区等各类特殊功能区的政策优势,广泛吸收高校、创投、发明者、企业等各方意见,规划设计更具活力的科技创新协同体制机制,为区域拓展更加开放的制度协同优势。例如,联合三地出台推动京津冀园区体制机制协同创新制度,依法保障京津冀企业平等参与政府采购;再如,推动京津冀三地统筹联动,强化知识产权战略,为提高企业自主创新能力保驾护航。推动三地联合出台健全的知识产权案件移送、信息通报等制度,健全跨部门、跨区域行政执法协作机制。

(二)审时度势辨优势,规划产业发展梯队

画出地区产业地图,摸清家底。首先,要立足于京津冀区域大框架,为本区域科学把脉,向后追溯区域发展演变历程,厘清区域发展脉络,明确区位优势;其次,要将产业研究与招商服务相结合,对园区已有招引企业展开系统梳理,清理园区现有家底,通过分析招商难点,明确产业发展的长板与短板,从而画出园区产业图谱,为明确未来产业发展重点方向奠定基础。

以梯队理念探索产业规划。园区产业梯队规划的思路是要将产业发展与形成国内大循环为主体、国内国际双循环相互促进的新发展格局相挂钩,与满足未来庞大国内市场需求相联系,通过新产业梯队培育与市场需求的协同发力,以产业规划为抓手,打造"头雁""雁阵",形成雁阵规模效应,首先,要选定、培育首位产业,打造园区产业的"头雁"。一方面,要瞄准国际国内产业发展新趋势、新方向,系统梳理产业资源,绘制产业地图,高标准规划建设产业园,具化产业地图,以链条化、高端化为主攻方向,延展产业链条,打造覆盖上游原料、中游生产、下游应用的产业全链条。另一方面,要紧抓龙头企业和旗舰项目,抓好上下游产业配套项目建设,做强产业竞争力内核,在规划空间基底上打造特色高地,提升产业的集中度和显示度,力争在局部地区形成竞争力极点,发挥引擎效应。其次,多梯队培养科技型中小企业,引培并举,培育优秀"个雁"。一方面,规划中要抓"个雁"提升经济总量,以"个雁"培育壮大产业梯队规模,推动高新技术企业和科技型中小企业增数量、上规模,加速构建产业集群,发挥产业集聚效应;另一方面,规划中要体现以抓项目推动高质量发展,以产业高成长性为衡量标准,选取"三高三低"产业(高技术、高投入、高产出,低能耗、低材耗、低污染)项目为抓手,吸引相关产业集中布局、集聚发展,发挥带动全局作用,超前布局未来产业,培养种子选手。要放眼未来产业,制定培育未来产业的路线图、任务书和时间表,加强对具有重大产业变革前景的颠覆性技术及新产品、新业态的关注度,瞄准北京原始创新资源,规划布局交叉应用领域,为产业梯队发展培养种子选手。

(三)高处落子谋势,规划发展京津冀战略性新兴产业集群

围绕首位产业链条进行完整链条布局,形成产业集群。围绕首位产业加强配套跟进,实现全面展链、补链,在园区形成多点支撑、上下游联动、协同发展格局,使单打独斗的企业转变成以产业链关联为纽带的产业集群,提升园区经济抗风险能力。立足园区各自特色,推动产业相促相融、协同协作、集聚发展,推动分工合理、优势互补的产业链跨区域协同,形成"一心多极网络化"空间布局。

探索战略性新兴产业梯队培育机制,塑造园区战略新兴产业梯队分布格局。围绕国家重点支持的节能环保、新一代信息技术、生物、高端装备制造、新能源、新材料和新能源汽车等战略新兴产业,结合园区自身资源禀赋优势和科技企业成长规律,为区域科技型小微企业科技型中小企业高新技术企业的梯队培育机制设计改革方案,打造一批专精特新、"隐形冠军"及新地标企业,形成龙头企业引领、骨干企业重点支撑、分层次培育的发展格局。

谋划产业链延展,培育首位度产业。提升单条链在本区域所处位置,形成首位产业。立足区域发展特色以及产业发展现实,结合国家及区域产业发展战略,拔高现有产业高度,强化特色,确定中长期支撑园区发展的第一

优势产业,为园区发展树立产业地标。在产业选择上,要结合优化产业结构的任务,确立首位产业梯队培育发展思路,选准近期、中期、远期不同的首位产业。首先,要将拉长板作为特色园区发展的首要工作任务,结合京津冀各节点城市中长期发展规划,选择符合国家产业发展方向、适合区域资源禀赋、契合转型升级需要的产业领域作为园区首位产业;其次,要适度前瞻,紧跟国内外先进园区发展模式,放眼未来中长期产业发展趋势,通过向前推演,找到区域与未来的关键连接点,培养具有地区引领性、先进性的产业。在培育方式上,适度超前布局智能化基础设施,鼓励 VC、PE 等股权投资机构向新型智能制造领域倾斜,推动生产方式向柔性、智能、精细化转变,力争在打造单项冠军集聚方面实现新突破。

(四)以高质量发展为导向,实施高水平招商引资蓄足后劲

规划密集的招商扶持政策,推动优质产业资源向园区集聚。立足于园区规划、产业布局以及发展导向,紧抓招商这一关键,建立高效招商体系,确定高质量招商战略。引导科技、招商、财政、国税、地税、人力社保等部门针对每一单一产业特点展开研究,制定从创新端到应用端,涵盖落户、用地、增资、研发、经营、上市等全生命周期的招商扶持政策体系,引导园区产业服务由粗放型向集约型发展。

开展对京高质量招商行动,为落地企业提供全生命周期的服务。津冀两地定期开展"对京招商",针对现有未利用土地,严格按照产业发展规划,吸引更多北京优质企业到天津、河北园区投资或延伸业务,打造园区新增量。推动产业导入精准化,不遗余力引导和吸引符合园区产业发展梯队的企业向园区集中,使园区成为同类型产业发展的集中地。优化企业落地服务,牢固树立"招商、安商"的服务意识,对落户企业和项目提供"一条龙"服务。打造一支精明强干的专业化招商队伍,强化考核,将招商项目的辐射带动力、高科技含量作为考核重点,加强对龙头项目引入、资金到位情况、项目建设进度的考核,真正做到以"考"促"干"。

开展集群式靶向招商,增强项目的补链、壮链、延链功用。根据津冀现有主导产业以及未来规划的首位产业,围绕产业链的各个关键环节,打破区

域限制,瞄准世界500强、隐形冠军、知名央企、总部机构、龙头企业、旗舰项目、平台型企业,开展重点项目招商,吸引一批国内外知名企业和载体落户园区,构建"以我为主"的京津冀产业链、价值链、创新链,增强产业韧性。

(五)引培并举,夯实园区人才库

开展高水平引智工作,让人才能干事、愿干事、干成事。积极落实国家及区域人才政策,引进一批具备自主知识产权及核心技术的科技领军人才、高层次创新团队和专业技术人才。推动落实京津冀人才职称互认制度,优化、细化园区人才配套政策,推动三地在职称晋升、岗位聘用、人才引进、培养选拔、服务保障等领域实现平等互认。对产业急需的顶尖人才,要实行一人一策、特事特办,提供个性化、人性化服务。顺应当前"项目随着人才走"的发展新趋势,实行"引资+引智"并举的招商政策,招引国际顶尖人才和团队带动项目和资金落地。制定、落实人才引进绿卡政策,完善海外人才生活工作需要的居住证制度,让持卡人才平等享受到人事档案管理、户籍办理、子女入学、医疗保健、社会保险、住房保障等服务。

创新人才培养模式,匹配园区多元化人才需求。推动京津冀区域高校与三地园区内企业间对接协作,搭建跨区域校企合作平台,使教育链、人才链、产业链贯通融合,构建京津冀区域产教融合的良好生态。通过高层次创业培训、京津冀人才交流合作、开放式培养、人才培训班等模式,加大对国际高层次创业人才、产业领军人才、高技能工人和管理人才的培养。完善校企协同育人机制,推动建立和完善现代学徒制度,鼓励京津冀有一定特色产业基础的园区建立大师工作室,以校企合作开展混合教学、联合培养等模式,培养具有创新能力、符合产业要求的复合型、创新型人才。

(六)优化营商环境,全方位提升园区产业承载力

树立京津冀科技协同发展的统筹观念,加强科技创新生态体系设计,打造类中关村环境,推动京津冀产业园区融入京津冀科技创新生态圈。高度重视园区创新生态建设,将园区创新生态建设视为新动能发展的关键。对比中关村,更新、出台园区产业政策、创新政策,出台中关村生态环境规划,

推动区域融入京津冀创新生态圈。园区创新生态塑造必须符合园区实情、产业实情,要充分考虑到京津冀主导产业在全球价值链中所处位置,高度重视原始创新能力不足的问题,解决从"0 到 1"的难题。制定有利于基础研究发展的制度体系,让企业成为核心技术的掌握者,彻底改变企业核心技术"化缘"的问题,使企业获得竞争和发展的主动权。在国家大力推动信创产业发展的大战略环境下,抓住全球产业分工调整的大势,重点聚焦关键核心技术攻关,制定便利相关企业发展的政策条件。例如,京津冀范围内各园区制定信创产业专项政策,推动芯片互连、高安全以太网交换芯片等关键技术尽快取得突破性进展,推动京津冀信创产业获得发展先机。

全面优化孵化器载体建设,创新孵化器运营机制,进一步扩展孵化器和创业服务中心的职能。围绕园区主导产业推动生产性服务业发展,推动制造业上下游配套提升。推动基础性物业服务、入驻服务加快向管理培训、法律咨询、项目申报、产权交易等增值服务拓展,加速引进科技中介机构,提升中小企业创业公共服务质量。

加强低效用地改造,保障优势产业用地需求。实施"腾笼换鸟"计划,加速淘汰亩均产值低、能耗产出效益差、污染排放重的项目,并通过"多方参与规划、业主投资建设、园区管委会保底承租、企业运作管理"等方式,盘活闲置用地。将园区首位产业梯队培育思路纳入土地利用总体规划和年度用地计划总方案中,城乡建设用地增减挂钩用地指标重点支持首位产业发展。

从市场主体需求出发,全面优化营商环境。对标上海、苏州等园区做法,强化预审批、简程序、减环节,提供全流程、全方位服务,打造全要素产业生态圈。围绕企业发展需求不断改善楼宇环境,搭配建设甲级写字楼、酒店等商业服务设施,全面优化商服配套。

(七)推动人产城融合,提升园区高素质人口承载力

提高园区配套,打造有品质的园区生活环境。依据特色园区产业集聚效能、最佳规模、园区地形位置、人口规模,确定产业、居住和服务空间融合方式以及基础设施规模,依据产业人才特点为园区建设多样化的居住产品。

要坚决摒弃以牺牲环境为代价换取一时经济利益的模式，坚持生态环境保护和经济发展并举，加强园区生态环境保护，为园区创造良好的生产、生活环境。在天津、河北两地须加快园区与中心城区的公交、地铁等交通基础设施建设，打通由中心城区进入园区的"最后一公里"。

围绕人的吃、住、行、娱乐、购物、就医、子女入学等实际问题，优化公共服务。对于以战略性新兴产业为主、高端人才相对比较集中的特色园区，建设国际学校、国际性医疗机构、国际化购物场所，充分满足国际人才、高端人才的消费需求。充分运用人工智能、大数据、物联网等技术手段，提升园区的智慧化水平和宜居品质，为园区打造人本化、智慧化、便利化的生活环境。

第二节　智慧园区与科技园区发展

智慧园区是基于信息通信技术的园区发展模式。推动智慧园区建设,有利于提高企业服务水平,有利于提升社会治理效能,有利于畅通生产要素融通渠道,对智慧城市建设具有较强的示范引领作用。

一、智慧园区前沿理论与辨析

(一)智慧城市

我国城市规模的扩大和人口激增带来了诸多经济与社会问题,这不断要求现代城市政府提高治理水平。《国家新型城镇化规划(2014—2020)》对推动智慧城市建设提出了明确要求,全国各个城市也由此纷纷提出智慧城市发展计划。智慧城市(smart city 或 intelligent city)从城市物理空间与网络空间的交错、城市物质资源与信息资源交互作用的视角,对城市空间、资源进行开发与管理,是一种低碳、高效的城市发展方式。其基于信息技术的大系统整合的思想,为解决当下大城市普遍凸显的"城市病"带来更精细化的管理方式,能为城市管理、人民生活带来极大便利。

智慧城市概念源于 IBM 公司在 2008 年 11 月提出的"智慧地球"(smart planet)理念,经济危机后国内各地城市急于摆脱经济低迷,IBM 将"智慧地球"理念与城市管理相结合,并积极向各地政府推介。"智慧地球"理念为城市规划学者提供了灵感,进而提出了"智慧城市"概念。

国外一般智慧城市的组成系统细分为技术、公民和组织机构。安德里亚·卡拉格里乌(Andrea Caragliu)(2009)等认为智慧城市是通过各组成系统的参与式治理,对人力资本、社会资本、传统和现代化通信基础设施进行投资,达到促进经济可持续增长、提高居民生活质量、实现自然资源合理利用的管理。Graham 和 Marvin 研究发现信息化能够通过信息技术对城市的协作效应(信息空间扩展与城市空间延伸的协同)、替代效应(信息技术减少人际交流的时间、空间障碍)、衍生效应(促进城市经济发展)和增强效应(提高原有物质形态网络的功效)来对城市管理产生作用。通过对城市的空间结构、演化速度、方式与内容产生影响,进而推动城市经济发展方式、城市治理模式、居民生活方式、社会秩序基础的转变与革新。

史璐(2011)对智慧城市的服务内容进行了分析,认为智慧城市能充分利用物联网和互联网等信息通信技术,智能地感知、分析和集成城市所辖的环境、资源、基础设施、公共安全、城市服务、公益事业、公民、企业和其他社会组织的运行状况,以及它们对政府职能的需求,并作出相应的政府行为。智慧城市核心关键技术包括:物联网技术、大数据、云计算技术、互联网技术、移动互联技术等。智慧城市试图构建"智慧"的社会管理模式,利用传感器技术和通技术,将传感信息网与通信系统连接,建立起物联网(internet of things,IFO),实现人和物体之间的交流。中国工程院副院长、国家信息化专家咨询委员会副主任邬贺铨甚至指出,所谓智慧城市就是一个由物联网作为主要标志的网络城市。作为一种新型信息化的城市形态,智慧城市的信息系统致力于营造有利于创新涌现的生态,通过广泛的互联网、电信网、广电网、无线宽带网等网络组合为基础,通过物联网技术实现对创新资源的调配。辜胜阻指出智慧城市是城市信息化的高级形态,智慧城市是经济增长的倍增器和发展方式的转换器。目前,国内关于智慧城市的研究多集中于物质和技术等硬件层面,实践上则以地方政府提高经济建设水平为目标,忽略了要通过整合智慧城市、智慧增长及智慧能力三方面的内容来制定城市发展目标,难以避免唯技术导向的不良影响。

(二)智慧园区

智慧城市概念的诞生最早可以追溯到2008年,IBM公司最早提出了"智慧地球"概念,奥巴马执政后将其上升到国家战略。智慧城市基于全面透彻的感知、宽带泛在的互联以及智能融合的应用,营造有利于创新涌现的制度环境与开放创新生态,培育面向知识社会的用户创新、开放创新、大众创新、协同创新,通过以人为本的可持续创新实现从传统城市、数字城市向智慧城市演进。

智慧园区的建设内容就是基于信息通信技术(ICT),构建一个全方位、智能化的园区服务平台,对园区的透彻感知并对感知数据进行深入分析,实现智慧化的服务。智慧园区是基于信息通信技术,推动"政""企""人"三方互联互通,从而实现提高企业服务水平、提升社会治理效能、畅通生产要素融通渠道的发展方式。智慧园区的发展目标可概括为:通过网络泛在化、平台集约化、应用智慧化和运营社会化,实现提高政府办事效率、树立政府公众形象、促进园区产业升级、提升园区企业竞争力、提升园区居民幸福感知等五大目标。

二、智慧园区与智慧城市的关系

(一)智慧园区提高了政府治理和社会管理的水平

智慧园区是一种特殊的科技园区。自 1988 年北京新技术产业开发试验区诞生以来,国内科技园区的演变历程主要经历了三个阶段。在第一阶段,要素配置主要依靠政府调控,园区的运营有着浓厚的计划色彩。在第二阶段,除政府调控,还会通过政策导向,吸引社会资源参与要素配置,形成"政府主导,市场补充"的调配合力。在第三阶段,市场的力量得到加强,形成"政府引导,市场响应"的要素配置格局,创新活力持续释放,产业集聚度、成熟度、完善度进一步提升。为进一步提高企业服务水平、提高政府治理效能,更好地推动生产要素融通,智慧园区应运而生。

(二)智慧园区是智慧城市建设的重要支撑力量

当前,科技园区运动(Science Parks Movement)已经成为一种世界性现象,科技园区已经成为推动技术创新、加速知识转移、加快经济发展的重要方式,是全球知识经济中企业和研究机构创新、创业最佳栖息地,是研究开发活动与产业化的关键联结点,也是地区和城市经济发展和竞争力的重要来源。智慧园区吸引了大量从事信息通信技术研发及应用的企业,其产品和服务是智慧城市建设中的重要支撑。从以往经验看,北京经开区、宁波智慧园等智慧园区大力招引、汇集智慧城市建设所需的生产要素,汇聚了一批智慧城市建设的潜在供应商,为智慧城市建设创造了良好的基础条件。

（三）智慧园区的发展具有重要的示范作用

在推动智慧城市建设的过程中,智慧园区"先行先试",具有极强的示范引领作用。一方面,智慧园区作为一种限制在特定地理空间上的特定发展模式,肩负着推动产业发展、服务居民生活、保护生态环境的责任,是智慧城市系统的缩小版;另一方面,智慧园区所处地理空间有限,可作为相关智慧城市方案的试点工程,为统筹推动智慧城市建设积累经验。

三、智慧城市政府治理的本质

厘清智慧园区政府治理的目的、本质及手段,有助于明确政府在智慧园区建设中的角色与作用。

（一）智慧园区政府治理的目的是维持园区可持续发展

智慧园区政府治理的目的在于降低园区经营风险,推动园区可持续发展。智慧园区对虚拟网络系统的大量应用,使创新型园区的治理系统可以抽象为网络模型,其中个人以及各组织机构是关键"节点",而各种复杂的社会关系是"边",社会治理体系就是一个由大量"节点"与"边"组成的复杂网络系统。由于各种"节点"之间衍生出不同的关系,因而形成复杂交错的网络系统。

智慧园区是信息时代园区发展的新模式,以大系统整合的思想实现物理空间与网络空间的交互,使园区的管理职能更加智能,园区各种资源调配更加协调高效,园区经济发展更为高端,大众生活更加便利的一种现代园区发展模式。在管理方式上,智慧园区强调以协同管理和协同服务为理念,通过信息技术改善园区管理方式,实现园区各种资源的优化配置,促进园区经济、社会和谐发展、可持续发展、平安发展。因此,智慧园区治理的目的在于通过物质资源、技术资源与治理资源的有效结合,调整产业结构、改造提升传统产业、推动工业转型升级,实现园区化、工业化、信息化,继而实现人、机、物三元世界融合,推动园区可持续发展。

（二）智慧园区治理的本质是治理模式的创新

智慧城市的本质是人类城市活动的信息汇集成为一个城市在信息空间的映像，城市物理空间和信息世界的互动，为城市的变革创造新动力。从公共经济学角度看，政府治理是政府向社会提供公共物品的过程。在该过程中，政府要与众多利益相关者进行互动，并根据信息系统的共享机制进行互动，为利益相关者提供公共物品与服务。智慧园区政府治理是行政业务创新的过程，通过智慧社区建设，将各种信息技术与社区服务管理平台进行结合，从社区基层搜集信息，建立基层数据库，并对社区提供基础服务，将智慧园区与普通民众生活相衔接。通过推进政府管理信息化建设，以智慧的信息技术搭建政府网络服务系统，为普通民众民意表达提供渠道，实现无缝隙管理的目的。

从治理本质来看，体现出较强的管理便利化特征。智慧城市不仅是对物联网、互联网与云计算等现代技术的利用，技术进步只是智慧城市的必要非充分条件，也不是城市静态目标或者理想蓝图的宣言性描述，它是对城市愿景的综合性表述，是运用先进技术解决城市发展问题的动态过程，是使城市更加高效、安全、便捷、和谐、可持续的综合状态，即面对城市问题的智慧应对。

（三）智慧城市的主要治理手段是信息技术的高度运用

信息技术是智慧园区发展的决定性力量。物联网是建设智慧园区的手段和工具，承载智慧园区建设的基础设施。由于园区在知识、技术创新过程中具有一定的中心性，现代园区经历了前工业时期、工业社会时期、后工业社会时期的经济发展方式，最终脱离工业化社会后，长期累积的知识、技术渗透到园区经济与社会中，维持了园区的高速发展，信息化社会成为信息时代园区的主要发展要求，依托信息技术主导园区经济、社会的发展方向，智慧园区理念便借势而起。借助互联网+、物联网、云计算技术的发展，人才、技术、资金等要素向新兴产业聚集，推动了新一轮科技创新浪潮。

智慧园区的信息系统是提高经济调度水平、完善市场监督体系、提升社会治理效能的重要抓手,借助传感器技术、纳米技术、智能嵌入技术、RFID (Radio Frequency Identification,射频识别)等技术,实现园区内部各个组成单位智能化,将园区中的所有信息传感设备、装置与互联网链接,建成一个巨大网络,实现智能化识别、定位、跟踪、监控和管理,形成智慧园区的支撑系统。

四、智慧园区政府治理的功能定位

智慧园区政府治理的功能定位是在政府的宏观指引作用下,结合智慧园区政府治理的目的、本质及手段,以社会、市场需求为引导,整合园区宏观规划与园区发展需求所进行的综合性定位。

(一)宏观:智慧园区的战略规划者

智慧园区建设必须形成三大维度支撑:一是信息化网络、智能化功能的硬件设施;二是智慧化的园区治理体系与治理能力;三是有智慧产业主导的现代产业体系。首先,政府通过推进硬件设施建设,完善智慧园区系统架构。智慧园区的系统包含:战略系统、经济活动系统、社会活动系统、信息系统和空间系统。其中,信息系统属于人造物理系统,是园区活动的物理基础,主要为智慧园区经济活动系统和社会活动系统运行提供技术支持与保障。其次,在智慧园区发展初期,政府为智慧园区建设发挥最重要的引领作用,在利用新一代信息技术的基础上,为智慧园区发展建立体制和运行框架;通过建立有利于智慧园区发展的优惠政策,为园区建设提供便利;推进标准体系、信息安全体系建设,并为监督智慧园区建设水平提供科学的评估体制,以匡正智慧园区的发展方向。最终,随着智慧园区的成长,政府在具体建设实践中逐渐淡出,主要为智慧园区的发展提供宏观指导作用,此时将有更多的企业参与到智慧园区建设中,产业的成长与园区经济与社会生活的联系更为紧密,以产学研与社会经济与社会生活的紧密融合,带动企业的成长与社会的进步。

(二)中观:政府—市场—社会关系的协调者

从智慧园区的产生根源看,正是由于注重发展园区经济、忽略社会管理与公共服务所导致的社会矛盾,引发了提升服务型政府管理水平的现实要求,并产生了旨在解决园区经济、社会民生问题的智慧园区这一新型园区。因此,智慧园区产生根源在于协调多层次、跨领域的社会、经济关系。

同时,在园区治理的机理、组织的控制上,智慧园区管理者突破了传统线性思维,以大系统整合的思想协调园区管理系统的平衡。智慧园区管理部门首先通过处理好政府与市场之间的关系,以市场需求来推动园区发展方向。此外,智慧园区管理部门通过处理好政府与社会之间的关系,尤其是政府与民生之间的关系,为市民提供园区公共产品,便利市民享用社会福利、社会保障,提升园区智慧管理实践水平升级。智慧园区不仅是利用机器的理性智能,还通过将其与人类情感进行结合,用以提升人性化的智慧服务水平。从系统论的角度看,政府通过促进园区经济系统与社会活动系统二者之间的平衡,使二者之间形成相互促进的良性关系。

智慧园区政府治理的公共服务平台的本质是跨部门协调平台,通过搭建多个公共管理部门参与、社会多元主体参与的社会基层民主模式为特点的公共服务平台,为社会提供惠及大众的公共服务,彰显了新的园区经营理念。服务平台的统一性背后是各服务部门工作的交叉,这体现了不同社会模块之间的交互性,以交互的方式共同参与园区的治理,这不但有利于决策科学化、民主化、法治化,也有利于提高社会治理的效率与效果。

(三)微观:智慧园区建设的重要参与者

从微观的角度看,政府是智慧园区建设的重要参与主体,政府主要参与搭建基础信息网络,通过与相应的组织、公司签订战略合作协议,为智慧园区的建设奠定资金和专业运营基础。智慧园区所依赖的最主要技术是物联网技术。通过物联网技术,将产业经济、社会服务、人民生活与自然环境相连接实现物联网、互联网、云计算三网融合,为园区经济带来新的经济增长点。最终通过智慧技术、智慧产业、智慧服务、智慧管理实现民众的智慧生活。

同时,从系统论的角度看,智慧园区可被看作一个整体系统,政府是该系统中的重要参与主体,通过主动采取措施,逐步去除行政壁垒,促进园区系统内资源的整合以及信息资源的流动,推动技术创新、物联网建设,加快智慧园区网络化、智能化速度。

因此,在宏观层面,智慧园区要提出可持续发展的战略规划;在中观层面,要积极发挥组织协调作用,有效指导地方政府持续推进;在微观层面,要贯彻落实以人民为中心的发展思想,坚持一切要素围着人转、一切数据跟着人跑,持续提高智慧城市系统各模块的可用性、易用性、实用性。

五、加速天津智慧园区发展的对策

(一)加快园区规划调整,优化园区布局

对标对表全球范围内先进地区建设发展智慧园区的经验,结合天津发展实际,围绕基础设施建设、智能化配套、科技产业发展、生产性服务业、人才支撑等方面强化顶层设计,把一切工作放到建设社会主义现代化大都市的高度去考量去推动。要改变"建设跟着企业走,规划跟着建设走"的旧思维,坚持"一张蓝图绘到底",统筹完善细化各项行动规划,避免产生"数据孤岛",做到一切工作有章可循。要积极探索项目建设模式,合理运用PPP、BOT 等方式筹措资金,撬动社会资本参与智慧园区建设。

(二)加强政策指引,优化智慧园区产业生态环境

智慧园区集约化发展的属性,决定了其地理空间不能快速扩张。这就导致世界各地智慧园区的发展都面临两个关键问题,一是如何在有限的地理空间中引入更多生产要素,二是如何进一步优化要素配置以创造更多成果。自然条件、配套基建水平、技术利益驱动、产业集群效应和政策等因素对园区技术集聚地形成影响较显著。要持续优化营商环境,加强创新创业团队扶持,强化项目梯度培育,奋力打造既有"参天大树"又有"绿草成茵"的发展格局。要加大政策扶持力度,健全完善适应天津产业特色的智慧园区产业政策体系。比如,可以借鉴上海、苏州等先进地区经验,围绕创新能力培育、技术发明补贴等方面研究出台相关政策,形成全方位、多角度、立体化的政策体系,持续提高发展动能。

（三）加强产业聚集，发挥智慧园区聚集作用

科学合理的产业顶层设计是推动智慧园区产业向高端化、现代化、绿色化转型升级的重要保证。要结合天津"十四五"发展规划，把顶层设计放到建设社会主义现代化大都市的高度去考量去统筹，结合天津周边产业布局，形成差异化竞争。科学合理的产业顶层设计是推动创新要素融通发展的必要前提；要强化全市重点功能区之间的对接与合作，坚持市场导向，提高要素市场化水平，推动创新要素跨区域融通；要持续提高基础设施智能化水平，提高社会治理效能。

（四）加速园区智能化、信息化改造，提高园区品牌效应

智能化基础设施的普及，一方面会创造一大批数字化应用场景，为相关行业企业拓展市场空间。另一方面，智能化基础设施为工业生产数字化、网络化、智能化提供了可复制方案，从而带动传统产业转型升级，实现园区发展能级的提升。同时，随着园区产业迈向高端化、现代化，也会提升园区的品牌影响力，进一步优化投资环境，形成产业升级与环境优化的良性互动。

从实践上看，一是要加速企业办公信息化转型，健全完善桌面云、云虚拟呼叫中心等服务体系，推动企业经营上云；二是要守牢安全底线，围绕安全生产、社会稳定、应急救援等领域，提高数字化、信息化水平，为经济发展提供安稳的社会环境。

（五）完善人才管理体系，加速园区人才聚集

人才是驱动发展的核心要素。要积极拓宽人才引进渠道，围绕落户、子女入学、配偶就业、医疗保险等方面，打造安心、舒心、暖心的服务体系，切实让人才扎根发展。可以借鉴上海、广州等地区的经验，在项目融资、办公场所租赁等方面给予政策倾斜，提高园区对高端人才的吸引力。

（六）加强智慧小区建设，完善智慧园区生活配套

根据园区发展定位，结合企业、群众的切实需求，补齐民生短板。例如，学习先进园区经验，在园区积极推动教育改革，为入驻园区的不同年龄群体提供完善的基础教育服务、学历和技能服务。

此外,一是要进一步完善智慧医疗服务体系,依托信息化平台,联通医院的电子病历系统和居民电子健康档案系统,实现医院、基层医疗卫生机构的数据互联互通,提高诊疗精准度和便利性。二是要进一步完善智慧交通体系,基于互联网+大数据技术,根据实时路况信息,优化信号灯配时,提高车辆通行效率。

第九章　专题研究:天津滨海高新技术产业开发区创新发展经验分析

第一节　天津滨海高新区创新发展现状

一、园区发展现状

科技部的火炬计划是高新区成立的前提与根本,全国各地高新区定位的首要任务是发展高技术产业。天津滨海高新技术产业开发区(以下简称"天津滨海高新区")于 1988 年批复筹建,标志着天津滨海高新区正式成立,1991 年滨海高新区被国务院批准为首批国家级高新区,2014 年,获批成为国家自主创新示范区。天津滨海高新区规划面积为 135 平方公里,由华苑科技园、海洋科技园、渤龙湖科技园和京津合作示范区四个片区组成。成立之初,天津滨海高新区很大部分的初始创业者来自于高校院所,高校院所拥有众多的智力资源与成果,但科研成果市场化水平不高,难以快速有效地释放科研成果的商业价值。随着天津滨海高新区的成立,大量教师以及院所科研人员下海创业,天津滨海高新区成为高科技成果转化的"优良土壤",高校院所智力资源的释放也成为天津滨海高新区的内生发展动力之一。经过三十多年的发展,园区集聚了浙大滨海研究院等科研院所及众多的创新型企业、龙头企业,实施了诸多先试先行的改革举措、政策,涌现出诸多新业态、新模式,诸多创业者慕名而来在这里成就梦想,孵化器与知识产权等科技服务机构星罗棋布,天津滨海高新区已然成为新业态新模式涌现的"土壤"、政策机制改革创新先行区、经济增长引领示范区、高科技产业发展的引领示范区。天津滨海高新区获得了诸多殊荣,包括国家创新型科技园区、国家双创示范基地、国家新型工业化产业示范基地、国家海洋高新技术产业化示范基地等,从天津滨海高新区的产业体系来看,已经形成天津滨海高新区特色化"113X"产业体系,第一个"1"为信创产业,第二个"1"为新经济服务业,"3"为高端装备、新能源、生物医药产业,"X"为代表着未来产业及具有发展前景的若干个新赛道。其中,天津滨海高新区打造的"中国信创谷"聚集了麒麟、中科曙光等明星企业以及中电科十八所、中科先进院等科研院所,形成了从芯片到解决方案的全产业链,网络信息安全入选"国家队",信创产业成为天津滨海高新区当之无愧的首位度产业。

从微观层面来看,天津滨海高新区的企业集聚成效十分显著,国家科技型中小企业、雏鹰企业、瞪羚企业、领军企业、国家级企业研发机构的数量均显著增长,也彰显着企业质量的大幅提升,企业特质与企业结构更加贴合"高"和"新"。以 2021 年底为时间节点,共有 671 家雏鹰企业入库,国家科技型中小企业更是达到了 1405 家,这些企业和研发机构,为天津滨海高新区科技创新事业不断发展积蓄了不竭动力。

二、天津滨海高新区经济发展现状

2022 年,天津滨海高新区增长 7%左右,规上工业总产值增长 8.5%;规上营利性服务活动营业收入增长 27.2%;限上商品销售额增长 30.2%;固定资产投资增长 9.8%;实际利用内资增长 33.6%;实际利用外资增长 19.2%;外贸进出口增长 12.3%,在稳经济大盘中发挥重要作用;工业战略性新兴产业增加值、高技术制造业增加值分别占规上工业的 63.2%和 51%;高技术服务业及现代新兴服务业增加值占服务业的 95%,持续走在新区前列。

2022 年,天津滨海高新区主要创新指标继续领跑全市,园区拥有 2200 家国家高新技术企业,1076 家雏鹰企业,71 家瞪羚企业,57 家科技领军(培育)企业,14 家科技型上市企业(累计)。获批的博士后工作站有先进计算与关键软件(信创)海河实验室、细胞生态海河实验室等,落户在天津滨海高新区的海河实验室—脑机交互和人机共融海河实验室为全市 6 家"海河实验室"之一。在创新积分制的基础上,60 余家企业获银行授信 2.6 亿元。

获批商业秘密保护创新试点、国家级知识产权强国建设试点园区且为全国首批。成功实现天津滨海高新区扩容，目前面积达到249.4平方公里。

2022年，天津滨海高新区招商落地项目达到1132个，五条产业链全年营收达到1958.7亿元，力神新能源产业基地、中环DW三期、津村制药中药产业等重大项目持续推动落地。同时成立全国首个"政产学研金"模式飞地孵化器，"中国信创谷"加快建设。特色"细胞谷"全面推进，出台了生物医药产业和细胞及基因治疗"双九条"政策。天津滨海高新区加快推进落实京津冀协同发展战略，积极承接北京项目，全年承接北京非首都功能落地重大项目12个。

三、园区特色

（一）园区区位及组织结构

天津滨海高新区共有华苑科技园、渤龙湖科技园、海洋科技园、京津合作示范区四个片区，各片区发展各具特色。

华苑科技园地处天津中心城区，紧邻高铁天津南站，距天津站8公里，距天津滨海国际机场30公里，距天津港50公里，距北京约100公里，京沪、津保、津塘高速公路贯通，城市地铁3号线穿行其间。规划面积共11.58平方公里，其中华苑科技园（环内）2平方公里，东至陈塘庄铁路（简阳路），南至迎水道，西至外环西路，北至复康路；华苑科技园（环外）9.58平方公里，东至津沧快速路、海泰南北大街，南至海泰南道，西至海泰西路，北至海泰北道、津静公路。华苑科技园重点发展新经济服务业，打造新经济活力区。目前吸引了丰田、西门子等24家世界500强企业入驻，代表企业有360、今日头条、云账户、南大通用、中科曙光、天地伟业、力神电池等。华苑科技园生活条件便捷，创新资源丰富，智力资源密集，周边有南开大学、天津大学等13所高等院校和各类科研院所近百个。

渤龙湖科技园地处天津市中心城区与滨海新区核心区城市发展主轴线的中间位置，规划面积30.5平方公里，东至唐津高速公路，南至港城大道，西南至杨北公路，西至东金路，北至京津高速公路、津汉快速联络线，距天津滨海国际机场 19 公里,距滨海西站 13 公里,距天津港 26 公里。天津轨道交通 Z2 线正在建设,预计 2025 年试运营,在渤龙湖科技园设有渤龙湖站和高新一路站。渤龙湖科技园重点发展航空航天、生物医药、新能源新材料、智能装备制造等产业,重点建设"京津冀特色细胞谷",是先进制造业的集中承载地。代表企业有航天五院、航天十一院、天津药研院、细胞生态海河实验室、盛实百草、天九再生、九州通、浙大滨海研究院、明阳风电等。

海洋科技园地处滨海新区核心区,规划面积 58 平方公里,东至京山铁路、新河干渠,南至津滨高速、京津塘高速公路,西至唐津高速,北至港城大道、北环铁路、京津塘二线。滨海西站坐落于区内,距天津港 18 公里,距天津滨海国际机场 34 公里。海洋科技园是"中国信创谷"产业承载地,代表企业有飞腾、麒麟、紫光云、长城、中环 DW 等。

京津合作示范区位于天津市东北部,规划面积约 38 平方公里,是北京市在天津市的"飞地",是北京非首都功能疏解的重要承载地,是京津两市全方位合作的重要平台,是京津冀协同发展规划纲要确定的重点任务。由天津滨海高新区管委会对示范区实施统一行政管理,并提供政府服务和政策支持,由北京市国资委所属首创集团负责示范区的开发建设、产业招商及城市综合运营管理。京津合作示范区是落实京津冀协同发展和京津双城联动发展的重要举措,是打造京津两市务实合作新亮点的重要平台,是北京非首都功能疏解的重要承载地,是京津冀协同发展规划纲要确定的重点任务。京津两市坚持"一块地,一张图,同规同划"的合作宗旨,创新合作思路和体制机制,合力打造产业高端、环境友好的京津战略合作示范区。

(二)主营业务

天津滨海高新区肩负着高新技术突破与高技术产业发展的重任,是新模式、新场景的试验田,也是新技术的落子地,同时也是政策改革与内部改革的先行区,担负着创新发展的重大任务,是产业发展的桥头堡。近年来,为促进高技术产业发展,天津滨海高新区更是创新性地开展了"中国信创谷"、京津冀特色"细胞谷"建设,持续做大做强信创这一首位度产业和生物医药这一支柱产业。目前,"高"与"新"已经彻底镶嵌在高新区的产业内核中。

第二节　天津滨海高新区发展阶段分析

一、天津滨海高新区发展阶段分析

长期以来,天津滨海高新区抓住新动能创新发展,目前,已经处于创新创业的转换期。天津滨海高新区不断加强创新创业平台建设,"双创"工作真抓实干,持续做大创新主体底盘,深入实施创新驱动发展战略,出台推进"科企六条""孵化九条""信创九条"等"双创"政策,并积极开展企业创新积分制试点,形成高成长企业发现机制,撬动各界资源精准支持企业。这些举措对强化科技创新,壮大企业创新队伍起到支撑引领作用。

二、天津滨海高新区产业发展阶段分析

高新区聚焦主导产业建设专业化载体和双创平台,开放科研院所资源支撑创新创业,辅以"孵化九条"等政策支持。推进天地伟业、中科曙光、中环股份等龙头企业、科研机构围绕信创产业建设专业化孵化器,成立"大孵化器"联盟汇聚海内外创新创业资源,建设天津市"芯火"双创平台(基地)开展信创领域专业双创服务,打造初创企业服务平台,促进孵化服务能力提升,构建了包括创业苗圃到加速器的完整产业链条。

截至 2021 年底,高新区国家科技型中小企业和国家高新技术企业较上一年度均净增 300 家,雏鹰企业、瞪羚企业、科技领军(培育)企业数量均位居全市第一,市级及以上科技企业孵化器达 19 家,市级及以上众创空间 25 家,成为推动区域创新能力跃升的强大动能,全力打造引领全市的创新创业集聚区。目前,高新区重大项目持续聚集,围绕重点产业已经基本构建起完整的孵化链条,园区产业体系处于形成期,整个园区处于成长期阶段。

第三节　天津滨海高新区创新建设的经验

一、科技创新

天津滨海高新区率先推出"创新创业通票"政策,为企业链接多方资源。天津创通票是创通票模式的首个试点平台,创通票模式利用大数据、数字证书、电子印章、地理信息、云计算等政府大数据与先进技术,实现财政补贴发放全流程免审批、可通关信息的交互与流通,极大地便利了企业,同时也有助于政府普惠政策的高效精准落地。现阶段,创通票已推出"创通票V2.0系统"。截至2021年底,累计发放票券已有16180张,累计兑付资金约2.28亿元,科技型企业惠及服务数量近5000家。创通票实行全流程闭环设计,分为五个环节:政府发行虚拟票券;需求方为企业,按需即时申领创通票;需求方凭票向第三方购买服务,不需要支付任何成本;第三方以垫付方式向需求方提供服务;服务完成,产生效果,政府兑现。创通票发挥了平台的作用,尽可能地为企业链接多方资源,极大地便利了企业,企业不必花费大量的精力去寻求服务,只在创通票平台上就可找到并对接上各类第三方服务,为企业提供了极大的便利。

建设"双创示范基地",高水平开展双创相关工作。根据《关于对2021年落实有关重大政策措施真抓实干成效明显地方予以督查激励的通报》,天津滨海高新区"双创"工作成效明显,获得国务院督查激励表彰,主要表现在推动"双创"政策落地、促进创业带动就业和打造"双创"升级版等方面。天津滨海高新区"双创"工作在强化科技创新支撑引领作用、构筑良好创新创业生态、推进双创政策扎实落地、扩宽创业就业渠道等方面成效突出,持续发挥示范基地对带动就业、引进新动能、促进相关举措机制改革的强大助推作用,精益创业带动就业的创新创业特色模式已逐步形成。

敢为人先开展法定机构改革,以法定机构改革为"金钥匙"使园区焕发新活力,集聚新动能。2019年,天津滨海高新区完成法定机构改革,此次的法定机构改革对高新区具有十分重大的意义,此次改革不仅代表着高新区开启新的征程,也使高新区的机构能级和效率得到了极大提升。之后,进行了高新技术企业、前沿科技企业等新动能的引育工作。在此次的法定机构改革中,市场化是核心词汇和理念,由于打破了"铁饭碗",充分调动起人员的积极性,体现了"能者多劳"理念,工作能力强、干劲十足的人员得到了肯定以及激励,工作不到位的同志不仅得不到激励,还会相应地撤离岗位。此外,法定机构改革优化了年龄结构,队伍更加年轻化、更有活力和劲头。

积极开展企业创新积分制探索,并推进相关落地应用,发掘高成长企业并集聚资源向高成长企业倾斜。天津滨海高新区因地制宜地将20项来自国家科学技术部火炬中心的核心指标与高新区的现有指标结合,形成适合天津滨海高新区特有的"20+N"指标评价体系,依托此指标评价体系,征集整合评价体系所需的相关企业数据,对企业进行打分,使得分高的优质企业和潜力企业能够通过企业积分制的筛选脱颖而出,天津滨海高新区集聚区域的金融、上下游以及相关的资金奖励等资源向高分企业倾斜。不仅如此,在实际工作中高新区在创新积分制基础上结合具体的问题、工作落地情况,积极开展创新,如在创新积分制的基础上应用"科创积分贷"。"科创积分贷"是天津滨海高新区与工商银行、兴业银行等共同推出的产品,解决了部分企业没有抵押物而无法获得融资的难题,对于企业而言,积分就相当于是真金白银,积分越高的企业越容易获得贷款,企业积分有利于发挥企业征信的作用。从"科创积分贷"产品实行之后,凭借积分获得贷款的企业已经超过50多家,缓解了企业的融资难题,在企业无抵押物的艰难困境下为企业开辟了一条新的机会通道。不仅如此,"科创积分贷"仅仅是创新积分制在企业融资贷款方面的应用,天津滨海高新区还在探索更多的创新积分制的应用,这些应用将以解决企业关键问题为核心构筑应用场景,真正地将资源倾斜到科创能力强的企业。

二、产业发展

天津滨海高新区产业体系凸显出"高新"特质,创新发展高科技始终是产业体系建设的核心,经过多年的发展,天津滨海高新区已基本构建起"113X"特色科技创新产业体系。其中,信创产业为首位度产业,是天津滨海高新区的品牌产业与优势产业,肩负着产业发展标杆与国产替代的重任;新经济服务业为重要的支撑产业,涉及文旅、总部经济、商务服务等众多业态,是区域生态与发展活力的重要支撑;生物医药、高端装备制造、新能源是重要的支柱产业,扛起经济发展的重任;同时,还发展出"X"个新赛道,新赛道面向未来产业以及前沿科技,为前瞻布局产业。

（一）信创产业:首重自主创新能力,打造区域产业品牌

信创产业为天津滨海高新区的首位度产业,作为区域的品牌产业和标杆产业,天津滨海高新区不遗余力地加大产业的原始创新技术和自主创新工作投入力度,在"卡脖子""补短板""填空白"上全力支持企业攻克研发,努力改变国内信创产业核心技术"受制于人"的现状。2021年,天津滨海高新区2021年的信创营业收入超过了563.6亿,是园区内的原始创新标杆产业,从产业体系来看,涵盖从芯片到整体解决方案的全产业链,操作系统、信息安全服务、应用软件、整机终端等环节均包含在内,产业链各环节集聚发展,产业链上下游配套较为完善,产业链供应链有较强的韧性。其中,拥有1000多家信创产业上下游企业,其中,天津滨海高新区有2家国产芯片厂商,是全国为数不多的国产芯片厂商。不仅如此,"中国信创谷"现已进入飞速发展期,天津滨海高新区的信创产业影响力已从区域扩大到了全国,有力推动了信创产业的国产替代。

加快项目建设周期,全力打造中国"信创谷",打响区域产业品牌。天津滨海高新区处于信创产业发展机遇期,为抓住信创产业发展机遇,天津滨海高新区以推动项目落地的形式加快中国信创谷建设,以"信创谷"建设落实天津滨海高新区品牌建设,以推动重点项目建设加快推动"信创谷"落地,如重点推动腾信与立联信的项目、中环DW二期的项目。同时,"中国信创谷"的建设也是助力打造信创产业国内协同,集聚更多优质信创资源到天津滨海高新区的重要举措。随着"中国信创谷"的发展进入快车道,信创产业得以"强链延链","信创谷"有力地承担起区域产业品牌重担与信创产

业国产化的重任。信创服务、软件系统等是信创谷发展的主要环节,这些产业的快速发展,将集聚更多的优质项目及企业,更大程度上提升信创产业的发展能级。

申报国家级战略性新兴产业集群,网络信息安全产业进入了"国家队",进一步扩大了产业的知名度与认可度。在《关于加快推进战略性新兴产业产业集群建设有关工作的通知》文件中,已经公布了国家级战略新兴产业集群名单(第一批)。天津滨海高新区的网络信息安全产业入围成为名单中66个集群之一。网络信息安全产业包括从材料到服务的完整产业链,天津滨海高新区网络信息安全领域发展迅速,已经成为国内网络信息安全产业发展高地,是社会、国家信息安全的主要贡献区域之一。成功申报国家级战略性新兴产业集群,更进一步地扩大了天津滨海高新区信创产业的影响力,提升了产业品牌知名度。此外,为了进一步促进产业的发展,天津滨海高新区专门出台了信创相关政策促进产业的快速聚集。

为产业集聚众多的优质企业,打造产业发展的优质主力军。天津滨海高新区加快引聚信创产业的优质企业,以企业为核心打造品牌产业,如引聚了紫光云、飞腾、南大通用、海光信息等优质企业,并在产业链各个环节发挥重要作用。各企业在所在领域取得了亮眼的成绩,区内的麒麟及飞腾的产品获得国家科技进步一等奖,紫光云在云产品上进行进一步的延伸,区内企业中科曙光牵头组建"国家先进计算产业创新中心"。

(二)高端装备产业:引进核心环节,增强支柱产业竞争力

滨海高新区高端装备制造业领域主要包括轨道交通装备、工程装备、机器人等多方面,且实力突出。高端装备业通过引进附加值高或者处于产业链核心环节的企业和项目,提升产业发展的能级,进一步增强了产业的发展能级。如十一院无人机等无人机龙头企业,引领无人机产业发展;生产变频器以及电机的龙头企业西门子持续发布相关前沿产品,引领变频器相关制造的发展;引进的齐物科技项目为锂电池智能制造项目,电气控制技术等相关的软件产品、电池生产线先进,引领智能制造在锂电池领域的发展;引进的光大光合的汽车零部件项目,引领天津滨海高新区内汽车内饰产业的发

展。近几年,天津滨海高新区通过不断引进高端装备制造产业关键领域、环节以及高附加值部分的优质企业以及优质项目,提高高端装备制造产业的能级与创新能力,不断提高高端装备制造这一支柱产业的核心竞争力,为区域经济发展真正起到了引领作用。

(三)生物医药产业:原始创新为引领,以"迅"字为诀快速发展产业,创新成果不断涌现,成为天津市生物医药创新最活跃的区域之一

天津滨海高新区的生物医药产业是其三大主导产业之一(另外两个是高端装备制造以及新能源产业)天津滨海高新区生物医药产业园在全国同类园区的综合竞争力排名中位居第八。近年来,天津滨海高新区生物医药产业发展迅速,其中,细胞和基因治疗等产业新引擎快速崛起,成为产业发展的新动能。同时,加快"细胞谷"建设,"细胞谷"主要以细胞产业为主,创新药物、医疗服务及相关细胞产品为"细胞谷"的主要产业。

以"迅"字为诀发展"细胞谷",促进生物医药产业做强做大。随着高新区渤龙湖科技园内细胞生态海河实验室揭牌,天津滨海高新区以"迅"字为诀发展"细胞谷"。40余家企业在天津滨海高新区"细胞谷"聚集,形成了集群化发展的优势,基本形成了从细胞提取制备到冷链物流的全产业链,"细胞谷"迅速成长,知名度也随之打开。

注重培育引进优质企业,依托优质企业研发新技术、新产品。天津滨海高新区优质企业集聚,如中源协和、天津药物研究院等龙头引培作用明显,对生物医药产业的发展起到了很好的支撑作用。同时天津滨海高新区注重加大对合源生物、迈达医学等天津滨海高新区本土创新型企业的培育力度,促进天津滨海高新区本土生物医药企业发展壮大。其中,在创新药领域发展尤为显著,企业的创新成果发展突出,在创新药领域引育了龙头企业合源生物、尚德药缘等优质企业,企业涌现出众多的优秀技术创新成果,如泰宁纳德、抗癌药ACT001等产品和技术成果。

侧重产业原始创新,创新成果"百花齐放",部分成果甚至打破了国外垄断。天津滨海高新区侧重生物医药企业的原始创新,在高新区管委会的不断引导和相关政策的支持下,原始创新技术不断被突破,新产品不断涌

现,有些成果打破了国外技术、产品的垄断,为我国生物医药的国产化贡献了力量,也是天津滨海高新区生物医药产业注重原始创新的体现。如合源生物 CNCT19 免疫细胞产品获批"突破性疗法";天津药研院等公司临床上许可(5 项)以及国家一类新药(3 个)获得审批;威曼生物等企业取得三类医疗器械注册证;与此同时,天津滨海高新区生物医药产业强大的原始创新能力打破了部分产品与技术的国外垄断,如旷博生物在高端流式诊断试剂方面实现了国产化替代。这些国产化替代产品与技术证明了天津滨海高新区生物医药产业已拥有强大的原始创新能力。

对生物医药载体建设实施改造升级、启动建设,为生物医药产业发展提供适配的产业发展新空间。为促进生物医药产业快速发展,天津滨海高新区因地制宜谋划新空间或在原有的载体空间上改造升级,为各类生物医药创新企业提供舒适的载体空间。在载体的启动建设上,天津滨海高新区已经启动面积为 13 万平方米的载体建设,国家生物医药国际创新园(10 万平方米)已完成主体封顶。在载体的改造升级上,细胞生态海河实验室承载主体在渤龙产业园(8 万平方米),渤龙产业园已经根据产业发展需要进行了相关的提升改造。

(四)新能源产业:集聚龙头和重点项目打造优势领域,在新能源细分领域有所建树

资金技术密集是新能源产业的主要特征。天津滨海高新区依靠引进新能源产业领域的龙头企业项目和优质项目,带动解决产业资金、技术难题,实现了自主创新能力的提升跃迁。

新能源产业较为侧重高端项目和龙头企业引进落地,以高端项目引领资本、技术等要素的集聚配置。天津滨海高新区注重高端项目的引聚,以项目带动产业发展。以天津滨海高新区引进的 TCL 中环企业为例,TCL 中环依托其在新能源方面强大的综合实力和资源优势,在天津滨海高新区布局了四个新能源产业重点项目,如布局金刚线切片制造基地项目,随着重点企业和项目的逐步落地,天津滨海高新区已逐步在新能源产业领域形成优势。例如,依托集聚龙头企业和大企业资源优势,天津滨海高新区在锂电池领域

走在自主创新、产业布局的前列。天津滨海高新区锂电池领域集聚的龙头企业和大企业有力神电池、巴莫科技等，借助龙头企业的生态资源和技术研发能力，天津滨海高新区在锂离子电池领域形成了全产业链布局，涵盖了原材料等上游环节及电池应用及回收等下游环节，同时突破了众多锂电池应用领域的核心技术。

（五）新经济服务：以头部企业引领产业发展，培育多种业态

天津滨海高新区新经济服务业快速发展，成为继信创产业之后的又一特色亮点产业，新经济服务业涵盖范围相对广泛，包含文创、数字服务及人力服务、律所、会计审计服务、知识产权服务等。天津滨海高新区涌现出"云账户"、"今日头条"等新经济服务业龙头企业，引领扩大产业的发展。此外，新经济服务业呈现出数字经济服务快速发展、新业态新模式不断涌现等现象。

助力丰富数字经济业态，使新经济服务业数字经济呈现"百花齐放"态势。数字经济呈现多业态涌现态势，丰富了新经济服务业业态。随着紫光云、中科曙光、今日头条、神州商龙等企业的崛起以及中环高端半导体产业园等园区的搭建，大数据、智能科技、总部经济、商务服务等业态集聚发展，丰富了数字经济产业业态。

重视并助力新经济服务业企业发展，头部企业亮点频出。天津滨海高新区重视发挥新经济服务业头部企业能级，引领天津滨海高新区新经济服务业发展，成为新经济服务业发展的风向标，并呈现出诸多发展亮点。以新经济企业云账户为例，云账户于 2019 年累计服务共享经济平台达到 1700家，服务平台企业数量多、覆盖范围广，服务的自由职业者达到了 1900 万。

专栏1：中国信创谷建设

为了给予"信创谷"建设资金支持，天津滨海高新区联合天津市海河产业基金等共同成立总规模为100亿元的信创产业母基金，其中，第一期的规模为30亿元。该基金主要服务于信创产业，解决信创产业发展中遇到的诸多难题，要求不低于60%基金规模要投资于信创领域，推动了信创产业自主创新能力提升。此次信创产业母基金的建立不仅为产业发展提供了资金支持，而且以母基金为主体集聚了更多的社会资本服务信创产业的发展。

除母基金之外，天津滨海高新区还采取了其他措施促进信创产业的发展。信创海河实验室于2021年正式揭牌，以信创海河实验室为核心搭建起信创产业的创新共同体，共同开展信创产业关键技术攻关、高质量人才的联合培养，助力更多的研发成果从实验室更快地走向市场。天津滨海高新区于2021年12月正式发布"中国信创谷九条"支持政策，大力支持中国信创谷发展建设，助力信创产业高水平快速发展。

同时，信创谷可享受多项天津滨海高新区优惠政策，如《支持"信创产业"重点企事业单位发展的若干措施》等优势政策，政策带来的利好更进一步推动了产业的发展。

目前，信创谷已经集聚了1000多家企业，产业链条完整，更是占据全天津市信创产业规模的一半左右。从科研院所来看，"信创谷"中的国家级研发机构达到5家，市级及以上研发机构达到43家，更是拥有国家先进计算产业创新中心等重大创新平台。信创谷2025年营收预计达到1500亿元，将为全国提供信创产业高质量发展的天津模板。

专栏 2:京津冀特色细胞谷建设

天津细胞生态海河实验室于 2021 揭牌。实验室拟通过人才引育方式集聚更多的高技术人才和创新团队来津发展,为攻克重大理论、产业关键技术积累智力资源。细胞谷的建设目标为打造细胞产业基础研究先进地区、细胞产业科技创新资源主要集聚区、细胞产业科技创新成果的转化高地。

京津冀特色细胞谷拥有众多的创新平台、创新成果及优质企业。如"天津市细胞及外泌体工程研究中心",合源生物的靶向 CD19 CAR-T 药物 CNCT19 细胞注射液,拥有世界上规模最大的干细胞库协和干细胞,"细胞外囊泡创新研究联合实验室"等。"细胞谷"已经引聚细胞相关领域企业达 50 家,2023 年,天津滨海高新区"细胞谷"集聚细胞企业超 100 家,不断攻克细胞产业关键技术,带动天津细胞产业实现跨越。

三、人才引育

(一)产业工人:通过奖励政策、活动等完善产业工人生产生活配套,为天津滨海高新区产业引聚更多的产业工人

以活动促活力,让更多的工人通过活动找到归属感。天津滨海高新区通过举办活动并组织产业工人积极参与,在提高了产业工人的活动参与感的同时,还提高了职工的专业技能素养与人文知识水平。如举办了职工的专业技能创新成果展示活动,产业工人的项目成果包括了天津滨海高新区工业领域的各个方面,如轨道交通、汽车零部件等领域,主要展现所属行业甚至职工本人创作的产品,由于一些项目需要多人协同完成,因此除了个人赛外还另组织团队赛,团队设置人员上限,如一个团队的人员数量不超过 5 人等,其中,不同领域的产业工人也可组队进行相应的合作。由参加比赛的员工所属龙头企业邀请相关专家对比赛的结果进行评审评选,选出最具创造力、最有价值、最优质的项目成果,对排名靠前的获奖项目给予一定的奖

励。此外,还开展工业游、生产知识问答竞赛等产业工人共同参与的活动,提高产业工人的工作活力和归属感。

实施产业工人激励政策,通过真金白银的投入,使产业工人感受到真正的实惠。天津滨海高新区于2020年在全市首创职工创新创效鼓励金制度,并投入大量的资金,用于对职工的创新成效进行奖励。

多举措提升产业工人的创新能力。技能是产业工人"安身立命"和吃饭的根本,为促进产业工人进行技能提升,天津滨海高新区通过举办活动为产业工人提供交流工作经验、技能的契机,产业工人(尤其是同行业的产业工人)通过相互学习快速地提升了技能。天津滨海高新区对于一些产业工人的成熟做法以及一些典型方法给予复制和推广,使更多的产业工人能够学到并用于增长自身的技能。此外,天津滨海高新区宣传"改善改进"也为创新的理念,使产业工人对工作上的创新有了更深的认识。

助力更多的创新成果实效化。随着天津滨海高新区人才激励政策机制的建立,产业工人的积极性和创造性被充分调动起来,大大缩短了创新成果从想法到落地的时间,使创新成果具实效。其中,"工匠杯"第二届职工创新创效成果展示大赛的复赛项目(30个)面向市场进行推广。此外,天津滨海高新区紧抓关键着力点进行推广学习。其中,生产智能化、数字化以及工艺流程改进为智能制造企业的主要着力点,关键技术研发、高质量专利产出等为信息技术企业的主要着力点,新药品研发、新的工艺改进为生物医药企业的主要着力点,优化管理和营销策略为现代服务企业主要着力点。

以精益创业带动就业,为产业工人提供更多的就业岗位和渠道。依托天津滨海高新区内众多的科研院所资源,支持更多的带技术、带项目的科研人员依托市场化落地产品进行创业。此外,为了给高校学生提供更多、更加优质的就业岗位,天津滨海高新区联合天南大高校院所举办"春风行动"等招聘会,促进企业与人才的双向对接,仅在2021年就提供9000余个岗位。为增加人才的专业技能能力,天津滨海高新区借助就业实训中心开展技能人才的就业实训。其中,企业培训中心已达27家,公共实训基地已达2家,仅在2021年企业开展培训人数已累计达到3万多人。

(二)创新人才:主要依托联盟、大学及园区位势等优势集聚创新人才

以人才工程及联盟为依托集聚创新人才。以天津信息技术应用创新产业(人才)联盟及产教联合体等组织为依托,吸引各类人才到天津滨海高新区,为产业发展贡献力量;推动各项人才工程开展,如推荐139个"项目+团队"去申报市级重点支持,第二批天津市"111"工程推荐等相关工作出色完成,人才主要指标在新区出类拔萃。

组织大赛引聚创新人才。组织"银企杯",推出"银政通",依托此类大赛集聚创新人才。天津滨海高新区通过不断引聚人才,已经产生了一定的人才引育成效。如园区拥有顶尖人才(两院院士等)多达40余名,人才机构(如院士专家工作站、博士后工作站等)近70家。

依托天津滨海高新区"两谷"产业创新高地品牌引聚人才。"信创谷"在信创领域拥有前沿的技术、优质的企业、雄厚的实力,为国内的信创产业的创新高地,且拥有优质的人才创新生态,也有大量人才需要的岗位。"细胞谷"在细胞产业领域也拥有前沿的技术、大量优质的企业、雄厚的产业实力、优惠的政策以及优质的人才创新创业生态。天津滨海高新区以"双谷"位势集聚大量创新人才,将产业关键技术人才、成果转化人才等各类型人才集聚到天津。此外,由于"双谷"产业链条完备,涵盖创新人才所需的各类创新场景和工作领域,对人才产生了巨大的吸引力。

以大学为主集聚储备专家等类型人才。以天津大学等高校为主体储备国内顶尖专家团队等类型人才。其中,天津大学神经工程团队已经集聚专家型人才67人,该团队的领衔人才为国际宇航科学院院士、中国工程院院士,该团队的核心人才为国家级青年人才、国家杰青等。专家团队的引聚能更好地为区内信创、细胞、高端装备制造等产业提供研发及相关服务。

四、创新生态

一是瞄准重点产业,出台各项扶持政策,助推产业快速平稳发展。针对天津滨海高新区首位度产业—信创产业,为促进信创产业快速发展,特制定了"信创九条"专项产业政策且已经于2021年底发布,该项政策以10亿元

的资金专项额度促进信创产业的发展,为信创产业发展打入了"强心剂"。针对第二个"1"新经济服务业,结合高新区新经济服务业业态不够丰富等实际问题,相应出台了《天津滨海高新技术产业开发区促进新经济服务业高质量发展办法(暂行)》,《办法》的出台极大地促进了新经济服务业业态的丰富,无人驾驶、人工智能、虚拟现实及总部经济等新经济服务业业态都涵盖在该"办法"的支持范围内,在"办法"的支持下得到了大力发展,不仅原来业态得以进一步扩大提升,新业态也纷纷涌现。"办法"共分为八条,不仅鼓励支持新经济服务业的发展,更是给予"真金白银"的支持,企业能够获得看得到的实惠,更能引聚多业态企业并激励其快速发展。"办法"中的"真金白银"包括房租补贴、人才引进和培育奖励以及新业态企业的装修补贴费用。以房租补贴为例,补贴范围为天津滨海高新区内企业,补贴金额最高不超过每年每家企业100万元。此外,为了鼓励多业态的企业增加营业收入、扩大企业规模,进而强化业态规模,"办法"中也设立了营收奖励,但奖励的对象只是新引进的新业态企业,老企业则不在支持范围内,且有综合贡献100万元以上的要求,企业营收达到相应的门槛规模即给予对应的资金奖励,其中,企业达到5千万元的营收给予企业50万元的资金奖励,最高营收达到10亿元时给予2000万元的资金奖励。针对"3"之一的生物医药产业,针对产业发展实际及产业发展难点及困境,天津滨海高新区也因地制宜地出台了"鼓励办法",即《天津滨海高新区关于促进生物医药产业高质量发展的鼓励办法》,"鼓励办法"重点支持对象须在生物医药的器械、细胞、创新药物以及医药服务等领域内,"鼓励办法"支持创新医疗器械、创新药物的研发及产业化,行业标准和认证、专业投资机构、生态环境营造、平台和机构发展、产业发展壮大、初创企业的孵化共七个方面。以产业发展壮大为例,从支持企业集聚壮大、企业上市、优势产品培育三个维度支持生物医药产业发展,以优势产品培育为例,天津滨海高新区给予优势产品培育资金奖励支持,其中,对单个药品与单个医疗器械达到一定年销售收入均给予一定的支持,针对首次销售额的突破,如年销售收入突破1亿元的单个药品,给予100万元的支持资金,突破20亿元则相应给予500万元的支持资金。

"鼓励办法的"的出台极大地促进了生物医药产业的研发创新、产业壮大与生态打造,产业能级获得了进一步的提升。此外,为推进"细胞谷"建设,助力细胞和基因治疗产业高质发展,天津滨海高新区于2022年10月出台了《天津滨海高新区关于促进细胞和基因治疗产业高质量发展的鼓励办法》,此《鼓励办法》从创新成果转化、医疗机构研究转化、专业人才引育、产业生态营造等共七方面出发助力细胞和基因治疗产业发展,为"细胞谷"建设提供强有力的政策支撑。

二是聚焦民营经济、优质企业、科技创新、人才等发展重点,出台相关政策助力企业"攻坚克难",促进高质发展。针对企业融资,天津滨海高新区出台融资专项政策《关于进一步支持科技型中小企业融资发展的若干措施》,从2019年开始进行支持,主要支持对象为中小型企业,涵盖高新技术企业和科技型企业,主要支持包括直接融资、间接融资以及相关的融资服务支持。直接融资涵盖定向增发以及股权融资奖励,间接融资支持则涵盖给予企业贷款的贴息支持、担保债券融资放款额的一定比例的补贴,租赁、保理等方式获得融资的给予融资总额一定比例的补贴,融资服务支持主要针对的是通过第三方公共服务平台获得融资支持的企业。以间接融资方式中的担保补贴为例,企业通过担保公司获得融资,根据其担保的放款额按照1%的比例进行补贴支持,补贴的上限为30万元。融资支持政策的实施使天津滨海高新区中小型高企、科技型企业的融资活动取得显著效果,良好的融资政策帮助企业解决了融资难这一困难。其中,成科机电、金海通等共五家企业已获担保贷款且总额度超过了7000万元。针对民营经济发展,天津滨海高新区创新推出《天津滨海高新区支持民营经济发展若干措施(试行)》,共有7条针对民营企业的支持政策,又叫"天堂7条"。"天堂7条"的出台使民营经济发展"一马平川",提上快车道。"天堂7条"中,"零收费""零门槛""低成本""全代办"是对民营企业投资的全新阐述,以"零收费"为例,天津滨海高新区不收取任何民营企业设立费用,天津市、新区相关的行政事业收费由高新区承担,帮助民营企业节省设立成本,减轻其设立的经济负担和事务负担;对民营企业创新更是给予"强支持",对新达到独角兽标准的企业给予一次性资金奖励（500万元）；对民营企业做大做强给予"强刺激"，鼓励民营企业主营业务收入首次突破10亿元，达到10亿元门槛则给予一次性资金奖励（500万元）；"全覆盖"的党群组织，让每一个民营企业有党组织和群团组织，构建新型政商关系。针对集聚人才，天津滨海高新区分别出台了"黄金七条"以及"便利七条"引聚高层次人才。从"黄金七条"来看，不仅设立人才发展专项资金，引导社会设立基金，对企业家、科学家、工匠、经纪人等人才给予相关奖励，以企业家为例，企业主营业务收入达到一定门槛则给予企业主要负责人及高级管理人员相应的奖励金额，如企业年营业收入到5亿元则对企业主要负责人给予100万元奖励；评选天津滨海高新区年度经济人物，分企业家、个人、团队、人才服务机构等维度进行评选，给予相应的资金奖励；此外，对人才的个人奖励能直接奖励到个人账户，极大地调动了人才的积极性。从"便利七条"来看，强调打造优良的人才服务环境，让人才得以享受便利的环境，增加天津滨海高新区对人才的吸引力。为给予人才全方位的服务，特成立服务人才专项机构；创业者经过评审后给予其再创业的资金支持；为领军人才建设高端社区，对符合标准的人才实行免费入住；邀请专家、企业家为创业者免费提供培训和辅导，让创业者增加创业知识储备，打牢创业基础；对人才优先提供医疗、教育资源优先服务，让人才生活无"后顾之忧"，能更加全身心地投入区内产业建设与工作中；对高层次人才更是实施八项补贴政策，涉及安家、购车、健康、家政等方面。针对科技创新企业发展，天津滨海高新区出台了《天津滨海高新区科技型企业梯度支持政策》，培育有较强科创实力的科技型企业，也称为"科企六条"，此政策文件的出台为科技型企业的发展提供了强大的助力，夯实了企业科创能力，促进科创企业逐步发展成为产业、区域高质量发展的主力军。"科企六条"中将科创企业分为六类进行奖励，分别为高新技术企业、天津市瞪羚企业、天津市科技领军（培育）企业、"双五"企业、独角兽企业、上市企业。以天津市科技领军（培育）企业、"双五"企业为例，天津市科技领军（培育）企业分为天津市科技领军培育企业以及天津市科技领军企业，对于通过评价的两类企业，对天津市科技领军培育企业给予的奖励为一次性 50 万元，对天津市科技领军企业则是给予不超过 100 万元的奖励；"双五"企业则是满足两个"五"要求的企业，一是营业收入达到 5 亿元以上，二是研发投入强度达到 5% 以上，为鼓励实力较强且注重研发的"双五"企业持续加大研发投入，给予"双五"企业一次性 200 万元的研发奖励。除了上述部分代表性政策外，天津滨海高新区还发布了其他重点支持政策，引领支持区域内重点领域高质平稳快速发展，推动天津滨海高新区高质量发展。如发布"孵化九条""双创载体房租补贴""知识产权保护和高质量发展"等诸多政策，在孵化载体建设、双创载体补贴、知识产权保护等方面给予支持，助力各重点领域的高质量发展。

三是促进产业内供需匹配，助推资源高效配置，打造区域产业协同发展生态。天津滨海高新区出台一系列举措促进产业内的供需匹配与资源配置，例如，为企业的需求寻找供给，为企业寻找市场和落地场景等。天津滨海高新区以场景清单的方式促进供需匹配，例如，天津滨海高新区于 2022 年 9 月借助第六届世界智能大会契机发布了应用场景清单，共有 10 个重磅应用场景，场景清单分为产业生态、产品推广、创新服务三方面，既释放企业的需求，也释放信创产业的发展需求，包含专利快审、芯片封装测试等需求和适配创新中心、国产软件适配前置测试、操作系统适配北方中心等企业需求。此次榜单的发布不仅为众多的信创领域供给企业提供了市场需求和技术落地场景，还促进了供需匹配和资源的高效配置。此外，此次的场景应用清单发布也释放了华为、麒麟以及 360 等大企业的合作机会，既促成了承接清单企业与大企业之间的合作共赢，也促进了大中小企业的融通创新发展，有利于打造产业协同生态。天津滨海高新区加大协同创新平台引进力度，先后引进培养了华为鲲鹏创新中心、天地伟业网安创新中心等重大协同创新平台，华为鲲鹏创新中心等创新平台能够集聚各类创新资源并统一进行资源配置，如网安创新中心集中人才、资金等各类资源服务于网络安全技术创新，各企业通过协同创新平台获得了协同创新发展。此外，协同创新平台还能够对企业的供需起到对接作用，在推动协同创新的过程中促进交流并推进供需相关合作。

四是助力企业产品认定,加速企业科技成果转化速度。天津滨海高新区出台多项举措加速助力企业科研走向市场化,帮助企业完成技术小试中试与市场化。在天津滨海高新区的助力下,天津第一张细胞药品区内企业合源生物获得生产许可证,首个以外泌体为载体的口服新冠病毒 mRNA 疫苗由区内天津外泌体科技有限公司进行研发;劲风生物技术(天津)有限公司研发的针对实体肿瘤的 TIL 细胞治疗产品获美国 FDA 批准进行临床试验,是国内首个在该领域进入临床阶段的产品。

五是强化载体建设,为产业发展完善载体配套。天津滨海高新区的国家生物医药国际创新园、渤龙产业园、知识产权服务中心等产业载体启动建设或提升改造。新建载体根据企业的研发、生产需求进行设计,对老旧载体进行"腾笼换鸟"或者新型工业用地改造。同时根据产业发展需求落地专业载体,如成立细胞海河实验室,瞄准生物医药产业细胞领域的科技成果研发及科技成果转化建立专业载体,推动产业的高质量发展。

六是为产业提供完善的配套服务,构筑优质产业生态。在孵化方面,"三级"创业孵化特色模式已经形成,构建了从创业苗圃到加速器,涵盖孵化器和众创空间的完整孵化链条,引领天津滨海高新区的孵化创业发展。在知识产权服务方面,参与建设中国(天津)知识产权保护中心,提供快速审查等服务,面向天津滨海高新区信创、高端装备制造等主导产业开展知识产权服务。在金融服务产业方面,充分利用天津市海河产业基金,发动社会资本参与产业建设,设立了信创产业基金等专项基金,推出"科创贷"等创新金融产品,根据产业、企业发展实际丰富金融产品种类,为产业发展提供了有力的金融支持。

五、营商环境

(一)做好天津滨海高新区的政务公开与政务服务工作

一是政务的各类信息主动公开,推动政务透明化、公开化。深化政府重点领域政府信息公开,诸如各财政信息、各类规划、营商环境优化情况等,尽可能地加大对涉及广大公众利益调整或者需要公众参与决策、知晓的政府信息的公开披露力度与广度。天津滨海高新区在滨海新区政府信息公开专栏2022年共发布信息37条,20487条由移动新媒体渠道发布的信息,在移动新媒体发布的信息类型当中,通过微博发送的信息达6960条,通过微信发布的信息达1643条,通过今日头条发布的信息达6116条,通过一点号发布的信息达2647条,通过网易号发布的信息达3018条,通过抖音发布的信息达103条。

二是极大丰富政策解读方式与趣味性。天津滨海高新区始终坚持政策文件、解读材料同步发布,并采取图文多种形式,方便受众更容易理解政策的内容,应用现场解读等方式进行政策推广,现场有时采取"一问一答"或者统一回答的方式解答人们对政策的困惑,使企业家等更容易理解政策并充分享受政策带来的红利。2022年,天津滨海高新区在经济、人才、知识产权等重点领域举行了5场政策宣讲会,政策宣讲会的成功举办让人们更加直观地了解了政策的内容。

三是充分互动,根据群众的意见吸取优质建议。充分发挥"互动"栏目作用,高新区政务网为主要互动渠道、平台,政民互动常态化发展,进一步促进政务的公开,促进政策等公开信息的落实。以2022年为例,天津滨海高新区收到企业、群众留言高达753条。

(二)如火如荼开展系列改革,提升发展活力

天津滨海高新区开展系列改革,极大地提升了工作效率与企业便利。一是率先实施"三考合一",进一步完善绩效考核体系。开展实施人员月度、季度考核,落实"多劳多得"、付出多得到多,实行差异化工资,以工资的差异化发放撬动人员的工作积极性。二是放管服进一步提升,极大便利企业,提高审批效率。实施"容缺后补"以及"承诺制办理"等举措,"网上可办"已达100%。实施一个窗口统一办理改革,企业、群众可在一个窗口办理所有事项,极大地提高了办事的便利性。不仅如此,天津滨海高新区率先开展能评、区域环评改革探索,并作为先进案例在滨海新区进行推广。"拿地即开工"等试点产业类重大项目等工程审批改革持续深化。三是国企改革依法推进。持续推进海泰集团"1+14"的综合改革,战略方向经过改革得

到了进一步明确、业务布局被重构,资源配置得以优化。同时,国资公司综合改革和国有企业混改得以持续深化。

天津滨海高新区积极推进内部改革。率先面向全球启动管委会副主任选聘,选聘等改革是天津滨海高新区建区以来力度最大、范围最广、涉及人数最多、意义最为深远的一次脱胎换骨改革;聚焦经济发展主责主业,招商引资和企业服务部门设置超过八成,公开选聘招商、创新等方面优质人才。对干部选拔任用机制进行创新,竞争上岗成为主流,能力强、工作认真的人员得以重用和升职,能力不足的则调离岗位。

公布施行《关于在高新区产业项目审批中施行"以函代证"保障"拿地即开工"的实施方案》(以下简称《方案》)。《方案》通过"以函代证"的方式,使拿地即开工得以保证,提前预审提高了审批效率与企业的办事效率,提高了企业办事的体验感。此外,为压缩企业开办时间,天津滨海高新区推进"一窗受理"和"一网通办",申请人只需在电脑上即可完成企业开办所涉及的相关业务。

(三)开发大量改善营商环境项目

2023年春季重点项目启动开工活动,集中开工重点项目达到了122个,总投资达到了1208亿元。其中,渤龙湖科技园和海洋科技园为天津滨海高新区设立的分会场。此外,天津滨海高新区首批开工项目达到了21个,总投资超过了206亿元,涉及信创产业、创新平台、先进制造业、重大民生改善等领域,符合高新区产业发展导向,符合补齐民生短板需要,将为推动区域经济社会高质量发展增添新引擎。例如,天津滨海高新区海洋科技园保障性租赁住房及配套设施项目,天津市海洋高新技术开发有限公司为其投资主体,总用地面积33124平方米,保障性租赁住房、配套服务设施用房、社会停车楼、产业科研研发楼等为主要建设载体,预计2027年竣工,总建筑面积达到163496平方米;天津津荣天宇精密机械股份有限公司精密部品智能制造基地二期项目,三座单体厂房,汽车零部件生产线及储能组装线为其主要建设目标,预计到2024年底竣工投产,项目达产后年产值4亿元,销售收入4亿元,可创造就业岗位300余个。天津滨海高新区以天津"十项行动"为抓手,切实发挥好重大重点项目的牵引带动作用,搞好项目建设,以项目带动产业的高质量发展。

六、产城融合

聚焦改善人民民生,不断为人民谋福祉。天津滨海高新区内有 1 所小学、1 所九年一贯制学校、1 所十二年制学校和 3 座普惠性民办幼儿园等 6 个基础教育项目,且持续完善新城吾悦广场等商业配套。在全国文明城区创建攻坚行动中,天津滨海高新区在滨海新区第一期实地测评中位列 5 个功能区中的第一位。升级区行政执法监督平台,推动信息化行政执法向智能化行政执法转变。

七、招商引资

创新产业创新招商模式。以新能源产业发展为例,天津滨海高新区招商部门制定相应的产业招商图谱,以产业图谱为招商作战图,把握龙头企业和重要节点企业两个关键,把项目和企业放到产业链中谋划推动,加快强链、补链、延链,围绕产业链供应链安全稳定,开展产业撮合,加快构建新能源产业链生态。

加速集聚高端项目。天津滨海高新区推动高端项目引聚,以 2020 年为例,全年累计新增市场主体 20595 家,其中,内资注册资本 773 亿元,外资注册资本 136.2 亿美元。先后落地麒麟软件总部、腾讯 IDC 数据中心、中环叠瓦项目、长城(天津)自主创新基地等 570 余个重点项目,加快主导产业强链延链补链。推动京津冀协同发展,北斗导航北方总部等签约落地重点项目达 101 个。京津合作示范区加快建设,鼎盛智能制造等 5 个项目签约落户。

根据产业特点设置招商人员指标。在考核指标选取方面,天津滨海高新区充分考虑天津滨海新区对各功能区的年度考核标准、科技部对天津滨海高新区的定位要求、园区自身的产业特色三大方面因素,设计了 3 个大类共 15 小项考核指标。在规模效益、项目质量等指标外,天津滨海高新区还特别设立了特色指标,对科技型中小企业的培育孵化及成长情况进行考核。

参考文献

[1]Avanish K. Dixit and Joseph E. Stiglitz. Monopolistic Competition and Optimum Product Diversity[J]. The American Economic Review,1977,67(3)：297-308.

[2]Krugman P. Increasing Returns and Economic Geography [J]. Journal of Political Economy,1991a,99：483 - 499.

[3] Krugman P. Geography and Trade [M]. MIT Press, Cambridge, MA,1991b.

[4]Venables A J. Equilibrium Locations of Vertically Linked Industries [J]. International Economic Review,1996,37：341 - 360.

[5][美]迈克尔·波特.国家竞争优势[M].李明轩,邱如美译.北京：华夏出版社,2002.

[6]仇保兴.小企业集群研究[M].上海：复旦大学出版社,1999.

[7]王缉慈.创新的空间—企业集群与区域发展[M].北京：北京大学出版社,2001.

[8]金祥荣,朱希伟.专业化产业区的起源与发展[J].经济研究,2002(08)：74-82.

[9]朱英明.产业集聚论[M].北京：经济科学出版社,2003.

[10]徐康宁.产业聚集形成的源泉[M].北京：人民出版社,2006.

[11]Ellison G. and Glaeser E. The Geographic Concentration of Industry, Does Natural Advantage Explain Agglomeration？[J]. American Economic Review,1999,89(2)：311-316.

[12]Glaeser E. and Kohlhase J. Cities,Regions and the Decline of Transport Costs [J]. Regional Science,2004,83(1)：197 - 228.

［13］Holmes T. Localization of Industry and Vertical Disintegration ［J］. Review of Economics and Statistics,1999,81(2)：314 - 325.

［14］Wood and Parr. Transaction Costs,Agglomeration Economies,and Industrial Location ［J］. Growth and Change,2005,36(1):1-15.

［15］Rosenthal S. and Strange W. The Determinants of Agglomeration［J］. Journal of Urban Economics,2001,50：191 - 229.

［16］文玫. 中国工业在区域上的重新定位和聚集［J］. 经济研究,2004(02):84-94.

［17］路江涌,陶志刚. 我国制造业区域集聚程度决定因素的研究［J］. 经济学(季刊),2007(04):801-816.

［18］金煜,陈钊,陆铭. 中国的地区工业集聚:经济地理、新经济地理与经济政策［J］. 经济研究,2006(04):79-89.

［19］刘军,徐康宁. 中国工业聚集的历史研究［J］. 东南大学学报(哲学社会科学版),2009(05):54-58.

［20］Geppert K,Gornig M,Werwatz A. Economic Growth of Agglomerations and Geographic Concentration of Industries:Evidence for West Germany［J］. Regional Studies,2008,42(3)：413-421.

［21］孙晓华,郭旭,王昀. 产业转移、要素集聚与地区经济发展［J］. 管理世界,2018(5):47-62+179-180.

［22］黄永明,姜泽林. 金融结构、产业集聚与经济高质量发展［J］. 科学学研究,2019(10):1775-1785.

［23］Martin P,Ottaviano G I P. Growth and Agglomeration［J］. International Economic Review,2001(4):947-968.

［24］Fujita, M. and Thisse, J. F. Economics of Agglomeration. Cambridge:Cambridge University Press,2002.

［25］Brulhart M. ,Mathys N. Sectoral Agglomeration Econommics in a Panel of European Regions［J］,Regional Science and Urban Economics,2008,38(4),348-362.

[26] Bautista A. D., 2006, Agglomeration Economics, Economic Growth and the New Economic Geography in Mexico[R]. Econ WPA Working Paper, No. 0508001.

[27] Martinez-Galarraga J, Paluzie E, Pons J, et al. Agglomeration and Labor Productivity in Spain over the Long Term[J]. Cliometrica, 2008, 2(3): 195-212.

[28] 范剑勇. 产业集聚与地区间劳动生产率差异[J]. 经济研究, 2006(11): 72-81.

[29] 罗勇. 产业集聚、经济增长与区域差距:基于中国的实证[M]. 北京:中国社会科学出版社, 2007.

[30] 刘军, 徐康宁. 产业聚集、经济增长与地区差距——基于中国省级面板数据的实证研究[J]. 中国软科学, 2010(07): 91-102.

[31] Edward L. Glaeser, Hedi D. Kallal, Jose A. Scheinkman, Andrei Shleifer, Growth in Cities[J]. Journal of Political Economy, 1992, 100, (6): 1126-1152.

[32] Jacobs, J. The Economy of Cities[M]. New York: Vintage, 1969.

[33] Storper M. and Venables J. Buzz: Face-to-Face Contact and the Urban Economy [J]. Journal of Economic Geography, 2004, 4(4): 351-370.

[34] Gerald A. Carlino, Satyajit Chatterjee, Robert M. Hunt. Urban Density and the Rate of Invention [J]. Journal of Urban Economics, 2007, (61): 389-419.

[35] 张昕, 李廉水. 制造业聚集、知识溢出与区域创新绩效——以我国医药、电子及通讯设备制造业为例的实证研究[J]. 数量经济技术经济研究, 2007, (08): 35-43.

[36] 张杰, 刘志彪, 郑江淮. 产业链定位、分工与集聚如何影响企业创新——基于江苏省制造业企业问卷调查的实证研究[J]. 中国工业经济, 2007, (07): 47-55.

[37] 刘军, 李廉水, 王忠. 产业聚集对区域创新能力的影响及其行业差

异[J].科研管理,2010(06):191-198.

[38]产业集群技术创新和制度创新的空间产出效应研究[A].美国 James Madison 大学、武汉大学高科技研究与发展中心、美国科研出版社. Proceedings of International Conference on Engineering and Business Management(EBM2011)[C].美国 James Madison 大学、武汉大学高科技研究与发展中心、美国科研出版社:2011:4.

[39]陈柳钦.论产业集群、技术创新和技术创新扩散的互动[J].中国矿业大学学报(社会科学版),2007(3):46-51.

[40]罗芳,王琦.产业集群的涌现性与产业集群共性技术创新体系研究[J].现代情报,2006(11):178-180.

[41]刘芹.产业集群共性技术创新过程及机制研究述评[J].工业技术经济,2012(7):133-138.

[42]邹樵,吴丁佳宝,姜杰.共性技术扩散的网络与外溢效应[J].管理世界,2011(1):182-183.

[43]罗芳,王琦.产业集群的涌现性与产业集群共性技术创新体系研究[J].现代情报,2006(11):178-180.

[44]张聪群.知识溢出与产业集群技术创新[J].技术经济,2005(11):87-89.

[45]张聪群.基于集群的产业共性技术创新载体:官产学研联盟[J].宁波大学学报(人文科学版),2008(3):79-84.

[46]薛捷.市场知识对科技型小微企业破坏性创新的影响[J].科学学研究,2016(4):582-590.

[47]Galunic C D,Rodan S. Resource Recombinations in the Firm:Knowledge Strctures and the Potential for Schumpeterian Innovation[J].Strategic Management Journal,1998,19(12):1193-1201.

[48]张聪群.论产业集群的本质、特征及其结构[J].学习与探索,2007(4):142-146.

[49]杜海东,梁海霞.社会资本对技术创新的影响机理:一个理论模型

的构建与检验[J].科学管理研究,2013,31(1):92-96.

[50]项后军,裴斌斌,周宇.核心企业视角下不同集群演化过程的比较研究[J].科学学研究,2015,33(2):225-233.

[51]Robin C,Nicolas J. Evolving Networks of Inventors[J]. Journal of Evolutionary Economics,2006(16):155-2174.

[52]项后军.核心企业视角的产业集群与企业技术创新关系的重新研究[J].科研管理,2010(4):173-180.

[53]吉敏,胡汉辉.产业集群升级的路径选择——基于产业集群式跨国转移发展的构想[J].软科学,2009(2):93-96.

[54]吉琳,胡子龙.集群技术创新与制度创新融合路径与质量——以中国 22 个典型产业集群为例[J].产业经济研究,2014(5):44-52+82.

[55]Vernon R . International Investment and International Trade in the Product Cycle [J]. International Economic Policies and Their Theoretical Foundations (Second Edition) , 1992:415-435.

[56]王宁.中国实现雁阵式产业升级的着力点研究[J].区域经济评论,2015(06):81-89.

[57]蔡昉,王德文,曲玥.中国产业升级的大国雁阵模型分析[J].经济研究,2009,44(09):4-14.

[58]袁富华,张平.雁阵理论的再评价与拓展:转型时期中国经济结构问题的诠释[J].经济学动态,2017(02):4-13.

[59]Vernon R . International Investment and International Trade in the Product Cycle [J]. International Economic Policies and Their Theoretical Foundations (Second Edition) , 1992:415-435.

[60]龚健健,沈可挺.中国高耗能产业及其环境污染的区域分布——基于省际动态面板数据的分析[J].数量经济技术经济研究,2011,28(02):20-36+51.

[61]美国双碳政策 US Double Carbon Policy[EB/OL]. [2022-07-09]. https://baijiahao. baidu. com/s? id = 1737881042885543762&wfr =

spider&for＝pc

[62]王大伟,孟浩,曾文,郑佳."双碳"视角下欧美日绿色发展战略研究[J].全球科技经济瞭望,2022,37(05):61－66+76.

[63]国务院关于印发2030年前碳达峰行动方案的通知[EB/OL].[2021－10－26].http://www.gov.cn/zhengce/content/2021－10/26/content_5644984.htm

[64]段雯娟.《2018年全球可再生能源投资趋势报告》发布太阳能投资猛增中国领跑全球[J].地球,2018,(05):40.

[65]《天津市碳达峰碳中和促进条例》[EB/OL].[2021－11－01].https://sthj.tj.gov.cn/YWGZ7406/FGBZ390/FLFG729/DFFLFG8298/202203/t20220329_5842833.html

[66]天津市能源发展"十四五"规划[EB/OL].[2022－03－11].https://fzgg.tj.gov.cn/zwgk_47325/zcfg_47338/zcwjx/fgwj/202203/t20220311_5827375.html

[67]《大会5年间盛会亦是"盛宴",纵观世界智能大会给天津带来的"聚"变》[EB/OL].[2022－03－21].https://baijiahao.baidu.com/s?id＝1727903004472616527&wfr＝spider&for＝pc

[68]高婷.德国是如何让"工业4.0"落地生根的[J].理论导报,2019,No.381(09):47－48.

[69]德国"工业4.0"战略全解析划[EB/OL].[2019－08－19].https://m.thepaper.cn/baijiahao_4204956

[70]姜一峰.农村人才资源开发与农村基层组织建设研究[D].长沙:湖南农业大学,2007.

[71]Becker G S. Investment in Human Capital:A Theoretical Analysis[J]. The Journal of Political Economy,1962,70(5):9－49.

[72]Moustakas C E. Creativity and Conformity[M]. London:Van Nostrand,1967.

[73]潘康宇,赵颖,李丽君.人才聚集与区域经济发展相关性研究——

以天津滨海新区为例[J].技术经济与管理研究,2012(10):104-107.

[74]牛冲槐,江海洋.硅谷与中关村人才聚集效应及环境比较研究[J].管理学报,2008(3):396-400.

[75]彭树远,牛冲槐.基于人才聚集视角的知识螺旋过程研究[J].科技管理研究,2014(3):165-170.

[76]Puissant S,Lacour C. Mid-sized French Cities and Their Niche Competitiveness[J]. Cities,2011,28(5):433-443.

[77]孙健,尤雯.人才集聚与产业集聚的互动关系研究[J].管理世界,2008(3):177-178.

[78]张敏,陈万明,刘晓杨.人才聚集效应关键成功要素及影响机理分析[J].科技管理研究,2009(8):494-497.

[79]牛冲槐,田莉,郭丽芳.科技型人才聚集对区域经济增长收敛的影响分析[J].技术经济与管理研究,2010(2):63-66.

[80]沈琳,王强.我国典型区域人才合作模式对京津冀区域人才合作的借鉴与启示[J].河北企业,2014(2):72-73.

[81]张向前,银丽萍.两岸四地创新型人才战略合作与中华区域自主创新发展研究[J].科技进步与对策,2013(17):137-142.

[82]桂昭明.市场机制下的人才配置、使用与管理[J].中国人才,2014(3):51-52.

[83]梁文群,郝时尧,牛冲槐.我国区域高层次科技人才发展环境评价与比较[J].科技进步与对策,2014(9):147-151.

[84]Florida R. Class Distinctions for the Global Economy-The Rise of the Creative Class and How It's Transforming Work,Leisure,Community and Everyday Life (Paperback Ed.) [J]. Entrepreneurship and Innovation, 2003 (2):73-74.

[85]闫国兴,齐经民.高层次科技人才能力与环境因素关系研究[J].企业经济,2014(5):58-62.

[86]Goyal A. Distant Labour Supply,Skills and Induced Technical Change

［J］. Information Economics and Policy,2007,19(2):133-150.

［87］许爱萍.美国提高电子信息产业技术创新能力的经验及借鉴［J］.中国科技论坛,2014(3):72-78.

［88］王建强,王元瑞,刘玉芝.京津冀人才开发一体化与河北省人才发展策略［J］.河北学刊,2006(2):189-193.

［89］余静文,王春超.城市圈驱动区域经济增长的内在机制分析——以京津冀、长三角和珠三角城市圈为例［J］.经济评论,2011(1):69-78,126.

［90］张建国.雄安新区集聚创新要素的思考［J］.金融理论探索,2017(04):71-74.

［91］秦健.找准创新驱动发展的支点［N］.经济日报,2017-09-16(008).

［92］李佳敏.跨界与融合［D］.华东师范大学,2014.

［93］林健.面向未来的中国新工科建设［J］.清华大学教育研究,2017,38(02):26-35.

［94］汪建云,王其红.高职教育政校企协同合作的困境与突破［J］.中国高教研究,2014(01):97-100.

［95］王树国.探索高校产学研联盟新模式［N］.中国教育报,2009-03-02.

［96］温志强,滑冬玲,郝雅立.创新型高端人才培养项目的问题指向与困境突破［J］.科技进步与对策,2017,34(21):147-153.

［97］王建强,王元瑞,刘玉芝.京津冀人才开发一体化与河北省人才发展策略［J］.河北学刊,2006(2):189-193.

［98］余静文,王春超.城市圈驱动区域经济增长的内在机制分析——以京津冀、长三角和珠三角城市圈为例［J］.经济评论,2011(1):69-78,126.

［99］时金芝,杨忠敏,苏志霞.产业蓝领技能革新能力提升影响因素及其作用机理研究——以河北省为例［J］.人力资源管理,2016(12):301

-303.

[100]李茂国,朱正伟.基于工业价值链的工程人才培养模式创新[J].中国高教研究,2016(12):36-40+45.

[101]席文凯,张虹鸥,黄耿志,王洋,金利霞.外来蓝领农民工城市定居意愿影响因素——以广东省东莞市为例[J].地域研究与开发,2017,36(01):72-77.

[102]徐华,黄华."一带一路"战略背景下高职教育国际化路径研究[J].江苏高教,2016(04):143-145.

[103]李佳敏.跨界与融合[D].华东师范大学,2014.

[104]史国君.构建"因业施教"应用型人才培养生态[J].中国高校科技,2019(04):56-59.

[105]袁景翔,南旭光."互联网+"职业教育人才培养创新的规律及路径[J].教育与职业,2017(11):28-33.

[106]牛翠娟,娄安如,孙儒永等.基础生态学[M].北京:高等教育出版社,2018.

[107]孙卫东.科技型中小企业创新生态系统构建、价值共创与治理——以科技园区为例[J].当代经济管理,2021,43(05):14-22.

[108]DNER R. Match Your Innovation Strategy to Your Innovation Eco-system[J]. Harvard Business Review,2006.84(4):191-195.

[109]罗国锋,林笑宜.创新生态系统的演化及其动力机制[J].学术交流,2015(08):119-124.

[110]陈晓雪,俞超,刘浦信.科教园区创新生态系统成长能力评价指标体系构建[J].常州工学院学报,2017,30(06):71-76.

[111]林琳.国家高新区创新发展动力机制及路径研究[D].首都经济贸易大学,2020.

[112]Xiongfeng Pan et al. Innovation Network, Technological Learning and Innovation Performance of High-Tech Cluster Enterprises[J]. Journal of Knowledge Management, 2019,23(9):1729-1746.

[113]杨涛,王小彩.新形势下推动金融科技创新需夯实生态基础[J].金融理论探索,2022,(05):3-8.

[114]赵璐.我国加快推进国际科技创新中心建设的思考与建议[J].开发研究,2022(02):10-18.

[115]张孟洋.数字经济发展的路径与政策选择——以浙江省为例[J].甘肃理论学刊,2020,No.261(05):105-114.

[116]Oh D S,Phillips F,Park S,et al. Innovation Ecosystems:a Critical Examination[J]. Technovation,2016,54:1 - 6.

[117]Florida R. Class Distinctions for the Global Economy-The Rise of the Creative Class and How It's Transforming Work,Leisure,Community and Everyday Life(Paperback Ed.)[J]. Entrepreneurship and Innovation,2003(2):73 -74.

[118]闫二旺,闫昱霖.产业园区创新生态圈的构建与发展——以苏州工业园区为例[J].经济研究参考,2017(69):34-42.

[119]李红兵,汪贝贝.国内外科技园区创新生态系统建设的经验与启示[J].青海科技,2021,28(05):17-21+25.

[120]孙卫东.科技型中小企业创新生态系统构建、价值共创与治理——以科技园区为例[J].当代经济管理,2021,43(05):14-22.

[121]刘雪芹,张贵.京津冀产业协同创新路径与策略[J].中国流通经济,2015,29(09):59-65.

[122]申桂萍,吕晓静,张贵.基于创新生态视角的京津冀协同创新共同体建设研究[J].河北师范大学学报(哲学社会科学版),2019,42(05):100-107.

[123]郭海轩,王新钰.如何基于区域创新生态建设做好京津冀创新协同?[J].科技中国,2021(08):45-47.

[124]张贵,李涛,原慧华.京津冀协同发展视阈下创新创业生态系统构建研究[J].经济与管理,2017,31(06):5-11.

[125]刘兵,赵雪,梁林,曾建丽.区域创新生态系统与人才配置协同演

化路径研究——以京津冀地区为例[J].科技管理研究,2019,39(10):46-54.

[126]靖鲲鹏,徐伟志,宋之杰.进化视角下京津冀区域创新生态系统共生度及对策研究——与长三角地区的对比分析[J].燕山大学学报(哲学社会科学版),2022,23(01):80-87.

[127]World Bank Group. Doing Business 2020. https://archive. doingbusiness. org/en/doingbusiness

[128]刘智勇,魏丽丽.我国营商环境建设研究综述:发展轨迹、主要成果与未来方向[J].当代经济管理,2020,42(02):22-27.

[129]于文超,梁平汉.不确定性、营商环境与民营企业经营活力[J].中国工业经济,2019(11):136-154.

[130]习近平主持召开中央财经领导小组第十六次会议强调营造稳定公平透明的营商环境[J].改革与开放,2017(15):161.

[131]孙雅静,,张庆君.中国招商引资30年回顾与探索[M].东北大学出版社,2009.

[132]魏淑艳,孙峰.东北地区投资营商环境评估与优化对策[J].长白学刊,2017(06):84-92.

[133]杜运周,刘秋辰,程建青.什么样的营商环境生态产生城市高创业活跃度?——基于制度组态的分析[J].管理世界,2020,36(09):141-155.

[134]董志强,魏下海,汤灿晴.制度软环境与经济发展——基于30个大城市营商环境的经验研究[J].管理世界,2012,(04):9-20.

[135]夏后学,谭清美,白俊红.营商环境、企业寻租与市场创新——来自中国企业营商环境调查的经验证据[J].经济研究,2019,54(04):84-98.

[136]刘厚莲.我国城市新区产城融合状态、经验与路径选择[J].城市观察,2017(06).

[137]贺培育.创新产业园区发展模式[N].经济日报,2019-08-30(016).

［138］Hollis Chenery, Moises Syrouin. Patterns of Development：1950-1970
［M］. London：Oxford University Press, 1975

［139］张道刚."产城融合"的新理念［J］.决策, 2011(01)：1.

［140］张冉.第四代产业园区的8大特征［J］.中国房地产, 2019(23).

［141］石忆邵.产城融合研究：回顾与新探［J］.城市规划学刊, 2016
(05).

［142］刘欣英.产城融合：文献综述［J］.西安财经学院学报, 2015, 28
(06).

［143］张建清,沈姊文.长江中游城市群产城融合度评价［J］.上海经济
研究, 2017(03).

［144］李文彬,张昀.人本主义视角下产城融合的内涵与策略［J］.规划
师, 2014, 30(06)：10-16.

［145］阳东,李和平,李林,赵四东,钟源.产业园区产城融合发展路径
与规划策略——以中泰(崇左)产业园为例［J］.规划师, 2014, 30(06)：25-31.

［146］Nolfis. Behavior as a Complex Adaptive System：on the Role of Self-
Organization in the Development of Individual and Collective Behavior［J］. Com-
plexes, 2005(3)：195-203.

［147］产业地产模式：裕廊工业区模式解读 II 成功的产业转型蜕变
［EB/OL］(2018-10-24).［2019-9-24］.

http://www.sohu.com/a/252533630_100117214/

［148］林廷钧.张江高科技园区规划实践回顾研究［J］.规划师, 2008,
24(S1).

［149］王思齐,黄砂.产城融合视角下张江高科技医复发展变迁与展望
［J］.城市规划学刊, 2013(A02).

［150］王菲菲,丁伟,安大地.产城融合的发展特色研究与分析——以
上海设计产业为例［J］.中国市场, 2019(27).

［151］康艳红,张京祥.人本主义城市规划反思［J］.城市规划学刊,
2006(01).

[152]谢呈阳,胡汉辉,周海波.新型城镇化背景下"产城融合"的内在机理与作用路径[J].财经研究,2016,42(01).

[153]刘晓虹,崔毅,马交国.和谐规划:城市规划人本主义的回归[J].规划师,2007(S1).

[154]阎镜予.产城融合真的是"挂羊头卖狗肉"吗?[EB/OL](2018-05-03)[2019-9-24]https://www.sohu.com/a/230241254_762607

[155]MartinL.Sequential Location Contestsin the Presence of Agglomeration Economies[R].Working Paper,the University of Washington,2000.

[156]杨迅周,蔡建霞,蔡晚拴.产业群理论与小城镇特色产业园区建设[J].地域研究与开发,2003(6):37-42.

[157]袁力.景观农业视域下的特色产业园区多元效益论[J].农业经济,2019(9):25-27.

[158]徐伟,胡海平.加快特色工业园区建设推动区域工业产业升级[J].华东经济管理,2001(S2):14-16.

[159]侯雪,康萌越,侯彦全.中国制造2025背景下产业园区的分类与发展模式[J].开发研究,2017(6):56-60.

[160]张卫良,何秋娟.双循环新发展格局的提出、优越性及其构建[J].甘肃社会科学,2021(1):41-48.

[161]林廷钧.张江高科技园区规划实践回顾研究[J].规划师,2008,24(S1):39-41.

[162]许爱萍,成文,柏艺莹.产城融合型园区:发展经验的本质透视与借鉴[J].甘肃理论学刊,2019(6):116-121.

[163]王思齐,黄砂.产城融合视角下张江高科技园区发展变迁与展望[J].城市规划学刊,2013(A02):84-89.

[164]王菲菲,丁伟,安大地.产城融合的发展特色研究与分析:以上海设计产业为例[J].中国市场,2019(27):20-23.

[165]黄媛,吴秀苹,胡宇橙.产城融合视域下特色小镇发展实践探索[J].城市,2020(2):27-33.

[166]C. Colldahl,S. Frey,J. Kelemen. Smart Cities:Strategic Sustainable Development for an Urban World.（Master´s dissertation）Blekinge Institute of Technology, Karlskrona, Sweden（2013）

[167]Andrea Caragliu,Chiara Del Bo,Peter Nijkamp. Smart Cities in Europe[C]. 3rd Central European Conference in Regional Science,2009:45-59.

[168]年福华,姚士谋.信息化与城市空间发展趋势[J].世界地理研究,2002,01:72-76.

[169]王金台.信息化对城市化进程的影响及对策[J].经济经纬,2005,03:35-37.

[170]史璐.智慧城市的原理及其在我国城市发展中的功能和意义[J].中国科技论坛,2011,05:97-102.

[171]胡滨.智慧城市中国化热潮的冷思考.现代经济探讨.2015(5):40-44.

[172]李健.新城发展中的智慧城市建设战略与框架[J].南京社会科学,2013,11:66-71.

[173]刘刚,张再生,梁谋.智慧城市建设面临的问题及其解决途径——以海口市为例[J].城市问题,2013(6):42-45.

[174]宋刚,邬伦.创新2.0视野下的智慧城市[J].城市发展研究,2012(9):53-60.

[175]孙韩林,范九伦,刘建华,刘国营,张高纪.智慧园区建设探讨[J].现代电子技术,2013,14:61-64.

[176]朱敏,杨会华.智慧园区解决方案探讨及建议[J].移动通信,2013,(05):56-58.

[177]汪怿.全球第三代科技园区的出现及启示[J].科技进步与对策,2012,(06):5-9.

[178]安东尼.汤森,赛迪研究院专家组.智慧城市:大数据、互联网时代的城市未来.北京:中信出版社.2014.

[179].唐娟.政府治理论[M].北京:中国社会科学出版社,2006.

[180]王世福.创建"智慧城市"需要发挥创造性智慧[N].光明日报,2013-02-27011.

[181]姚建铨.物联网与智慧城市的关系[J].枣庄学院学报,2013,02:1-4.

[182]张振刚,张小娟.智慧城市系统构成及其应用研究[J].中国科技论坛,2014,07:88-93.

[183]王悠然,张哲."智慧城市"建设要立足创新前沿[N].中国社会科学报,2014-04-30A03.

[184]张振刚,张小娟.智慧城市系统构成及其应用研究[J].中国科技论坛,2014,07:88-93.

[185]戴伟辉.情景感知与情感智能:通往智慧城市的智慧之门[J].上海城市管理,2012,04:29-32.

[186]赵黎明.农业科技园区技术集聚形成机制与模式研究[D].沈阳农业大学,2014.

[187]陈昌兵.新时代我国经济高质量发展动力转换研究[J].上海经济研究,2018(05):16-24+41.

[188]Jr R E L. On the Mechanics of Economic Development[J]. Quantitative Macroeconomics Working Papers, 1999, 22(1):3-42.

[189] Romer P. Increasing Returns and Long-run Growth. J Polit Econ, 1986,94:1002 – 1037.

[190]赵通,任保平.金融资本和产业资本融合促进实体经济高质量发展的模式选择[J].贵州社会科学,2018(10):112-117.

[191](日)小岛清.对外贸易论[M].南开大学出版社.1987:3

[192]祝年贵.招商引资论[D].四川大学,2004.

[193]王东京.高质量发展是抓经济工作的大前提大逻辑[N].经济日报,2018-11-15(014).

[194]任保平,文丰安.新时代中国高质量发展的判断标准、决定因素与实现途径[J].改革,2018(04):5-16.